探险旅游发展与管理

03

邹统钎 高舜礼等◎著

旅游教育出版社

策划编辑：赖春梅

责任编辑：赖春梅　朱海犀

图书在版编目(CIP)数据

探险旅游发展与管理/邹统钎，高舜礼等著.—北京：旅游教育出版社，2010.2

(旅游研究前沿书系)

ISBN 978-7-5637-1901-3

Ⅰ.①探… Ⅱ.①邹… ②高… Ⅲ.①探险—旅游—经济管理

Ⅳ.①F590.7 ②N81

中国版本图书馆CIP数据核字(2009)第228951号

本书原始地图来源于国家测绘局网站，审图号：GS（2008）1354号

旅游研究前沿书系

探险旅游发展与管理

邹统钎　高舜礼　等著

出版单位	旅游教育出版社
地　　址	北京市朝阳区定福庄南里1号
邮　　编	100024
发行电话	(010)65778403　65728372　65767462(传真)
本社网址	www.tepcb.com
E-mail	tepfx@163.com
印刷单位	北京中科印刷有限公司
装订单位	河北省三河市金星装订厂
经销单位	新华书店
开　　本	787×960　1/16
印　　张	19
字　　数	256千字
版　　次	2010年2月第1版
印　　次	2010年2月第1次印刷
定　　价	38.00元

(图书如有装订差错请与发行部联系)

顾问委员会名单

计金标　北京旅游发展研究基地主任、北京第二外国语学院教授、
　　　　博士生导师
韩玉灵　北京旅游发展研究基地副主任、北京第二外国语学院教授
邹统钎　北京旅游发展研究基地学术委员、北京第二外国语学院教授
张凌云　北京旅游发展研究基地学术委员、北京第二外国语学院教授
谷慧敏　北京第二外国语学院教授、亚太旅游协会（APTA）中国区代表
Kaye Chon　世界旅游组织教育委员会委员、香港理工大学教授
Chris Ryan　*Tourism Management* 主编、新西兰卡怀托大学教授、
　　　　北京第二外国语学院客座教授
蔡利平　普渡大学旅游与饭店研究中心主任、教授
丁培毅　昆士兰大学旅游学院亚洲项目负责人、高级研究员
李　力　华南理工大学教授、欧洲休闲与旅游教育协会（ATLAS）会员
郑健雄　台湾观光管理学会会长
容继业　台湾高雄餐旅学院校长、教授

写作分工

全书框架：邹统钎、高舜礼

序：　　　邹统钎

第一章：邹统钎、高舜礼、陈芸、张传统、李涛

第二章：张传统、章素华

第三章：邹统钎、张传统

第四章：李涛、张传统、陈芸、邹统钎

第五章：邹统钎、高舜礼、陈芸、丁杰、张传统

第六章：张传统、陈芸、李涛、丁杰

出版说明

改革开放30年来,我国的旅游科学研究伴随着旅游产业的蓬勃发展而成长,形成了十分丰富的成果。根据中国旅游研究院的统计,30年来,收录到中国学术期刊网络出版总库的旅游(含休闲、游憩等)相关文献约26万篇,各类课题3 950多项。我国的旅游研究初步形成了独特的理论体系和方法体系,学术影响力日益扩大,国际影响日益提升。截至2007年底,中国学者在国际权威旅游期刊上发表论文200余篇,远远超过旅游产业较为发达的韩国和日本,多位中国学者受邀成为国际旅游研究机构的会员、国际学术刊物的编委或审稿人。

历经30年的发展,旅游研究今天面临着"与实践密切贴合"、"深化基础研究体系"、"提升国际影响力"等多种挑战。展现我国旅游研究的最新成果,给出旅游学界应对学术研究挑战的思考,成为专家学者的共识。为了进一步推动旅游学术研究的深入发展,并为国内外专家学者在旅游研究领域提供一个开放的出版平台,在与多位知名院校的学者、旅游产业管理机构和旅游企业组织高层人士深入访谈的基础上,我社与"北京旅游发展研究基地"联合推出"旅游研究前沿书系",期许通过出版社与基地、作者的共同努力,展现旅游研究所取得的阶段性成果,甚或是因旅游研究主题的多元化、多视角而出现的学术观点的碰撞与争鸣。我们本着"多歧为贵,不取苟同"的精神,为旅游研究提供一个开放的平台,在"旅游研究前沿书系"中,为读者奉献深刻的学者深思与丰硕独到的研究成果。同时，我们也恳盼读者真切的评判反馈。

在"旅游研究前沿书系"推出之际，感谢国家旅游局、中国旅游研究院、北京第二外国语学院、中国旅游协会、中华观光管理学会、海航集团、锦江国际集团、携程旅行等单位的大力支持；感谢多位国内外专家学者给予我们的无私帮助，他们是 Tourism Management 主编瑞恩（Chris Ryan）教授，普渡大学蔡利平博士，昆士兰大学丁培毅博士，北京第二外国语学院韩玉灵教授、邹统钎教授、谷慧敏教授，华南理工大学李力教授，香港理工大学田桂成（Kaye Chon）教授，台湾观光管理学会郑健雄会长，台湾高雄餐旅学院校长容继业教授等；还有诸多学者给我们提出了建设性意见，于此向未能一一列出的专家学者致以敬意和谢忱。

"旅游研究前沿书系"期待专家学者的加入，欢迎读者对我们的批评鞭策。反馈信息请发至 lailai0715@yahoo.com.cn。

旅游教育出版社

目 录
contents

序

第一章　探险旅游理论　/ 1

　第一节　探险旅游概论　/ 2
　　一、探险旅游的定义　/ 2
　　二、探险旅游的特征　/ 2
　　三、探险旅游的分类　/ 4
　　四、探险旅游"三四三"需求模型　/ 9
　第二节　专项探险旅游分类简介　/ 10
　　一、空中专项探险旅游　/ 10
　　二、陆地专项探险旅游　/ 14
　　三、水体专项探险旅游　/ 17
　　四、人造项目专项探险旅游　/ 21
　第三节　探险旅游理论文献回顾　/ 24
　　一、国外探险旅游理论概述　/ 24
　　二、国内探险旅游理论研究　/ 32

第二章　中外探险史　/ 35

　第一节　国外探险史　/ 36
　　一、陆地探险历史　/ 36

　　　　二、航海探险历史 / 37

　　　　三、航空探险历史 / 41

　　　　四、太空探险历史 / 42

　　第二节　中国探险史 / 43

　　　　一、陆地探险 / 43

　　　　二、海上探险 / 45

　　　　三、空中探险 / 45

第三章　探险旅游基础理论 / 48

　　第一节　体验经济理论 / 49

　　　　一、体验经济的内涵和外延 / 49

　　　　二、体验的本质与类型 / 51

　　　　三、高峰体验：畅爽（Flow） / 53

　　　　四、塑造"畅爽"体验的方法 / 56

　　　　五、现代体验理论的发展 / 57

　　第二节　风险管理理论 / 61

　　　　一、风险内涵的研究 / 62

　　　　二、风险管理理论的发展与研究 / 63

　　　　三、风险分析模型及方法 / 66

　　　　四、现代风险管理理论 / 69

　　　　五、基于风险管理理论的探险旅游风险管理研究 / 74

　　第三节　安全管理理论 / 78

　　　　一、安全管理概念的演化 / 78

　　　　二、主要安全管理理论和模型分析 / 85

　　　　三、安全管理理论下的探险旅游安全管理理论研究 / 93

第四章　中国探险旅游发展现状与问题 / 97

　　第一节　中国探险旅游的发展历程 / 98

　　　　一、中国探险旅游的发展阶段 / 98

　　　　二、中国探险旅游发展特点 / 102

第二节　中国探险旅游市场发展现状　/ 103
　　一、我国探险旅游资源赋存特点　/ 103
　　二、中国探险旅游的发展区域　/ 107
　　三、我国探险旅游价值链发展格局　/ 110
　　四、中国探险旅游市场的需求特点　/ 111
　　五、我国探险旅游产品供给组织形式　/ 114
第三节　中国探险旅游发展与管理模式典型　/ 115
　　一、登山胜地——西藏商业登山管理模式　/ 115
　　二、探险天堂——新疆狩猎管理模式　/ 126
　　三、草原上的黄沙——内蒙古沙漠探险管理模式　/ 132
　　四、水中探秘——广东潜水管理模式　/ 135
　　五、探洞之旅——广西大石围天坑开发　/ 139
　　六、雪原穿梭——黑龙江亚布力滑雪　/ 140
　　七、三夫户外探险俱乐部管理模式　/ 141
　　八、北京驰野探险旅游俱乐部经营管理模式　/ 148
第四节　我国探险旅游发展中存在的主要问题　/ 152
　　一、国家宏观方面问题　/ 152
　　二、企业方面问题　/ 152
　　三、旅游者方面问题　/ 153
　　四、资源开发方面问题　/ 153
　　五、人才培养方面问题　/ 154
第五节　探险旅游的引导与管理必要性　/ 154
　　一、发挥资源优势、提高资源利用效益，提升我国旅游业
　　　　的国际竞争力　/ 154
　　二、我国探险旅游发展不均衡、有效供需均不足　/ 157
　　三、探险旅游死难事故多、安全管理缺位　/ 157

第五章　国际探险旅游发展与管理经验　/ 162

第一节　国际探险旅游组织典型案例——IAATO　/ 163
　　一、国际南极旅游经营者协会（IAATO）简介　/ 163

二、管理模式总结 / 163
第二节 国际探险旅游企业典型案例——180°探险旅游俱乐部 / 166
　　一、180°探险旅游俱乐部的背景 / 166
　　二、180°探险旅游俱乐部注重体验与安全的经营管理 / 167
　　三、180°探险旅游俱乐部的组织管理结构 / 168
　　四、180°探险旅游俱乐部的惊险探险体验产品市场结构 / 169
　　五、180°探险旅游俱乐部的"惊险与安全"的管理模式 / 169
第三节 国际知名探险旅游地管理模式 / 172
　　一、加拿大滑雪胜地——惠斯勒 / 172
　　二、新西兰南岛昆斯敦 / 178
第四节 主要探险旅游发达国家管理案例 / 183
　　一、企业经营 / 184
　　二、教育培训 / 191
　　三、风险管理 / 194
　　四、保险救援 / 198
第五节 国外专项探险旅游的管理 / 199
　　一、蹦极探险旅游管理 / 199
　　二、登山探险旅游管理 / 203
　　三、滑雪探险旅游管理 / 209
　　四、攀岩探险旅游管理 / 210
　　五、印度水陆空探险专项管理 / 212

第六章　探险旅游的引导与管理 / 220

第一节 探险旅游发展的引导 / 221
　　一、建立"十带三组团、胜地缀其间"中国探险旅游目的地体系 / 221
　　二、建立探险旅游经营市场准入制度，培养合格市场主体 / 224
　　三、设立探险旅游培训与认证机构，培养合格探险旅游导游与旅游者 / 228
　　四、探险旅游市场促进策略 / 231

五、探险旅游市场价格规制 / 233
　　六、建立探险旅游相关政策与法规 / 237
　　七、政府立体管理合作机制构建 / 242
　　八、探险旅游资源的开发与环境保护 / 244
第二节　探险旅游安全保障机制 / 250
　　一、安全风险评估与管理系统 / 250
　　二、探险旅游安全预警体系 / 255
　　三、安全监控机制的推行 / 258
　　四、安全救援制度的实施 / 260
　　五、安全保险体系的构建 / 264
　　六、探险旅游安全保障机制分阶段建立途径 / 266

参考文献 / 268

序

论科学探险精神——纪念导师周廷儒院士诞辰 100 周年

2009 年 10 月 19 日中国地理学会 100 周年专门设立了分会纪念我的硕士导师周廷儒院士诞辰 100 周年。参会之后感慨万千，当今北京师范大学地学与资源环境学部形成的 6 个学院（研究院）1 个国家重点实验室的这样一个国内高校地学巨无霸的格局，很大程度得益于我的硕士导师周廷儒先生当年奠定的学科格局以及对人才的培养。

一、人生历程

周廷儒先生生于 1909 年 2 月 15 日，1933 年毕业于中山大学地理系，获理学学士学位，后留校任教。1935—1942 年，先后任教于杭州高级中学、西南联大、复旦大学。1940—1946 年任中央研究院重庆北碚地理研究所副研究员，参加当时开发大西北实地考察，研究四川、青海、甘肃一带国土资源和嘉陵江流域地理，沿江步行 400 公里，绘制了嘉陵江曲流分布图。并在 1942 年夏作为"西北史地考察团"成员发表了《甘肃、青海地理考察纪要》及区域地理、地貌学方面的论著。1946 年获"庚子赔款"名额赴美国加利福尼亚大学伯克利分校留学，师从文化景观学派创始人 Carl Ortwin Sauer (Sauer 是如此出名我真没想到。2008 年我邀请世界著名的旅游人类学家伯克利的 Nelson Graburn 来我校驻校讲学，我一说我导师曾在 UC Berkeley 地理系留学，他马上就问是不是 Sauer 的学生），获硕士学位。1950 年先生从伯克利回国任北京师范大学教授，兼任中国科学院地理研究所研究员、清华大学地理系教授。1950年加入九三学社，任九三学社第七届中央委员会委员。同 Sauer 惊人相似之处是，Sauer 从1923到1954担任 UC Berkeley 地理系主任31年，周先生从1952到1983年共31年担任北京师范大学地理系主任。退下后一直指导硕士研究生与博士研究生，从事古地理环境演变研究。我是他指导的最后一个硕士研究生。

二、科学探险精神

每次谈到先生的过去，老一辈总会提及先生60多岁还在天山脚下跑马考察。由于不是亲眼所见，感触不是太多。而每次看到年近八十的先生拄着拐棍爬上生地楼9层资料室查阅英文地理文献时，我情不自禁地鼻子一阵阵发酸，泪眼朦胧。

（一）中国区域地理分异与历史演变规律的研究

先生响应国家建设的召唤，参加重大科考工作：先生1951年参加内蒙古铁路选线考察；1952年参加华南自然地理考察；1953～1955年参加"中国自然区划"工作，与施雅凤、陈述彭合写《中国地形区划草案》，首次提出中国地形三大区划分的思想；1956年先生参加中苏合作新疆综合考察工作，直至1959年，足迹遍及全疆，并主编《新疆地貌》专著。1960年撰写了《中国第三纪与第四纪以来地带性与非地带性的分化》论文，研究了新生代时期自然地带分异的规律，重建了第三纪和第四纪的自然地带和自然区。1963年在北京师范大学创建"新生代古地理研究室"，到内蒙古凉城、山西大同等地开展第四纪古地理研究。1972年，根据周恩来总理指示，中国科学院成立《中国自然地理》编辑委员会，先生被聘为委员，历时4年完成了《中国自然地理·古地理》分册的编著任务。1982年出版专著《古地理学》，这是中国环境演变研究的标志性成果。与此同时，他登庐山、上黄山，亲临实地考察，致力探讨举世瞩目的中国东部第四纪冰川问题，对中国东部中低山地区曾被李四光先生认为是"冰川遗迹"的地貌现象提出质疑，提出"雪蚀地貌"观点。运用景观分带学说和专门方法研究了我国新生代时期自然地带分异的规律，重建了我国第三纪和第四纪的自然地带和自然区，为研究我国自然地理、人文地理奠定了基础。

中国地理的大规律基本上是他们这一代人总结的,其后理论的突破寥寥。先生的最大贡献表现在对大空间尺度与大时间跨度地理规律的研究。他的代表著作:《中国地形区划草案》、《南疆塔里木河中游的变迁问题》、《中国第三纪与第四纪以来地带性与非地带性的分化》、《中国自然区域分异规律和区划原则》、《中国东部第四纪冰川作用的探讨》、《中国第四纪古地理环境分异》、《新生代以来中国自然地带性的变迁》等都是对中国地理重大规律的探索。

(二) 地球环境演变预测的探索

先生一生研究的重点是新生代以来中国地理环境的空间分异。对于10000年以前,周先生的研究成果具有里程碑的意义,与竺可桢先生对5000年以来的气候研究(以1973年6月19日在《人民日报》上发表了《中国近五千年来气候变迁的初步研究》为代表)研究成果共同构成中国环境演变的完整图谱。两人关注的分别是万年和千年两个不同时间尺度的环境演变问题。

"文革"后,先生的一大重要贡献在于希望通过对过去的研究开展对未来的预测。他的论文《环境古地理学的发展方向——开展地理环境学预测研究》对地理预测研究产生了重要影响。在1986年先生的《中国北方农牧交错带全新世环境演变及未来百年预测》的研究获得了国家自然科学基金项目资助。Charles Lyell (1797—1875) 生前的现实主义思想认为"现在是过去的钥匙"(The present is the key to the past)。先生早在1965年就提出过去是认识现在和预测未来的钥匙,并在其晚年对此做了进一步解释,"研究过去环境的发展与演变过程,是认识现代环境和预测未来环境发展趋向的前提与基础"。同先生这一学术思想相似的提法是由D. H. Tarling在1978年提出的,表述为"The past is the key to the present and future"。周先生的学术思想与当今世界地学前沿课题之一的"过去全球变化"的核心思想完全一致,却比它早提出近20年。[①]

三、科学探险精神的传承

周廷儒门系弟子中老一辈的有张兰生、赵济、邬翊光、武吉华、李华章、

---

① 李容全,中国北方农牧交错带全新世环境演变——中国北方资源与环境开发,电子出版物,1990

任森厚；新生代具有代表性的人物有北京师范大学副校长史培军和《中国国家地理》杂志社社长李栓科。前者是中国灾害研究的开拓者、资源科学的大家，后者是中国首次北极探险队长、科普杂志商业化运作的先锋。

张兰生：张先生的最突出特点是思路清晰，他的创新思想包括：中国第四纪古气候东西变化分异，东部冷干暖湿，西部冷湿暖干，其分界线在河套一带；指出了北方气候的旱化趋势；提出未来我国东部气候会出现暖干而非冷干，形成原因非冬夏季风对比问题而是人类作用增温导致大气环流北移的结果，人类对未来世纪环境演变的作用要放到首要位置。他历任地理系主任、教务长、资源与环境学院院长等，对北京师大地理学科的大整合起了重大作用。

史培军：中国全新世气候冷湿热干配置的假说倡导者、用渤海海冰解决北方干旱问题的伟大构想的首倡者、中国灾害研究的开拓者、中国治沙专家、北京师范大学地学帝国的缔造者，他的开拓精神、敏锐的战略眼光、卓越的学术领袖风范确实令人刮目相看。多次给朱镕基、温家宝作关于风沙治理、自然灾害应急管理方面的讲座与记报。他的团队研究的大多是关系国民经济的重大热点问题以及国际地理科学学术的前沿问题。在他的整合与开拓努力之下，北师大才有了今天的"六院一室"：地理学与遥感科学学院、环境学院、资源学院、水科学研究院、减灾与应急管理研究院、全球变化与地球系统科学研究院以及地表过程与资源生态国家重点实验室。

李栓科：毕业后分配到了中国科学院地理研究所，得到了到可可西里、南极与北极的考察机会，为中国首次北极考察队的队长。后来又成功地把《地理知识》通过商业化运作，转型为《中国国家地理》。他是真正具有典型意义的科学探险精神的学者，攀高原、闯南极、探北极，更难能可贵的是在商海中能够另有作为，眼光独到，成为知识杂志的办刊旗帜。

四、科学探险精神遗产

先生诞辰一百周年的纪念会上，张兰生先生对他的做官总结为"难得糊涂"，一是做主任31年，能够全身而退，空前绝后，十分难得；二是小事糊涂大事不糊涂。对先生的贡献各个人认识不同，我认为最杰出的贡献在于：

1. 开拓了古地理学（也是目前国际上前沿的环境演变研究领域），是我国环境演变研究的奠基人与开拓者；

2. 对中国古地理环境的空间分异规律做了总结；提出了南北分异与后来受青藏高原隆起形成的东西分异规律；

3. 提出了地理预测的大方向，这与国际普遍关注的全球气候变化动向一致；目前北京师大全球变化与地球系统科学研究院这个全球性学术高地就是这种思想的实现；

4. 强调对环境敏感带（如农牧交错带）的研究，这是一种极具智慧的研究方法；地表过程与资源生态国家重点实验室就是选择生态脆弱地带进行持续跟踪观测的代表；

5. 培养了张兰生、赵济，尤其是史培军等近来北京师范大学地理学科中兴的脊梁。

我觉得先生唯一的不足之处是他在20世纪70年代到80年代缺乏对地理学在关系国计民生的应用，当时古地理学研究的颓势与此有关。近来北京师大的中兴关键是与国计民生紧密结合，尤其是灾害学、资源学、水科学、环境学、遥感技术的普遍采用，实现了空前的发展。减灾与应急管理研究院是最成功的典范。

五、我和先生：在继承、放弃与开拓中痛苦抉择

偶然事件往往决定一生命运。我从上大学的第二年就决定要上研究生，但一直准备上上海的华东师范大学，联系严钦尚、陈吉余与郭蓄民等先生，1985年11月22日我突然决定转向报考周廷儒教授的古地理学专业（Paleogeography）第四纪古地理（Quanternary Paleogeography）方向。选择周先生做导师很大程度上是慕名而来，向往北京也是重要动机之一。由于对自然地理的兴趣远远高于人文地理，那时的我很Simple，认为自然是纯净而简单的，人把世界变杂了，变脏了。最后甚至认为只有过去的才是纯净的、简单的。所以说对古地理学感兴趣，更多是一种愤世嫉俗的表现。然而接下来的三年我一直在对古地理学的怀疑中度过我的研究生时代。

（一）沉重与疑虑

1986年进入先生门下后我开始了一个十分低沉的时代，当时地理学科地位不高，同其他地理研究机构相比，北京师大地理学不及中科院、北大、

华东师大、南京大学，甚至不如东北师大。我当时对北师大学生的学风很不感冒，学生睡懒觉成风，不乏混日子者。在校内来说，我所学的古地理专业不及经济地理、环境科学、自然地理，乃至气象气候专业。当别人总是吃香的喝辣的，而我们总在同地层、古生物、孢粉、微量元素、碳14、考古、文物打交道，内心有一种掩耐不住的自卑与寂寞。似乎看不到希望，就连同别人说自己是什么专业时都很不自信。实用主义盛行一时，"搞原子弹的不如倒茶叶蛋"是这一时期的真实写照，当时风传《高玉宝新传》是，高玉宝对妈妈说："我要退学"！

别人回忆与大师共处，总是充斥"启蒙"、"开光"、"点拨"之类溢美之词，而翻开我从1986年9月到1989年7月的日记，审视我当年师从先生的日子，记录中充斥着悲观的情绪。当时的古地理研究由于缺乏生气，远离中国产业实践，人称老古董。师生中流传一则黑色幽默：将先生1963年创立的新生代古地理室的几位先生按头发的稀少程度，把李华章先生封为Q_1（早更新世），刘清泗先生封为Q_2（中更新世），李容全先生封为Q_3（晚更新世），周廷儒先生本人被封为Q_4（全新世）。本人一直在为古地理中兴还是为古地理送终上犹豫不决。甚至为自己学古地理感到羞辱，因为我们没有让这门学科在国民经济建设中起重大作用。

先生给我们几个古地理的研究生上了一学期的《古地理学理论与研究方法》，硕士研究生与博士研究生一起上，当时与我们同班上课的还有史培军、费安玮、韩春雨、邱维理四名博士研究生。在理论和方法论上，这门课对我终生受益，我至今感叹，旅游学之所以至今仍然被地理学遥遥领先，根源是旅游学研究方法的匮乏。

逐渐地我甚至对先生从信仰开始走向质疑，对他倡导的古地理脱离中国社会经济实践的研究质疑，对他的学术团队建设质疑。早在1986年4月研究生复试前就有老的研究生给我洗脑，说古地理室是个正在走向衰败的帝国。1987年4月15日我与先生在"小红楼"有过一次长谈，主要是表达自己心中的困惑、怀疑与苦闷，先生第一次批评我浮躁。怀着怀疑的心态我坚持研究环境演变趋势预测，5月1日完成了《地理环境的未来及预测方法》。"没有核心，没有主旋律，繁杂的细枝把细嫩的主干压折了"，这就是我研究生第一年的真实写照。

发自内心的质疑源自1987年暑假野外学术考察。是年夏，李华章先生安排邱维理师兄带领我到张家口考察,在山西的台路沟,一个老伙头问我们"这里的地形有没有用?"我哑然,邱师兄理直气壮地说"对科学有用!"。不知为何,这使我对专业更加缺乏信心,甚至觉得信仰危机何时了,再不改行恐怕为时太晚。从此开始想到转行,想先从历史地理转向社会科学。当时同门的博士研究生也建议我转向研究文化地理。

1988年初,我对专业的困惑达到无以复加的地步,这种困惑一直持续到1988年底,最典型特征是我准备同同样处于困惑的室友气象气候学研究生王勤学创立白惑学(Bifoology),并自称为白惑大师(Bifoologist),提出白惑的最高境界是"白惑的结果是没有结果"!

(二)痛苦的坚持与无奈的转向

受西方环境演变与全球变化研究的影响,我开始关注未来环境预测。1986年11月我对于未来的研究方向提出了:1.用控制论来建立全球性气候、生物、海陆变迁及太阳辐射模型;2.重点研究气候敏感区,掌握动态变化的本质与规律;3.预测未来(1986年11月10日日记)。这三个方向基本上继承了先生的思想精髓。当时仍然推崇自然,拒绝研究人文现象。直到到了1987年4月我对未来的选择方向除环境未来预测、地理圈结构与功能研究外,增加了人地关系或纯社会经济研究(1987年4月1日日记)。

当时整个地理学界处于一个新思想激烈碰撞的时代,旧三论、新三论、计算机技术、遥感技术、模糊数学等新方法不断涌入,计量地理学革命(牛文元为代表)与青年地理学家提出的(王铮为代表)新地理学思潮涌动。对于地理学的核心是空间差异还是人地关系发生了激烈的争议。哈特向的《地理学性质的透视》是当时的宠儿,不知是翻译得不好还是国人学术功底太差,很多人都没有看懂,却都在一知半解地传颂。地理学的革命到底是思想的革命还是方法的革命,学界都存在怀疑,浮躁与叛逆并存。目前"横行"中国旅游学术界的汪宇明、张捷、明庆忠、张凌云、吴必虎、陆林、保继刚、黄震方、冯学刚、刘家明等当时都或多或少受到这次"革命"的震撼。

1987年12月6日我提出现代口号:"参与、预测、突破、实用",并开始参与周先生主持的国家自然科学基金重点课题《我国北方农牧交错带全新世环境演变及未来百年环境预测》。我的硕士论文就是希望向应用、向未来探索。最后完成的硕士论文是《岱海地区环境演变背景、未来演化趋势预测及区域发展对策》。

我真正违背了导师的意愿的事是研二时周先生建议我直攻博士,由于对古地理学失去了信心与兴趣,终于放弃。1988年4月3日的日记上写道:"毫不犹豫,我放弃了直攻周廷儒先生博士的机会,对于这一决策的正确性我丝毫不怀疑。"接下来,我在考北大的侯仁之(历史地理—希望通过历史地理跳到人文地理)、杨吾扬(经济地理—希望直接研究人地关系);还是考南大的杨怀仁(地貌学与第四纪地质学—希望研究全球环境演变)或任美锷(海洋地貌与海洋沉积—希望研究海岸开发利用)上摇摆不定。临近毕业时我又想报考费孝通的博士,开始了后来长达三年的社会学理论与方法学习历程。

1988年10月20日我第一次在友谊医院服侍先生,最初的感叹是感情高干病房比宾馆还豪华。这一段时间正好是写硕士论文的关键时期,由于服侍生病的先生,所以有较多同先生交流的机会。但当时的先生已不能经受激烈的思想碰撞了。

我有一点一直很困惑,先生在伯克利的导师主要是研究文化景观,先生在伯克利的硕士论文《南山库托诺尔地区人群分布现状的地理与历史基础》(*Geographic and Historic Foundations of the Present-Day Distribution of the Peoples of the Nan Shan-Koto Nor Area*)也主要是研究人文地理,却在回国后基本上研究重点为自然地理。虽然继承了Sauer的历史演变研究方法,但对人地关系这个中心明显有些刻意的回避。

我不是先生的好学生,从师生关系论甚至有些忤逆。我总是抱怨先生为什么对现时代采取一种回避的态度。今天看来,我确实太浅薄了,我估计是文革恐慌导致了先生的避世情结。但在20世纪90年代后期,先生已经开始积极从事预测这类入世工作了。另外,坚持就是胜利,做学问不能太世俗,当年都是冷门的专业,这几年都变成了世界热点。如果我当时坚持研究预测,我今天肯定是世界某个组织全球变化的首席了。

(三) 新的学术探险历程

研究生毕业后,我来到北京第二外国语学院从事旅游开发的研究工作,彻底离开了古地理学或者环境演变。从研究旅游规划入手,经过短暂时间的饭店管理研究,又回归旅游目的地发展管理研究。似乎彻底离开了我和先生原来的研究领域,但随着研究的深入,Sauer的文化景观(Cultural

Landscape) 的理论对我目前研究旅游发展中的地方感、地方精神与地格 (Placeality) 有非常深刻的影响。先生倡导的历史演变法是渗透进了我的骨髓的。

20 年来，我的旅游研究就是一个地理环，在研究业务领域上，我注重选择适度超前的产业课题，以目的地管理为核心，野兔 (HARE) 狂奔，整合遗产旅游 (Heritage Tourism)、探险旅游 (Adventure Tourism)、乡村旅游 (Rural Tourism) 与节事旅游 (Event Tourism)；在经营空间领地上，我采取"横向打圈"、"纵向立杆"的策略。尽管主持了科技部国家科技支撑计划课题西藏旅游目的地营销系统应用示范子课题，主持了教育部中国遗产旅游体制改革，国家旅游局探险旅游发展与引导、国家文物局文化遗产旅游发展与改革等国家层面课题，还主持了大量地方规划项目，但我认为研究最深入的是北京。与先生的大尺度规律探索相比，我更像在蜗居内探究。

所谓"横向打圈"就是以北京旅游目的地为对象，从城市中心向周边同心圆扩展。对北京市旅游目的地作了完整的扫描，见下表。

北京旅游目的地"打圈"研究课题一览表

总体战略	北京市发改委：《北京市旅游发展战略纲要暨五年行动计划》(2004)
	北京市哲学社会科学规划重点课题 (09AbJG291)：《北京建设世界最佳旅游目的地城市的综合诊断与管理模式创新》(2009–2011)
	北京市旅游局：《同城化对北京旅游产业调整和空间布局的影响》(2009)
都市旅游	北京市东城区政府：《北京市东城区旅游发展总体规划》(2009)
	北京市朝阳区政府：《北京市朝阳区"十一五"旅游发展规划》(2005)
	北京市丰台区政府：《北京市丰台区"十五"旅游发展规划》(2000)
郊区旅游	北京市哲学社会科学规划项目 (01BJBJG020)：《北京市郊区旅游发展战略研究——经验、误区与对策》(2001–2003)
	北京市旅游局：《北京环城市旅游乡村休闲度假带研究》(2008)
乡村旅游	北京市延庆县旅游局：《延庆县乡村旅游规划》(2007)
	北京市门头沟区旅游局：《北京市门头沟区旅游发展总体战略》(2007)
	北京市旅游局：《乡村旅游北京模式研究》(2009)
	北京市旅游局、北京市发改委、北京市农工委：《北京市乡村旅游发展规划》(2004–2005)
	北京市旅游局：《北京市乡村旅游产业升级规划》(2008)

续表

区域合作	北京市哲学社会科学"十一五"规划项目（05BJDJG165）：《京津冀旅游合作模式与运行机制研究》（2006-2007）
专项旅游	国家教育部2002年度"优秀青年教师资助计划"项目（编号1953）《2008年北京奥运会对中国旅游业的拉动效应研究》（2002-2005）
	北京市旅游局：《旅游景区管理体制改革与创新》（2008）
	北京市旅游局：《北京市旅游信息中心系统建设》（2008）
	北京市人事局留学人才资助项目：《北京市乡村旅游扶贫模式选择》（2005-2007）
	国家文物局、国务院发展研究中心：《北京市遗产旅游体制演变与改革》（2007-2010）

所谓"纵向立杆"就是做规划引领行业未来，立标准规范整个行业。给北京市政府以及各区县政府做了大量的规划，对北京旅游产业发展的未来进行引导，同时参与了北京市乡村旅游、旅游景区、旅游安全、旅游服务、旅游解说系统等方面的大量标准的制定，规范全行业的服务质量，提升服务标准。

现在网民热议的"钱学森之问"，我认为先生的身体力行做出了确切的回答。缺乏对学生科学探险与创新精神的培养是当前大学教育失败的关键。结合先生的教诲以及长期学术研究实践，我深切感觉到：

1. 原创性（Initiative）才能世界领先，建立观测站，取得第一手资料是原创的前提；

2. 引导产业、服务产业是树立学科特色，推动学科发展的关键；

3. 探究规律，耐住寂寞，独立思考。

国内外旅游学术界有一种奇怪现象，著名学者往往不是学术大师，著名的往往是院长，真正有思想的是中心主任。这几年我请了很多国内外著名学者来讲学，但我印象最深的是中南林业科技大学的吴楚材先生与陕西师范大学的马耀峰先生。吴先生身处一个地理位置不太优越的学校却在生态旅游上取得了许多原创性成就，他领导的生态旅游研究中心，提出了自己关于生态旅游的定义，界定了生态旅游区的本底环境标准，提出了自己的生态旅游区分类，尤其是在国家林业局的指导下创造性的研究"植物精气"，通过8年多的第一手观测，取得了数以万计的观测数据，在国际生态旅游研究上处于绝对领先地位。而马先生近10年来潜心研究旅游流聚散机理，入境游客对中国旅游目的地的认知、评价与选择等，对中国入境旅游流的基本规律作了有益的探索，对中国旅游产业发展具有重要指导意义。本来以资源研究见长的陕西师范大学却在旅游市场研究中独辟蹊径，连续多年获得国家自然科学基金委的资助。中国非常需要这样的具有社会责任的独立思考者。

夜已经很深了，雪越下越大，女儿正在梦呓中与她"强哥"QQ，老婆还在"开心农场"夜以继日地偷菜，刚工作的外甥沉溺在"胡莱旅馆"与陌生人亲嘴。临睡了，遵从周立波的教导，同老婆分享了一盒 Häagen-Dazs，用 Cappuccino 漱了漱满是大蒜与羊肉味的油嘴。

统子

（Tony Zou 邹统钎）

2009年11月1日修改于北京市朝阳区定福庄统子楼

第一章
探险旅游理论

第一节 探险旅游概论
第二节 专项探险旅游分类简介
第三节 探险旅游理论文献回顾

第一节　探险旅游概论

一、探险旅游的定义

总结国内外研究，探险旅游（Adventure tourism）是有人引导的商业旅游（Guided commercial tour），它的主要吸引物是依托自然环境特征的、需要特殊体育或者类似设备支持的、令游客激动的室外活动（Buckley，2006）。

二、探险旅游的特征

从市场学角度看，探险旅游是在旅游市场细分的基础上产生的新兴专项旅游；从旅游产品的角度来看，属于一种深层次旅游产品。因此，探险旅游有以下的六大特征（见图1-1）：

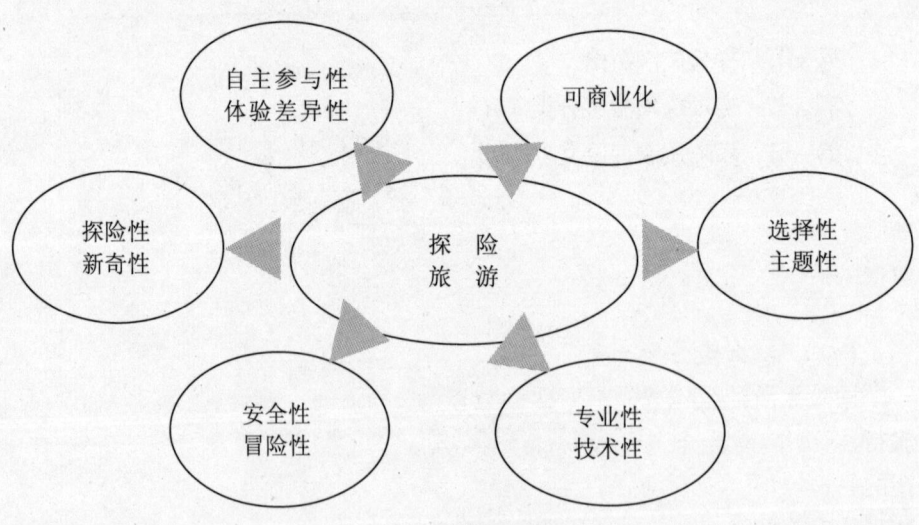

图1-1　探险旅游的特征

（一）自主参与性和体验差异性

游客在探险旅游中能自主参与，充分发挥自身潜力、施展才干，在欣赏自然风光和人文风光的同时，享受自身潜能和才干得到发挥的喜悦。探险旅游者可根据自己的特殊需求，来选择适合自己的探险体验方式。通过接受挑战，战胜各种困难，体验各种经历，旅游者可以获得特殊的体验惊喜和强烈的自我满足感，达到"高峰体验"。由于旅游者个人体质、智力、情感以及旅游需求的差异，不同的旅游者可获得不同的探险体验、情感经历和心灵经历（成功与失败、痛苦与欢乐等）。

（二）探险性和新奇性

探险旅游项目和线路，有较为丰富的内容，具有某种程度的冒险探险因素，使游客能展示和检验自己的能力，包括体力、耐力、应对突发事件的能力以及心理素质，满足游客的探险、求异、体验在现代都市生活中体验不到的乐趣的愿望。探险旅游项目和线路的设计，视角新颖，能够突出一两个具有独特特征的主题，所设计的具体项目和线路的每个点、每个节目安排都有新颖性，使游客每天都有"惊险惊喜"。

（三）冒险性与安全性

冒险体验在探险旅游活动中是至关重要的，缺少冒险性将会导致游客体验的刺激性降低。因此，要使游客获得惊喜的"高峰体验"，就必须要保证探险旅游的冒险性，保障游客的安全，让游客在"绝对安全"的探险旅游中获得"绝对惊喜"的探险体验。

（四）专业性与技术性

探险旅游的组织者要根据探险旅游项目的需要，向游客传授基本的野外旅行常识，如装备使用、露营、消毒及方向辨别等；还有探险旅游者必须掌握的特殊技能，如漂流、攀岩、崖降、跳伞、太空探险等。探险线路安排要体现特定旅游生态环境相对集中、自然地理条件和人文条件相对和谐的要求，旅游行程松紧相济，既保持旅游者的体力，又要对其身体或心理极限有一定的挑战性，必要时还要帮助旅游者排除存在的危险，保障旅游者的安全。这些都要求有一定的专业性和技术性。

（五）选择性和主题性

探险旅游要保证探险旅游者的体验真实性，一般都会选择在自然环境优美、原始的、未开发的旅游地进行。探险旅游只限于有特殊探险爱好、较好体力、较高技能的旅游者；探险旅游花费高，要求参与者有较好的经济条件。探险旅游的体验主题性强。探险旅游在具有原始自然的和具有独特文化的旅游地环境中进行，旅游目的地保存着生态环境、生活方式和文化模式的原始性、自然性和真实性，这些都能带给旅游者特殊的探险体验。

（六）可商业化

探险旅游能使旅游者获得特殊感受、经历，因而具有很高的商业价值。只要满足探险旅游开发与经营的相应要求，探险旅游就可以开发成为项目产品进行市场化推广普及。所以，探险旅游能够为开发者和目的地国家或地区带来巨大的经济效益。据世界旅游组织有计划的调查后得出的预测，探险旅游将成为未来旅游的五区之首（其他四区为生态旅游、远洋旅游、文化旅游和主题旅游）。

三、探险旅游的分类

根据目前探险旅游的发展现状和不同标准，探险旅游可以进行以下分类（见图1-2）。

（一）根据探险旅游活动的目的和性质划分

1. 科考探险旅游

探险旅游者进行探险的目的是科学考察，如登山探险、原始丛林探险、观野生动物探险旅游、极地科考探险旅游等。

2. 体验探险旅游

探险的目的是为了追求独特的休闲经历、寻求刺激或实现自我、挑战自我，如攀岩探险旅游、崖降探险旅游、漂流探险旅游等。

(二) 根据探险旅游资源的不同和存在状态的差异划分

1. 山体探险旅游

主要依靠山体高度的差异、山势的崎岖、原生态的自然环境等自然特征而开展的探险旅游活动，包括登山探险、峡谷探险、攀岩探险、崖降探险、徒步探险、滑雪探险、雪地驾驶探险等。

2. 水体探险旅游

主要依靠天然或人工水体而进行的探险旅游活动，如海洋探险旅游、海底探险旅游、冲浪探险旅游、环球航海探险旅游、漂流探险旅游、湖泊探险旅游、潜水探险旅游、独木舟探险旅游、海底潜水艇探险旅游等。

3. 生物探险旅游

主要依靠原生态的自然环境，包括原始森林、湿地、雪域、高原、动植物等进行的探险旅游活动，如原始森林探险旅游、观鸟探险旅游、观鲨鱼探险旅游、狩猎探险旅游、垂钓探险旅游等。

4. 洞穴探险旅游

主要是在地球上的各种各样的洞穴内进行的探险旅游活动，如喀斯特洞穴探险旅游、古墓探险旅游、水下洞穴探险旅游、树洞探险旅游、雪屋探险旅游等。

5. 沙漠探险旅游

依靠沙漠组织各种各样的探险旅游活动，如徒步穿越沙漠探险、沙漠自驾车探险旅游、沙漠骆驼竞赛旅游等。

6. 空中探险旅游

主要是利用人造器具和航空器在空中和近太空进行的各种各样的探险旅游，如热气球环球探险旅行、空中跳伞探险旅游、滑翔探险旅游、太空探险旅游等。

7. 其他探险旅游

包括文化探险旅游（丝绸之路探险旅游、茶马古道探险旅游等）、修学探险旅游等。

(三) 按照探险旅游的危险性和冒险性程度划分

1. 软性探险旅游

对旅游者的体力要求不高，危险性或冒险性只是表面上的，完全可以由人为控制的旅游形式，如野营探险旅游、观野生动物探险旅游、垂钓探险旅游等。

2. 硬性探险旅游

危险性或冒险性是实际存在的，探险的结果具有很大的不可预知性，对旅游者的探险经历、探险技能、专业水平、探险装备等要求比较高的旅游形式，如登山探险旅游、激流漂流探险旅游、攀岩探险旅游、沙漠探险旅游等。

(四) 根据探险旅游目的地的原生态和建设情况划分

1. 户外探险旅游

旅游者以大自然的原生态环境为旅游目的地，是一项新奇、刺激、勇敢、专业性很强的体验式旅游。户外探险旅游的方式很多，几乎所有的户外活动都可以成为探险旅游的载体，如高山、洞穴、沙漠、河流、湖泊、海洋、森林等。

2. 城市探险旅游

探险旅游者以城市中的建筑群落为旅游目的地，以各种手段进入进行探秘的旅游活动，如城市古迹探险旅游、城市遗址探险旅游、城市废弃场所探险旅游等。

3. 人造模拟探险旅游

就是利用人造模拟的室内环境进行各种各样的探险活动。如虚拟环境探险旅游、室内探险旅游、基地探险旅游、室内攀岩运动等。

（五）根据我国探险旅游者的探险休闲爱好普及程度划分

1. 徒步探险旅游

最原始的探险旅游方式之一，除了借助部分交通工具之外，以徒步行走的方式完成大部分旅游户外活动。其中，从起点到终点，旅游途中可能翻越山岭，穿过丛林、沙漠、溪流或峡谷等地貌的徒步探险被称为徒步穿越探险旅游。

徒步穿越探险旅游根据徒步地域特点又可分为：山地丛林穿越、沙漠荒原穿越、雪原冰川穿越、峡谷穿越、山岭穿越、草地穿越、古道穿越、江河穿越等探险旅游。

徒步穿越探险旅游需要熟练掌握探险旅游目的地的地图（线路图、GPS地图）、掌握相应的徒步技术（体力分配、行走原则、重心问题、休息原则）和必要装备（服装、宿营装备）。

目前，徒步穿越探险旅游是我国比较流行的一种休闲型探险旅游方式。在我国，喜欢徒步穿越的探险旅游爱好者甚多，专业技术要求较低，消费主体主要是初级探险旅游者。

2. 越野探险旅游

是指离开道路的探险旅游，按照交通工具的不同可分为自行车探险旅游、摩托车探险旅游和汽车探险旅游三大类。其中自行车探险旅游和汽车探险旅游在国内发展的最成熟。

3. 登山探险旅游

旅游者徒手或使用专门装备攀登不同地形的山峰或山岭的旅游活动。登山探险旅游根据登山目的、技术要求和参与者专业程度的不同，可分为高山探险、竞技登山和旅游登山三类。高山探险是一种利用器械装备和熟练登山技术，克服各种恶劣的自然条件，以攀登高峰绝顶为目的的登山活动。竞技登山是一种运用攀登技术和各种技术装备，专门以攀登悬崖峭壁或冰壁为目标的登山活动。该项运动始于19世纪末，分为攀岩和攀冰两类。旅游登山是一种旅游和登山运动相结合的休闲型活动。目前，旅游登山活动由于登山形式生动活泼、内容丰富多彩，深受中国普通大众旅游者的喜爱。登山探险旅游也是我国探险旅游发展相对比较成熟的一种探险旅游活动，国家不仅建立了相应的管理机构、训练机构和专业经营企业，还颁布了《体育法》和《国内登山管理办法》等相应的法律法规。以前的专业登山运动逐渐发展成为专业登山、民间登山活动和商业登山相结合的旅游活动。

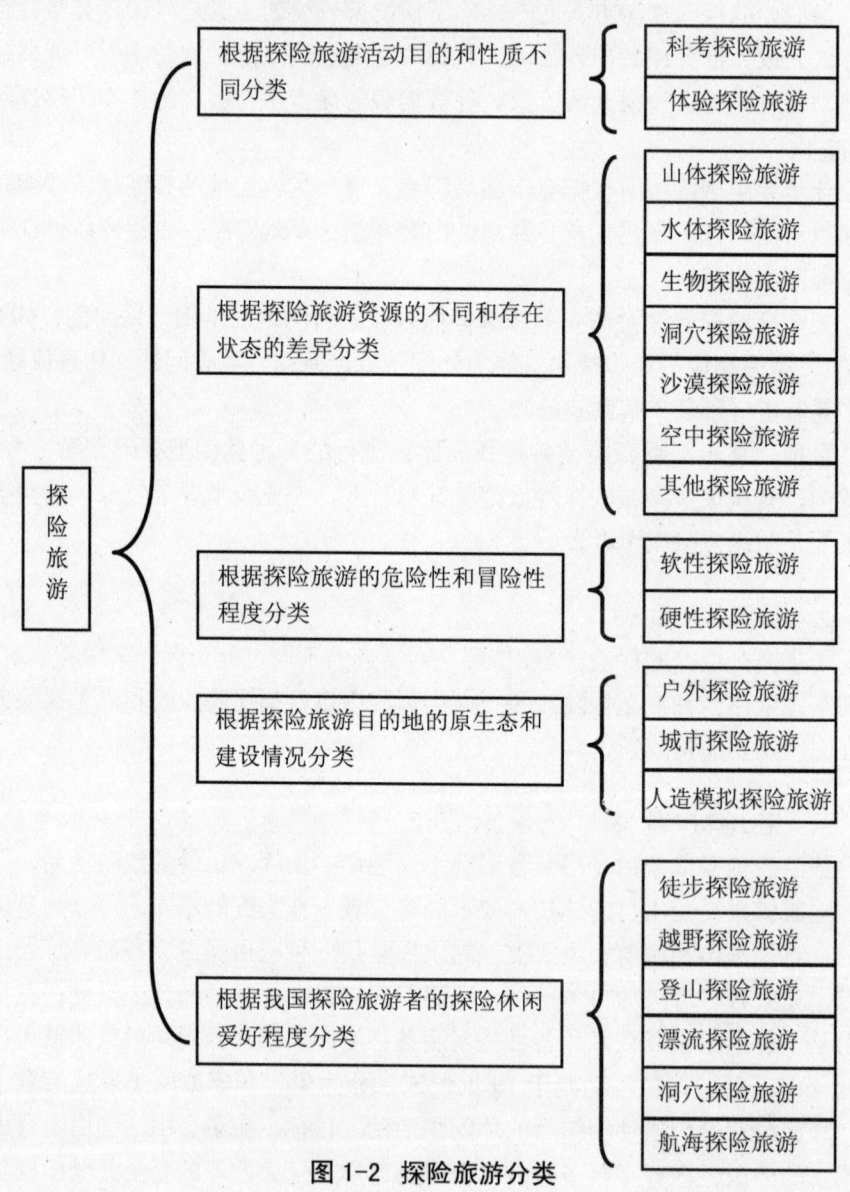

图 1-2 探险旅游分类

4. 漂流探险旅游

利用漂流工具在河流中顺流而下进行探险旅行活动。根据漂流工具不同可分为橡皮艇漂流、独木舟漂流、竹筏漂流、龙舟漂流、羊皮筏漂流；根据水流类型不同又分为平水漂流和激流漂流；根据惊险指数可分为探险漂流和商业漂流；根据河道情况可分为大河探险漂流和峡谷探险漂流。目前，独木舟漂流为代表的激流漂流和竹筏漂流为代表的平水漂流是近年来我国比较流行的户外探险旅游项目。

5. 洞穴探险旅游

一项科学与技术含量较高的户外探险项目。目前洞穴探险旅游在一些发达国家中已经发展得相当成熟，并拥有大量专业、业余的旅游者。中国虽然具备了丰富的地理资源，但洞穴探险旅游才刚刚起步。从安全进出洞穴的角度考虑，洞穴探险旅游分为水洞探险和干洞探险。水洞探险旅游，是指在常年有地下水流的岩溶洞穴进行探险旅游。水洞探险难度较大，也比较危险，技术、装备要求比较高。干洞探险旅游要比水洞探险旅游容易得多，探险旅游者的活动自由度也很大。

6. 航海探险旅游

利用帆船、独木舟等进行的海上探险航行活动，主要有环球探险航行、极地探险航行、岛屿探险和特定海域探险等。

四、探险旅游"三四三"需求模型

依据探险旅游特点，形成探险旅游需求"三四三"模型（见图 1-3）。该模型认为，探险旅游主体主要由"三有"（有个性、有体魄、有技能）人群构成。"三有"是探险旅游的动力和基础。"三有"人群有"四求"：求参与、求刺激、求愉悦、求实现自我，是探险旅游的体验动机；旅游者在探险旅游中寻求探险体验的"三感"：新奇感、幸福感、成就感。而检验探险旅游者是否得到真正的快乐的标准是"畅爽"。

与传统大众旅游相比，探险旅游者寻求的是个性化、灵活性、更多的冒险与多种选择。游客投入较多的精力，在探险旅游中不断分享经验，交流体会，主动探索旅游带来的快乐。旅游者更加注重情感的需求，通过探险旅游来满足自我心理需求，引起情感的共鸣和实现自我价值。旅游者追求真实与差异，从逃避走向自我实现。探险旅游者更倾向于选择个性化定制的探险旅游产品，甚至是自助探险旅游；自己购买零件，自己组装，自己安排，自己去发现旅游胜地。探险旅游者追求主动参与、亲自组织安排，更加重视探险旅游体验的过程。

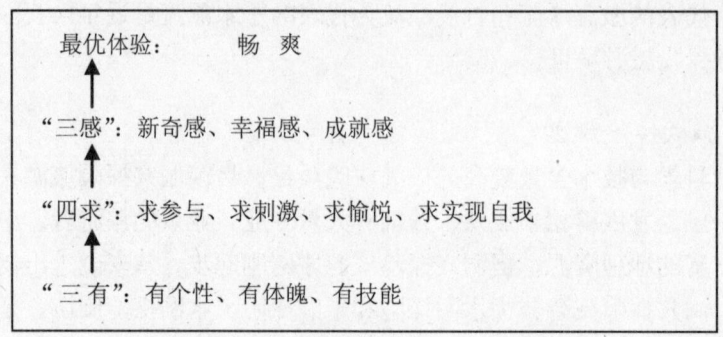

图1-3 探险旅游"三四三"需求模型

第二节 专项探险旅游分类简介

一、空中专项探险旅游

空中专项探险旅游依据高度划分，可以分为低空探险旅游、高空探险旅游和太空探险旅游。由于技术和花费的要求较高，目前只有低空探险旅游得到较为普遍的发展，与陆地探险旅游和水体探险旅游相比，发展较为缓慢，普及度亦不如另外两者。

（一）低空探险旅游

1. 滑翔伞（Para Glider）

滑翔伞因为新奇、刺激而又没有太大的体力限制，在短短数年之间迅速风靡了世界各地。从它的英文词意上不难发现，滑翔伞是降落伞与滑翔翼的结合，也就是用高空方块伞改良成性能上接近滑翔翼的综合体。滑翔伞是一项不需要许多体力付出的活动，全套器材仅重约20公斤，是自由飞行器，通常从高山斜坡起飞，也可以通过牵引方式起飞，用双脚起飞和着陆，所使用的器材与飞机跳伞使用的降落伞有很大区别。当代的滑翔伞可以爬升到海拔4000米以上，最大直线飞行距离已经突破400公里。出于飞行理念的不同，滑翔可以分为休闲滑翔、竞技滑翔和特技滑翔三个领域。

目前我国滑翔伞俱乐部已有50多家。滑翔伞尚属前卫的休闲旅游活动，一是装备相对较贵，二是俱乐部分布不广。不过，随着国内生产滑翔伞能力的提高，滑翔伞的价格必会较快下降。由于滑翔伞简便易学，开展活动的地理条件也不要求太高，各地有望很快开始和发展这一令人心醉神往的运动。时下，在北京、云南、河南、吉林、陕西等地滑翔伞活动已吸引了许多蓝天的爱好者。一些旅游胜地及旅行社也已开展了这一项目，如云南探险娱乐旅行社，海南三亚鹿回头航空俱乐部等等，都为游人准备了滑翔伞。

2. 悬挂滑翔（Hang Gliders）

悬挂滑翔翼俗称为三角翼（Hang Gliders），因为是硬翼滑翔器，避免了滑翔伞的折翼问题，飞行时抗风性和抗乱流比滑翔伞要好，但是携带和运输的不方便，以及对起飞场地和降落场地要求较高，造成它普及程度不及滑翔伞；在滑翔伞问世后，三角翼的发展更是步履蹒跚，因为滑翔爱好者们倾向选择更方便携带的滑翔伞。三角翼由三大件组成：翼身、吊袋、副伞，需要再配备一些飞行装备，如：飞行头盔、高度表、无线电对讲机、GPS、防风眼镜等。

我国的悬挂滑翔运动最初由民间兴起，20世纪80年代初，在我国天津、洛阳、安阳等地，一些航空运动爱好者自制了一批滑翔机开展活动。1985年，日本悬挂滑翔代表团应邀来华进行系统的训练教学和技术交流活动，为我国培养了技术骨干。为推动悬挂滑翔运动的开展，1988年，中国航协悬挂滑翔委员会正式成立。委员会积极开设技术培训班，多次组织表演和比赛，派队参加国际性比赛。悬挂滑翔是一项技术性很高的活动，目前在国内基本作为专业运动项目开展，作为旅游开展的依然很少。

3. 蹦极（Bungee Jumping）

蹦极又名高空弹跳、笨猪跳（Bungee Jumping），是新兴的一项非常刺激的休闲旅游活动。跳跃者站在约40米以上（相当于10层楼）高度的桥梁、塔顶、高楼、吊车甚至热气球上，把一端固定的一根长长的橡皮条绑在踝关节处，然后两臂伸开，双腿并拢，头朝下跳下去。绑在跳跃者踝部的橡皮条很长，足以使跳跃者在空中享受几秒钟的"自由落体"。当人体落到离地面一定距离时，橡皮绳被拉开、绷紧、阻止人体继续下落，当到达最低点时，橡皮绳再次弹起，人被拉起，随后又落下，这样反复多次直到橡皮绳的弹性消失为止，这就是蹦极的全过程。

蹦极的分类按照跳法可分为绑腰后跃式、绑腰前扑式、绑脚高空跳水式、绑脚后空翻式、绑背弹跳、双人跳；按照地点分类可分为桥梁蹦极、塔式蹦极、火箭蹦极；按照操作方法可分为绑腰、绑背、绑脚；按蹦极技巧和人数还可分为自由式、前滚翻、后滚翻、单人跳、双人跳等等，每种玩法都会让人有不同的感受。

蹦极因其刺激性，现在已经发展成为国内一个分布广泛的探险旅游项目。仅在北京周边就有8处较为有名的蹦极地。目前虽然没有详细的蹦极场地统计以及参与人数的记录，但仅从各地景区不断架设的人造蹦极装置就可看出，国内的蹦极市场处在不断扩大的阶段。

（二）高空探险

1. 热气球（Hot-Air Balloon）

热气球在中国已有悠久的历史，称为天灯或孔明灯，知名学者李约瑟也指出，公元1241年，蒙古人曾经在李格尼兹（Liegnitz）战役中使用过龙形天灯传递信号。法国的孟格菲兄弟于1783年才向空中释放欧洲第一个内充热空气的气球。法国的罗伯特兄弟是最先乘充满氢气的气球飞上天空的。

国际航空联合会（FAI）下属的气球理事会（CIA）根据填充的气体不同，把气球分成四类：AA型、AX型、AM型、AS型。

热气球运动在中国还是"贵族"活动。由于热气球的造价比较高，飞行费用和学习考取飞行执照的费用也相对较高，在国内参与这项活动的人数还比较少。国内大约有200多个热气球，200人拿到了民航颁发的热气球飞行执照。自行购买热气球只用于业余飞行的爱好者不多，一般是租用飞行俱乐部的气球，或者在参与培训、比赛、商业活动的过程中飞行。国内目前普遍使用的是七型热气球，最大直径17米，高23米，体积约2180立方米，最高飞行高度可达7000米。在国内若想驾驶热气球飞行，需要找一家正规且专业的热气球俱乐部去报名，先进行常规体检和民航体检，经过20天左右的理论学习及飞行实践学习，达到独立单飞的水平，再经过民航检查员的考核，就可以申请热气球的民航驾驶执照。学费需要16000~18000元左右。学成之后，如还在专业俱乐部进行飞行，每次飞行尚需支付一定的飞行成本，而体验飞行一次的费用大约每小时400~500元。如果想买一个热气球，在自己的地区从事飞行活动，还需要在空管部门办理飞行空域审批和申报，买一个标准热气球需要花费76000元左右。在我国一些旅游景点还有"系留飞行"，即固定不飞走的热气球，虽然只能上升到30至50米的高度，但还是能初步体验热气球飞行时"君临天下"的感觉。

目前国内热气球俱乐部已经近100家，依靠商业活动，这些俱乐部的生存空间越来越大。但由于国内对热气球升空高度和活动范围的限制，这项运动始终停留在"非主流"的位置，因此它作为旅游发展的道路上依然有许多障碍需要克服。

2. 跳伞（Parachute Jumping）

跳伞运动是指跳伞员乘飞机、气球等航空器或其他器械升至高空后跳下，或者从陡峭的山顶、高地上跳下，借助空气动力在降落伞张开前后完成各种规定动作，并利用降落伞减缓下降速度，在指定区域安全着陆的一项活动。它以自身的惊险和挑战性，被世人誉为"勇敢者的运动"。

跳伞的升空方式从最早的热气球跳伞发展为飞机跳伞、伞塔跳伞、牵引升空跳伞，当今喜爱冒险运动的人们又发明了从悬崖和摩天大厦跳伞等。现在，跳伞项目除了传统的特技、定点、空中造型、空中踩伞等项目外，又新增添了空中自由式跳伞和空中滑板跳伞，从单纯的竞技型向休闲、娱乐和极限运动演变。

目前，跳伞运动已经成为全球最为普及的航空体育项目之一。在上海金茂大厦的跳伞在国外被称为BASE Jump，由高楼（Building）、高塔（Antennae）、大桥（Span or bridge）和悬崖（Earth）这四个英文单词的开头字母组成，而它们就是适合开展这项运动的四种固定地点。

我国游客能够体验的跳伞运动要经过正规的跳伞俱乐部才能实现,国内目前这样的俱乐部很少,俱乐部目前主要以双人跳伞体验为主,即由教练陪同进行跳伞体验。因有经营资质的俱乐部很少以及高昂的费用,国内跳伞活动开展得很少。

(三) 太空旅游 (Space Travel)

太空旅游是基于人们遨游太空的理想。到太空去旅游,能给人提供一种前所未有的体验,既可以观赏太空旖旎的风光,又可以体验失重的感受。未来的太空旅游将呈大众化、项目多样化、多家公司竞争、完善安全法规四大趋势。从广义上来说,常被提及的太空旅游至少有四种途径:飞机的抛物线飞行、接近太空的高空飞行、亚轨道飞行和轨道飞行。除了以上提到的四种相对成形的"太空游"形式,俄罗斯航天部门正由官方和企业共同设计微型"太空旅馆"的计划;部分美俄专家还在探索用纳米材料制造"太空电梯"。"太空电梯"的设想如能实现,太空旅游、航天客货运输将迎来全新的发展机遇。

国际上一些机构和企业将目光投向了各种便宜的"准太空旅游"。"准太空旅游"主要包括飞机的抛物线飞行、接近太空的高空飞行和亚轨道飞行。为了保持在太空旅游领域的优势,美国"太空冒险"公司还宣布了"月球旅游"计划。按照这个计划,游客将首先前往国际空间站,在站内停留一周之后再乘坐"联盟"飞船前往月球,在离月球160公里的轨道上空近距离地欣赏"月景"。

虽然太空旅游在实际操作中还未能普及化,但是由于它的神秘性和刺激性,这一领域还是引起了许多学者的研究兴趣。目前国内没有太空旅游产品,但国外的太空旅游公司已经向中国市场开放,中国游客可以参与地面太空旅游、太空边缘旅游、零重力旅游、亚轨道太空旅游和轨道高度的太空旅游。但因其高危险性和高费用,目前国内参加太空旅游的游客很少。

二、陆地专项探险旅游

陆地是人类生存与活动的主要空间,陆地探险旅游项目是最易于开展和普及的项目。登山系列、滑雪系列、穿越系列、自驾系列、沙漠系列、原始森林系列、洞穴探秘等都属于陆地探险旅游。

(一) 越野行走 (Nordic Walking)

越野行走起源于芬兰,最早源于滑雪运动,是运动员夏季训练的方法。1997年,芬兰EXEL公司、芬兰体育科学研究所和芬兰索目拉途户外运动协会率先把滑雪杖改制成适合步行和登山的手杖,开创了越野行走的先河。短短的9年时间,越野行走从风靡北欧到全球推广,现有近四十个国家开展了这项运动,其中芬兰、德国、奥地利和瑞士最为普及。在芬兰,每周从事越野行走人达60%以上。在德国,有1200万人口喜爱这项活动。今天,越野行走已成为世界上发展最快的大众休闲探险旅游项目之一。

越野行走因其对技术、资金要求比较低,加之活动的健身娱乐功能,在国内有较多的爱好者。国内相关活动也较为频繁,如2009年5月,北京香山举办了"2009北京越野行走"活动,有1000多名爱好者参加了此次活动。

(二) 攀冰 (Ice Climbing)

攀冰由攀岩运动发展而来,是攀登高山、雪山的必修科目,更是登山运动的基本技能之一。目前攀冰主要是自然冰,分为冰瀑和冰挂两种。攀冰是一项借助于装备、器械而进行的运动,要求装备质量高且经久耐用。

20世纪70年代以前,冰壁攀登一直是登山探险中难以逾越的障碍,许多登山家就因为在攀登过程中遇到冰壁而功亏一篑。60年代末,欧洲一些登山者针对这一难题,根据多年积累的经验发明了小冰镐附带锯齿状镐头以及带坚硬前刺的冰爪。许多登山者使用这些改进的新装备到处寻找冰壁进行攀登,在他们攀登冰壁的同时进一步改进装备和技术,像美国的伊冯·乔内里、杰夫·洛、格里格·洛,已成为现代攀冰的代名词。现代攀冰技术被欧洲的登山家和到欧洲攀冰的美国登山家推向一个新的台阶,他们开创了许多非常困难的攀登路线,使得冰雪攀登技术越来越高。攀冰比赛在欧美也逐渐盛行起来。

攀冰在国内也有一定发展,特别是在冰雪资源丰富的地区,以及有寒冷冬季的北方地区。在北京密云石城镇、黑龙潭景区、桃源仙谷景区等均有攀冰旅游项目。这些地区均按照攀登的难度对其进行管理,如:桃源冰瀑宽

100米、高55米，可供专业、业余攀冰选手进行表演和比赛；龙泉瀑攀冰训练区宽20米、高40米，可作为攀冰爱好者的训练场地；叠翠潭水瀑宽40米、高30米，可供攀冰爱好者作为高难度表演攀冰区；童乐瀑儿童攀冰区宽6米、长30米，可作为中小学生攀冰区。

(三) 洞穴探险 (Cave Exploration)

洞穴探险要求参加人员不仅有充沛的体力、灵敏的反应和必要的探洞技术，还要有较为全面的科学知识。起初，人类的好奇心理对该项活动的产生和发展起了很大的促进和推动作用，但随着该项活动在全世界范围内的普遍推广和现代科学技术的进步，这项活动演变为涉及多门学科，集娱乐、锻炼、冒险、游览、知识于一身的综合性活动。

现代洞穴探险在国外，尤其在发达国家发展较早，也较为普及，已成为不少人们的业余爱好，演变为周末和假日体育运动 (Caving Holiday)。各国不仅有全国性的洞穴协会，还有不少地方性的洞穴俱乐部，如法国有450多个洞穴俱乐部，成员6000多人；英国有200多个洞穴探险俱乐部；日本也有几十个洞穴俱乐部。中国地质学会洞穴研究会成立于1991年，是我国进行洞穴学研究和开展洞穴探险活动的全国性群众组织，也是对外联系合作的对口组织。

我国拥有众多的洞穴资源，南方喀斯特地貌区洞穴资源尤为密集。我国已开展洞穴旅游的景区众多，但有更多的资源是没有开发和开放的。对洞穴探险旅游进行正确的引导是保障其健康发展的重要议题。

(四) 狩猎旅游 (Hunting Tourism)

狩猎旅游是以射猎动物为主，兼顾观光游憩、休闲度假的特种旅游项目。拥有大面积的天然场所，如草原、森林和丰富的动物资源是开发狩猎旅游的必要条件。狩猎旅游是一项高额消费的娱乐活动，其准猎证、旅行费、执照费等各种费用十分昂贵，非一般旅游者能够承担。狩猎旅游对动物资源有特殊要求，所在国或地区在开发这一旅游项目的同时，必须适当考虑保护当地的动物资源，以防止乱捕滥杀及对珍稀动物的盗猎。在经济发达国家，狩猎爱好者相当可观。为迎合此种需求，一些国家和地区专门开辟天然狩猎场。扎伊尔南部大草原即是著名的狩猎旅游者的乐园，而纳米比亚境内的纳米布—诺克卢夫特天然狩猎场是世界上最大的狩猎场。由于各国政府都采取了保护野生动物资源的行政管理措施,严格规定猎期和猎取量,准猎证售价高昂,故这种有控制的狩猎活动不至于破坏天然狩猎场的生态平衡,狩猎旅游也得以持续不断地健康发展。我国内蒙古、东北和西部的森林、草原、荒漠地带拥有丰富的动物资源。黑龙江、浙江千岛湖等地也筹建了一批集饲养、生产、狩猎、旅游观赏相结合的多功能狩猎场。

(五) 定向越野 (Orienteering)

定向越野要求游客要依靠标有若干检查点和方向线的地图并借助指南针,自己选择行进路线,依次寻找各个检查点。用最短时间完成比赛者为优胜。定向越野对国人而言尚属陌生,但在欧美各国已风行多年,参与活动者需要利用地图及指南针判读地形、地势、方向等,穿越那些不可知的地区,活动内容相当丰富,充满趣味性,能让游客充分与大自然结合,体验与大自然合为一体的感受。这是各种定向运动比赛中组织方法比较简便,开展最为广泛的一种。由于其比赛的成败全在于个人的识图用图、野外定向和奔跑能力的强弱,因此适于各种年龄、性别的人参加。在国内常作为户外拓展培训活动的一种形式。

三、水体专项探险旅游

亲水旅游一直是人类心仪的活动,与溪、河、江、海的亲密接触可以使人放松身心,挑战自我。水体专项探险旅游在世界各地也因此得到了蓬勃发展,尤其是一些具备相应资源的目的地,潜水、冲浪、滑水、海上垂钓、漂流、海底探险、观鲸等旅游活动受到了广大旅游者的喜爱。

(一) 冲浪 (Surfing)

冲浪活动最早出现在 19 世纪 70 年代末的夏威夷群岛海滩。1878 年,一位名叫科克的美国轮船船长在其轮船驶近夏威夷港时,发现 4 个印第安人骑在一个约 5 米长的树干上,海浪时而把树干冲到峰顶,时而又将它落入浪谷。科克起初以为他们是落难者,后来一问才知道,他们是在冲浪玩。这便是最早的冲浪运动。

在科克发现这种冲浪游戏几十年之后，在获得1912年奥运会游泳冠军的美国夏威夷人哈哈摩库的大力提倡下，冲浪运动才在美国的加利福尼亚推广开来，现在流行于夏威夷、北美、秘鲁、澳大利亚和南非，并且已经具有了世界级别的冲浪锦标赛。

冲浪运动以浪为动力，要在有风浪的海滨进行。海浪的高度要在1米左右，最低不少于30厘米。夏威夷群岛常年有适合于冲浪运动的海浪，特别是冬天或春天，从北太平洋涌来的海浪高达4米，可以使运动员滑行800米以上。因此，夏威夷群岛一直是世界冲浪运动中心。

(二) 溯溪 (River Tracing)

早期的溯溪一般是指钓鱼活动者为寻找钓鱼场而沿着溪流往上游溯源，后来也有登山者利用溪谷作为进出山区的通道。溯溪运动之所以拥有狂热的爱好者，一方面是它给人们提供了与绿水青山亲密接触的机会，使溯溪者于高山流水之间，享受至真至纯的自然美，锤炼溯溪者的意志，达到"天人合一"的审美境界；另一方面是在探险过程中人们体会到的挑战性与成就感。自然界中遍布着纵横交错的河流小溪，或一泻千里，奔腾咆哮；或温柔恬静，波澜不惊。凡此种种，带给人们的感受也不同，在感受它们的不同魅力时，也在想它们来自何方，起源何处，于是溯溪者接受挑战，而探源的过程就是一个不断向上攀登的过程。溯溪也许要同伴之间的密切配合，体现一种团队精神，去完成艰难的攀登，这对于溯溪者是一种考验，同时又是一种信任和满足，使其产生克服困难的成就感。

(三) 溪降 (Canyoning)

溪降是一种刚刚兴起的户外休闲活动，在阿尔卑斯地区特别盛行，英语叫做Canyoning，意思是进入峡谷溪流中去体验大自然，锻炼胆识，磨炼意志，迎接挑战，享受刺激。由于长期被瀑布冲刷的石头很滑，长满青苔，再加上溪水的冲击，会影响下降者判断力，所以溪降比普通的岩壁下降更富变化，更有挑战性。关于溪降，欧洲人与美国人的叫法不一样，前者把它叫做"Canyoning"，后者则叫它"Canyoneer"。溪降需要的装备是基本的登山装备，如安全带、铁锁、下降器、绳索、头盔以及防水服等。防水服为漂流用的发泡橡皮质紧身套装，较潜水服厚、质轻、紧身、浮力较大，具有保护作用。

无论瀑布下降、跳水、还是滑降，都必须穿鞋，最好是登山鞋，下降、横移或攀登时比较方便，另须备一双干爽的鞋子，以便离开水时换下湿鞋。

(四) 滑水 (Water Skiing)

滑水，是人借助动力的牵引，在水面上"行走"的水上运动。滑水者通常要穿着"水鞋"——即水橇在水面上完成各种动作。根据滑水者所使用的水橇种类或不使用水橇，滑水大致可以分成花样 (Tricks)、回旋 (Slalom)、跳跃 (Jumping)、尾波 (Wakeboard)、跪板 (Kneeboard)、竞速 (Ski Racing)、赤脚 (Barefoot) 等项目。滑水既可以使人感受高速滑行带来的刺激，又能使人体会翻、转、跳、跃带来的"玩"快乐，让人充分享受夏日蓝天碧水的温情以及体育运动带来的无穷乐趣。滑水运动最早起源于20世纪初的美国，并迅速在欧美等发达国家普及开来。20世纪40年代，滑水运动的国际组织——国际滑水联盟宣告成立，并开始举办国际性滑水比赛。1988年，国际滑水联盟正式更名为国际滑水联合会。滑水运动是国际奥林匹克运动委员会正式承认的运动项目，近年来开始逐渐发展为一种旅游活动。

(五) 潜水 (Diving)

潜水活动从性质上分为专业潜水和休闲潜水。专业潜水主要是指水下工程、水下救捞、水下探险等方面需要有经验的专业潜水人员进行的潜水活动，而休闲潜水是指以水下观光和休闲娱乐为目的的潜水活动，其中又分为浮潜和水肺潜水（即使用气瓶和水下呼吸器进行潜水）。我们平常能接触到的潜水旅游就属于休闲潜水，而在海滨旅游景区所看到的绝大多数是休闲潜水中的潜水体验。

潜水的种类由使用潜水器的不同而分为硬式潜水、软式潜水、半闭锁回路送气式潜水、应需送气式潜水、自给气式潜水。由潜水方式的不同而分为非饱和潜水、饱和潜水；由呼吸气体种类分：空气潜水、氮气潜水、氧气混合气体（人工空气）潜水、氦气潜水、氧气混合气体（人工空气）潜水、氢气潜水、氧气混合气体（人工空气）潜水、其他混合气体潜水。

潜水员下水时穿戴和佩挂的全部装具，有重装式和轻装式两种。重装式有头盔、输气管、通信电缆、电话、潜水衣、压铅和铅底潜水鞋等；轻装式有面罩（也有用轻便头盔）、输气管、通信电缆、电话、应急气瓶、潜水衣、腰铅、靴和脚蹼等。使用重装潜水装具在水中工作时必须脚踏水底或实物，或手抓缆索，不能悬浮工作，并且放漂（即在水底因潜水服中气体过多，失去控制而突然急速上升）的危险性大，所以重装潜水装具已逐渐被轻装式取代。

（六）漂流（Drifting）

漂流是一项群众性的水上活动，一般说来，漂流分探险漂流，自然漂流和操控漂流三类。前两类在某种意义上讲又可归属自然漂流，所不同的是，探险漂流不强调群众参与而重点在于探险，因此危险较大。而狭义上的自然漂流与操控漂流，更多的是一种群众性的水上运动娱乐项目，是我们通常所说的漂流。操控漂流就是由操控漂流艇的船工对漂流的过程进行有效控制，参与漂流的漂流者在船工操控之下漂完全程。严格说来，漂流者只是漂流艇上的乘客，他们在漂流中根据船工的操控去完成漂流过程。操控漂流一般是在水流较急、地形复杂的高山河谷中进行。目前，古龙山漂流和贵州水春河漂流就属于典型的操控漂流；自然漂流就是让每个游客自由自在地参与漂流活动，漂流组织者只为之提供必要的漂流艇、筏、桨等设备，并在沿途各个要害点上加以监督和保护，由游客自行完成整个漂流过程。南宁周边的自然漂流刺激程度相对比广东的自然漂流大，而且广西的自然漂流都属于岩溶地貌河谷漂流。

延伸阅读

美国河流探险协会对漂流探险的分级

根据美国河流探险协会对漂流探险难度的等级划分，分为：

第一级：水流平缓的区域；

第二级：大部分水域水流平缓，伴随轻微波浪，浪高1米；

第三级：频繁的波浪，但对较有经验的人来说仍易把握方向，浪高1.5—2米；

第四级：对有经验的人来说也较困难，有大的障碍物需要避过，浪高3米；

第五级：只适于有丰富经验的人，漂流者的生命会受到很难逾越的障碍物的威胁，浪高超过 3 米；

第六级：（现阶段）不可实现。

四、人造项目专项探险旅游

（一）攀岩（Rock Climbing）

攀岩是从登山运动中派生出来的，是利用人类原始的攀爬本能，借各种装备作安全保护，攀登由岩石所构成的峭壁、裂缝、大圆石以及人工岩壁的运动。它是一项锻炼综合素质的运动，不仅可以使参与者获得惊人的勇气、过人的力量、极好的柔韧性，更可以提高其耐力和判断力。

攀岩发展到今天，其形式正日趋丰富，基本上可作以下分类：

按不同的场地可分为天然岩壁攀登（Natural Wall Climbing）和人工岩壁攀登（Artificial Wall Climbing）。按不同的保护方式可分为顶绳攀登（Top-rope Climbing），对应上方保护，保护点设在攀登线路顶部，常用于训练和速度比赛；先锋攀登（Leading Climbing），对应下方保护，保护点设在攀登线路沿线适当的位置，常用于难度比赛。按常见的比赛形式分为速度（Speed）、难度（Difficulty）和攀石（Bouldering，也称为抱石）三种。

还有几种常见的攀登方法，如传统攀登（Traditional Climbing），是指攀登线路上没有事先设置保护点，攀登过程中需要攀爬者边攀登边设置临时性的保护点。这种攀登方式具有较大的难度和一定的危险性；多段攀登（Multi-pitch Climbing），也称结组攀登，当线路较高（一般超过 50 米）时，攀爬者要根据线路情况分成多段，然后由两名或两名以上的攀爬者合作，逐段完成；无保护攀登（Free Solo）是指在攀岩过程中不使用任何保护措施，这种方式非常危险，纯属攀爬者个人行为，我国不提倡这种攀登方式。

不同的攀登线路有不同的难度，用相应的难度系数来量化。在该运动开展较早的欧美地区已形成了几套标准，它们分别是国际标准、法国标准、英国标准、德国标准和美国标准，其中最常用的是法国标准，其次是美国标准。不同标准之间有相应的对照，如法国标准的 7A+ 对应美国标准的 5.12a。

虽然攀岩已发展成为一项相对独立、成熟的竞技运动和旅游方式，但由于它是在登山运动的基础上发展、派生出来的,并且至今仍与登山运动有着密切的关系。所以,攀岩运动往往被人视为登山运动的一个分支。在国外,攀岩运动既有"岩壁艺术体操"这样的美称,又有"登山运动的小弟弟"这样的雅称。

(二) 户外拓展培训活动 (Outward-Bound)

户外拓展培训活动源于英文 Outward-Bound（又称外展、体验式培训）,原意为一艘小船离开安全的港湾,驶向波涛汹涌的大海,接受一个个挑战,战胜一个个困难。户外素质拓展培训活动来源于一个故事：二战时,大西洋上很多船受到攻击沉没,大批船员落水,只有极少数人生还,人们发现生还者多是些年老体弱的人,经调查研究发现生还者都具有良好的心理素质。对此,德国人库尔特汉恩让海员做一些具有心理挑战的活动和项目,以培训和提高他们的心理素质。1942 年,德国人劳伦斯成立了阿德伯威海上培训学校,这是户外素质拓展培训的雏形。

第二次世界大战后,户外素质拓展培训转向商界精英。在英国,出现了一种叫做 Outward-Bound 的管理培训,这种培训利用户外活动的形式,模拟真实管理情境,对管理者和企业家进行心理和管理两方面的培训。这种形式很快就风靡了整个欧洲的教育培训领域,并发展到全世界。如今,户外素质拓展培训是一种突破传统培训思维和模式要求的全新培训方式。训练的课程主要是高架绳网、攀岩、跳跃、远足露营、攀岩速降、野外定向、户外生存、伞翼滑翔、游泳、跳水、扎筏、漂流等。户外素质拓展培训活动是将传统场地素质拓展培训融入大自然,并与生存体验相结合的、以"做中学"为中心的全新体验式培训方式,是新经济时代的产物。[①]

户外体验式拓展训练活动自 1995 年由日本、中国台湾等地引入中国大陆以来,经过多年的探索和发展,已经演化成了一种适合中国特色的、以户外生存为核心的优秀训练方式,并由最初的外企到现在的国企、私企、集体企业等不同的企事业团体得以推广及验证它的价值所在。时至今日,全国已有百余所拓展训练服务机构,拓展训练在中国逐步发展起来。在我国,目前从事这项活动的主流机构都是一些专业户外运动俱乐部,这些俱乐部有的是

---

① 张秋姿,杨洋,高艳红. 从户外素质拓展看特种旅游发展. 商业时代,2007 (5)

综合的，可以组织常规的野营、徒步、漂流、登山、自驾等特种旅游；有的更具专业性，专门组织某种深度的特种旅游。随着户外素质拓展训练活动的蓬勃发展，这项活动已被不少旅游企业所关注，并且已经有一些旅行社将其作为一项特色业务来发展。

（三）城市探险[①] (Urban Exploration)

"城市探险"英文原文为 Urban Exploration，Exploration 本意为"搜索"和"探索"。城市探险目标建筑都是人类文明的产物——废弃的工厂、医院、教堂、监狱、战后留下的堡垒，还有地铁、防空洞和排水管道。这些建筑都有各自的历史和传说，当然也包括一些略带恐怖的传奇故事。

欧洲的城市探险爱好者喜欢把目光投向那些战争遗留下来的碉堡和废弃城堡。美国的城市探险则相对成熟一些，因为出版了《地下》和《看不见的边境》这两本涉及城市探险的书和属于城市探险活动的专有杂志，《纽约时报》杂志版也曾经介绍城市探险的流行，有越来越多的工业考古学家和城市规划师也加入到城市探险的行列中来。他们的参与带来的是未来更谨慎的城市建设和更适合人类居住的环境。

在中国，城市探险活动才刚刚开始。城市人好奇心极强，不愿被越来越程式化的无聊生活、工作束缚住的年轻人也开始沿着类似的轨迹踏上他们的发现之旅。由于城市探险的目的地多是工业时代的建筑，有越来越多的工业考古学家也加入到城市探险的行列中来，因此很多人相信，城市探险还是一条桥梁，这边连接活着的过去，那边连接的是将来更加谨慎的城市建设。在这个层面上讲，城市探险是有建设性和积极意义的。但同时，其光顾的地点大多是非民用、商用的设施，或者有游客禁入的字样，所以探险者的好奇心往往与政策许可和管理规范相背离。投身城市探险的人，也往往是在许可与禁止中的缝隙中走钢丝。他们通常利用政策和管理上的真空，本着"未禁止即合法"的法理和道德根据，去实现他们的探险之旅。

[①] [EB/OL]http://baike.baidu.com/view/891188.htm
[EB/OL]http://www.chengshitanxian.cn
[EB/OL]http://www.chinauer.com

第三节 探险旅游理论文献回顾

一、国外探险旅游理论概述

(一) 对探险旅游的界定

国外关于探险旅游的界定比国内要成熟得多,从 1978 年到 2008 年,已有许多位学者对探险旅游作过科学界定,现仅举其有代表性的几例:

探险旅游是指人类为迎接自然、生理世界诸如山川、空气、对流、波浪等的挑战而参与的活动总称(Progon,1979)。普罗贡(Progon)在这里指出,探险旅游是一种选择性旅游活动,强调探险旅游的真实性与参与性,同时也指出,探险旅游的产生动机是为迎接挑战、获得体验。

探险旅游是指能提供本能的有意义的人类经历的所有活动,而这些人类经历又与空气、水、山川等独特户外环境直接联系(Darst&Armstrong,1980)。这一定义除指出探险旅游的活动性特征外,首次提出了探险旅游是在自然户外环境中进行一种旅游体验经历,该定义涉及到了探险旅游的真实性、体验性的特征。

探险旅游是指利用与自然环境的互动作用,强调个人主动参与的活动,这种活动包含着真实的或明显的危险成分,活动的结果不确定,受参与者或当时情况所影响(Ewert,1989)。这一定义强调了探险旅游的冒险性、结果不确定性、环境真实性及个人自主参与性特征。

探险旅游是指远离旅游者的居住地,利用与自然环境的互动关系,包含有冒险性因素,经常被商业化的、范围很广的户外活动,这种活动的结果受参与者当时情况、旅游经营管理的影响(Hal1,1989)。同尤尔特(Ewert)所下的定义相近,这一定义强调探险旅游的环境性、冒险性、结果不确定性,同时首次提出探险旅游的商业化特征。

探险旅游通常是指涉足受人类干扰较少的原始自然环境中,在有一定危险性、能保证安全环境中获得个人价值的再创造和别人对自己的一种认可

第一章 探险旅游理论

(Eagles, 1995)。这一定义指出了探险旅游是个人价值的一种实现和满足，比较符合现代人探险的个性化需求动机，同时也指出了探险旅游对安全性和技能性要求。

探险旅游是指在自然或户外环境中，将冒险及可控制的危险与个人挑战结合起来，为追求新的体验而举行的特殊旅行活动（Sung 等，1997）。这一定义的最大特点在于，认为应将探险旅游活动的危险性控制在一定范围内，并将它与个人挑战相结合，更注重探险旅游的安全性。

探险旅游是指具有运动、自然和文化三者混合体特征的、有挑战性的冒险旅行（Addison，1999）。这一定义明确指出，将探险旅游放在户外运动、自然资源、社会文化中进行分析，指出了探险旅游的特征和产品市场，首次明确了旅行中发现接触未知文化也是一种探险旅游。同时，艾迪森（Addision）根据挑战性和独立性将探险旅游产品分为四种类型：休闲型探险旅游、娱乐型探险旅游、竞赛型探险旅游、高风险型探险旅游。

探险旅游是一种在一个未知的、不熟悉的、异国情调的、偏僻的、野外的地方进行的更高级别的户外休闲活动。探险旅游者在探险旅游中可以获得冒险、刺激、兴奋、镇定等各种各样的个人经历体验，特别是能够进行无伤害的探索、了解异国情调，也可以寻求对个人的各种挑战（Millington et al，2001）。同时，根据旅游者探险经验和技能熟练的程度，他将探险旅游分为硬探险（Hard Adventure Tourism）和软探险（Soft Adventure Tourism）。硬探险旅游要求旅游者必须具有一定的经验和熟练技能，而软探险旅游不要求旅游者一定有经验和熟练技能。

探险旅游是指那些特殊的、能够给人带来所希望的、正面探险经验的旅游和休闲活动。探险经历包括以下因素：能增强人的体质和本性（包括情感的丰富），远离现实生活，有包含特定智力、身体或情感的冒险和挑战，有提供寻找快乐、学习和自我发展的机会和收益。探险旅游包括身体（Physical）探险活动和精神（Non-physical）探险活动（包括智力探险、情感探险和心灵探险）；又进一步把探险旅游与户外运动旅游、基于自然资源旅游（生态旅游、野外生存旅游）、发现和文化旅游、远行探险旅游（远途旅行和航行）进行对比，以确定探险旅游的多元化的混合特征（John Swarbrooke，2003）。

探险旅游（Adventure Tourism）是有人引导的商业旅游（Guided Commercial Tour），它的主要吸引物是依托自然环境特征的、需要特殊体育或者类似设备支持的、令游客激动的室外活动（Buckley，2006）。

加拿大旅游委员会把探险旅游定义为，发生在非同一般的、异国他乡的、遥远与荒野的旅游目的地的活动，涉及一些非传统的交通与各种难度的活动。

（二）探险旅游的分类

探险旅游的复杂性以及多面性决定了其活动的多类型性。由于探险旅游对地理环境的特殊要求，部分学者从活动的地理环境角度进行研究，分类结果如表1-1所示。

另外，探险旅游活动也可根据风险程度的不同而分成"软探险"旅游和"硬探险"旅游（Lipscombe，1995）。"硬探险"指旅游者愿意到偏僻的环境，挑战内在的危险。这种危险是自然真实的、而不是人造的，对于参与者来说具有高危险性，高参与性，富有挑战性，并且对于参与者的身体条件有极高的要求（Mallett，1992；Peterson，1989；Rubin，1989），包括登山、高空速降、洞穴探秘、跳伞运动以及潜水等；"软探险"旅游者相对而言是初学者，他们寻求一种被设计好的新奇活动。而这种活动也能给他们带来兴奋感以及感情的抒发（Lipscombe，1995）。因此"软探险"旅游在游客参与性程度上较被动，此类旅游包括丛林步行、徒步旅行、骑马、皮艇漂流等等。

表1-1 常见探险旅游活动

类别	活动
空中活动	乘热气球、悬挂式滑翔、滑翔、蹦极、降落伞、高空速降、高空游览（乘小型飞机／直升机）
水中活动	"黑水"漂流、洞穴探秘、租船航行、潜水、汽艇、帆船运动、筏运、皮艇漂流、划独木舟、冲浪、水橇、捕鱼
陆地活动	越野滑雪、从山顶冲下的滑雪、由直升机送上山顶的高山滑雪、滑雪游览、牛拉车、狩猎远征、缆车、山地自行车、冰上牛车、马拉车、打猎、高山探路、绕绳下滑、攀岩

（三）探险旅游的特点研究

1. 对刺激的追求

探险旅游对于旅游者的核心吸引力并不体现在风险本身，而是隐藏在风险后面的刺激感和不确定性。卡特（Carl I. Cater，2006）认为，对风险的追求不是这些活动的核心吸引力，不能简单地把风险理解为冒险的动机。研究显示，旅游者加入探险活动的首要动机是追求恐惧感和刺激感，而不是追求具体的冒险活动。最成功的探险旅游经营者是在能够降低实际风险程度的同时，把刺激感内化于其中。

2. 对安全的保障

阿尔夫（Alf H. Walle，1999）以马斯洛的需要层次理论为例，证明了在探险旅游活动中如果没有安全的保证，更高层次自我实现的需要是不能得到满足的。游客通过环境冒险与自身能力的互相作用来获得一种挑战自然的探险体验。因此活动具有的危险程度与游客的体验水平以及技能有积极的关系（Ewert，1989，1997；Ewert & Hollenhorst，1994；Martin & Priest，1986）。但是危险程度与游客的体验水平不成正比关系，当危险程度超过了游客能力所能够承受的范围，游客的体验水平便处于下降的趋势。"绝对刺激，绝对安全"才是探险旅游的显著特点。

（四）探险旅游供需文献回顾

1. 探险旅游需求

随着社会发展，旅游者的消费行为已经发生了巨大的改变，更加追求健康的生活方式、更加关注环保问题、对质有较高的要求等等。旅游者，更确切地说是"新旅游者"（Poon，1993）希望从他们的假期中获得一定收益，比如说独一无二的经历。"新旅游者"一个主要的特征就是从日常生活中逃脱出来，并获得一定的自我实现（John，Colin，Suzanne & Gill，2003）。而探险旅游所涉及的极具参与性的活动可以满足旅游者彻底逃脱日常生活的需要，并使其获得"最高体验"（Maslow，1976）。

(1) 选择探险旅游因素：内因+外因

两个方面的因素限制着旅游者对探险旅游的选择，一个是内在因素，一个是外在因素。内在因素，即探险旅游者的动机。由于探险旅游的不同特性，参与者的动机也就各不相同。大多数旅游者选择探险旅游是因为一系列不同的原因而不是一个。对美国世界探险旅游展览会178个展览商的调查报告指出，"获得新的经历"、"自我成长"、"高兴与激情"是选择探险旅游的重要原因（Sung et al, 1997）。外在因素，即探险旅游者外在条件，譬如年龄、能力及活动的类型等。探险旅游的危险性，导致其对探险旅游者的年龄、能力、身体健康情况有一定的限制。而探险旅游的不同活动类型，又放宽了这个限制。

学者一贯认为探险旅游是年轻人的游戏。经济资讯机构（Economic Intelligence Unit, 1992）有不同的观点，指出追求探险和激情的态度，才是探险旅游者的决定因素。约翰等学者（John, Colin, Suzanne&Gill, 2003）认同后者的观点，认为相较于年龄，生活方式的选择对旅游者参加探险旅游更有决定作用。但一旦决定选择探险旅游，年龄、能力与探险活动类型选择有紧密的关系（Loverseed, 1997）。更重要的是，旅游者的健康情况也是要考虑的重要因素。如卡特Cater（2000）指出，一些旅游经营者要求他们的顾客出示健康证明。

(2) 不同类型的探险旅游者

对探险旅游者直观的认识是那些追求硬探险旅游的旅游者，而忽略了软探险旅游者。探险软—硬系统更有助于增加旅游产品类型以及扩大旅游市场（John, Colin, Suzanne & Gill, 2003）。软探险旅游具有一定可知的、较低水平的危险，对旅游者初始技能要求不高。而硬探险旅游者参与的活动，具有较高的危险性，对其技能和以前的经历有较高的要求（Hill, 1995）。因此软性探险旅游能吸引更多数量的旅游者参与到探险旅游中来。这些观点在马勒和克里沃（Muller & Cleaver, 2000）对"婴儿潮"的研究中以体现，其研究结果显示，在五年之内，有56%的旅游者参与过探险旅游，而其中大部分是软探险旅游。

不同个体选择不同类型的探险旅游有不同的原因，如年龄、能力等。这使得有些旅游者认为是探险旅游的，其他一些人认为不是；有的认为是软性探险旅游，而在其他的一些人眼中是硬性的（Beard & Wilson, 2002）。因此，有些旅游者在探险旅游中得到满足，自我肯定，但这种探险活动却可能使另一些人恐慌，感到焦虑，这也就不能满足其初始的动机。随着旅游者动机的改变，以及在每次探险活动中经历的积累都可能使每个探险旅游者向高难度的探险旅游者类型转变（Fluker & Turner，2000）。

2. 探险旅游供给

随着需求的迅速发展，探险旅游产品供给也面临着一个发展更新趋势，一些学者把探险旅游产品的这一发展趋势作为其研究的重点。早期的研究较偏重于单独的旅游产品，如潜水旅游团队的结构（Tabata，1992）、骆驼旅游（Shackley，1996，1998）、登山活动的商品化（Johnson & Edwards，1994）、潜水活动的商品化（Livet，1997）、观鲸旅游（Davis et al.，1997）、鳄鱼旅游（Ryan，1998）、海上探险旅游产品（Cater，2000；Jennings，2003）、美国的探险旅游产品的子类（Sung et al.，2000）等。这些研究更关注某一次旅游的组成和某一个旅游团的结构。

后期的研究焦点开始以某个具体探险目的地为背景，为研究提供了一个新的视角。吉拉德（Giard，1997）、布思（Booth，2001）、戴维森（Davidson，2002）、弗莱德曼（Fredman，2003）、赫伯利（Heberlein，2003）等学者分别对法国、瑞士、新西兰、澳大利亚、印度等一系列旅游目的地展开了实地研究。某种特色旅游产品项目也被置于一个更具体的背景下加以研究，例如：野生动植物旅游就曾被柯廷（Curtin，2003）、舍科（Sekhar，2003）、里德（Reid，2004）、贝若（Berrow，2003）等学者在新西兰、爱尔兰、东非等地加以研究。

随着旅游产品的综合化和多样化发展，学者们的视角也更为全球化和系统化，开普（Cape，2003）从全球范围调研了潜水旅游的发展情况，陈（Chen et al，2003）归纳了依据季节的预测方法，克劳蒂亚（Cloutier，2003）从更宽泛的角度总结了探险旅游商业层面的一些问题等，此阶段的研究更具有可比性和广泛性。

（五）探险旅游安全管理研究

由于国外公共安全体系比较完善，国外学者对探险旅游的研究重点放在探险旅游风险产生的原因分析及风险评估研究上，对探险旅游安全保障机制的研究比较欠缺。

1. 风险评估研究

克利夫特等人（Clift et al, 1997）、维克斯和佩奇（Wilks & Page, 2003）及佩奇（Page et al, 2005）通过对苏格兰的专题研究，提供了一系列探险旅游活动及事故数据的回顾，得出最危险的探险旅游活动是骑马、四轮越野车和雪上运动。对于活动研究的热点则主要集中在登山、滑雪及潜水运动方面。

威廉（William, 1999）回顾了北美的登山事故，马尔科姆（Malcolm, 2001）报告了新西兰库克山国家公园的登山伤亡率，穆萨等（Musa et al, 2004）得出到珠穆朗玛峰国家公园 89% 的游客会受到高原反应、呼吸疾病以及肠道感染的影响。

雪上运动事故也引起了普遍的关注：艾特肯（Aitkens, 1990）、普劳尔等（Prall et al, 1995）、古莱特等（Goulet et al, 2000, 2001）、哈格尔（Hagel, 2004）等学者不仅分析了雪上项目的基础数据，而且比较了滑雪与滑雪板运动对身体不同部位的伤害度，头盔和护腕的影响，以及技术及经验的作用。

特瑞维特等（Trevett et al., 2001）、维克斯及戴维斯（Wilks & Davis, 2000）分别统计了在奥克尼郡、昆士兰、美国及日本的潜水死亡率，泰勒等（Taylor et al, 2003）概括的回顾了潜水类活动的伤亡情况。

新西兰作为一个探险旅游大国，探险旅游安全问题引起了学者们的广泛关注，他们运用一系列一手或二手数据来评估确定探险旅游伤害的性质与程度，尤其是本特利（Bentley）和佩奇（Stephen J. Page）等专家在对事故及安全管理方面做出了突出贡献。

本特利和佩奇（Bentley & Page, 2001）研究了新西兰的探险旅游事故，在其中把旅游者的人身安全作为评价的一个新范例提出；本特利等学者（Bentley, Meyer, Page & Chalmers, 2001）通过对新西兰健康信息服务中心提供的 1982~1996 年的数据，分块讨论了在分析伤害问题时选取的变量因子，分别是事故发生地、事故种类、具体活动、住院天数、伤害程度、地理空间分布、事故年份及月份、年龄、性别，为系统的分析提供了框架参考，最后总结出高风险的旅游项目通常为独立的、无引导的旅游，例如登山、滑雪、徒步远足等。骑马和脚踏车被认定为是商业探险旅游活动中最容易发生事故的项目，跌落是最经常的事故。而本特利、佩奇和基思（Bentley, Page & Keith, 2007）同样探究了探险活动中伤害赔偿的模式和趋势。通过对一个地区12个月来事故的归纳总结，发现总体趋势是单独行动的项目要比商业组织的项目发生事故概率大，如骑马、徒步行走、登山、冲浪等，滑索及喷气船项目要求赔偿的金额最多。在人员比例中，年轻男子受伤占了大部分，跌落也被反映为是最普遍的事故类型。两篇文章在某种程度上印证了彼此的观点。

本特利等学者（Bentley，Page & Laird，2001）接连通过两篇文章，将研究对象锁定在从业者身上，通过对从业者发放调查问卷的形式，从问卷统计结果建立起一个从经营者角度对通常风险因素界定的框架。27项探险旅游项目被列入，其中被认定为具备最高风险的是雪地运动、蹦极以及骑马；而滑落成为伤害最主要因素。

佩奇等学者（Page，Bentley & Walker，2005）用对比研究方法调查了新西兰和苏格兰探险旅游的安全体验。这一比较方法有助于帮助分析在不同地理范围下旅游发展和变化的区别和联系，这种空间上的横向比较研究为理论的应用提供了更普遍的意义。

本特利和佩奇（Bentley & Page，2007）对1996~2006年的七篇探讨新西兰探险旅游安全问题的文献进行了一个综合比较归纳，包括列表对比了各文章中所用到的一二手数据来源、探险旅游伤害问题程度、不同种探险活动的风险排序、探险旅游安全问题风险因素排序、综合建立起了一个概念化的模型。

2. 保障机制研究

国外研究着重从游客、组织者及探险旅游管理部门管理的角度切入探求建立保障体制。

与常规性的旅游相比，探险旅游者需要从技术、体能以及心理上做好准备（Ewert，1989，1997；Martin & Priest，1986；Hall & Weiler，1992）。因此，对游客的管理是探险旅游安全管理的重要部分。旅游管理部门应协同探险旅游组织或督促探险旅游组织做好安全预警。探险旅游涉及面广及诸多复杂因素，所以政府需要发挥主导作用。要做好安全预警，政府首要做的就是对探险旅游资源进行风险等级评定（Tim Bentley、Denny Meyer、Stephen Page & David Chalmers，2000）。卡伦德和佩奇（Marie Callander & Stephen J. Page，2003）以新西兰探险旅游活动的安全和管理为着眼点，调查了探险旅游法律支撑框架，讨论了经营者与旅游事故的责任关系，倡导安全经营和规范立法。从经济学角度来讲，保险制度是旅游赔偿中最符合帕累托效应最大化的一种方式。借鉴国外探险旅游成功的案例，将是我们今后研究的重点。从系统的探险旅游保障体系来看，在探险旅游开始前政府或旅游管理部门就应制定相关的法律来规范，防患未然，而不是等到有重大危险事件发生了，再去针对事件出台政策。

二、国内探险旅游理论研究

（一）探险旅游的界定

在国内，探险旅游被称为野外旅行活动，英语为"Adventure Tourism"、"Adventure Travel"。目前国内研究探险旅游的专家学者较少，只有少数学者对其概念进行过界定。

《中国旅游百科全书》认为：探险旅游是以探险为目的的旅游，如高山探险旅游，峡谷探险旅游，江河漂流旅游，沙漠探险旅游，原始森林探险旅游等。这种定义只强调了旅游的目的在于探险，只是从旅游目的地的角度来说明了探险旅游的分类。

2003年，探险旅游学会对探险旅游的定义是：一种在不寻常的、奇异的、遥远的或荒芜的目的地从事的休闲活动。通常它与参与者的高强度的活动相关，多数在户外进行。探险旅游者期望体验不同程度的冒险、兴奋和宁静，并且要亲身经受考验。他们是外部世界尤其是人迹罕至地区的探索者，他们也寻求挑战个人。

王红姝等认为，探险旅游是以求新求异为主要目的的旅游形式，指在受人类干扰较少的原始自然环境中涉足，通过在具有一定危险性的环境中磨炼获得个人价值的再创造和别人对自己的认可，它所追求的是探险者自身价值的实现，注重的是一种精神享受。

王小利认为，探险旅游本身是一种高层次的旅游，是传统旅游发展到一定阶段的必然产物，是传统大众旅游的延续，是人们寻求能够真正融入大自然的一种新的旅游模式。在整个概念体系中"冒险"是探险旅游最鲜明的特征。

张传统认为，探险旅游是指依托原生性旅游环境，由探险旅游企业组织的，在有一定安全保障的地方进行的，以满足旅游者个性化探险体验需求为目的的专项旅游活动。

(二) 国内探险旅游保障机制研究

安全是旅游的生命线,这是旅游界公认的管理底线。旅游安全对于旅游者、旅游经营者以及旅游管理部门来说,都是不可逃避的话题。探险旅游作为旅游的一个细分市场,其特性(绝对安全、绝对惊险)决定了安全是其首要问题。从安全预警、安全监控、探险旅游救援、探险旅游保险以及探险旅游法规和教育培训六个方面对探险旅游保障机制的研究是探险旅游研究的一个重要部分。国内相关文献着重从游客、组织及探险旅游管理部门管理的角度切入探求保障体制的建立。

1. 游客角度的研究

旅游者个人因素是探险旅游事故发生的一个重要原因(冯麟茜,2007),由于旅游者的不安全行为以及个人原因,不按规范操作行事、卖弄炫耀、不按照统一的步骤、安全意识不足、过分自信和无经验导致事故发生占到多数(侯国林,2005;张进福,2006)。刘德谦(2006)就近几年沙漠探险发展指出:"现阶段旅游者自身安全意识较弱,未对可能遇到的危险做好充分的准备",得到诸多学者的认可。不同类型的探险旅游对旅游者的要求是不同的,比如洞穴探险旅游与漂流旅游。(李海东、保继刚,1995;张珺、林刚,2004;王仁庆,2005)。因此,对游客的管理是探险旅游安全管理的重要部分。

2. 组织角度的研究

目前组织探险旅游主要通过三种途径:个人、网络、俱乐部。组织程度低,是我国探险旅游最明显的特征。探险旅游的管理由于受许多不可控的因素的影响,较难保障安全。旅游组织在其中起到关键作用。而在三种组织方式中,一些较大的俱乐部,也承担着探险设备的供应,设备因素在探险旅游风险因子也占有较大比重(土小利、张树夫,2006)。组织要加强旅游者安全教育,使其深入了解并理解探险旅游的危险性;做好充分的准备工作,选择适合参与的项目;出发前制定计划,加强对旅游者体能和心理训练(冯麟茜,2007)。由于探险旅游初兴起,从探险旅游发起组织到旅游景区都存在着一定的问题。在旅游景区中,旅游景点和旅游项目开发与管理办法不配套的问题比较突出;特别是新开发的旅游区安全意识薄弱,存在种种安全隐患;一些旅游企业没有专门负责安全保卫的机构,旅游安全设施及管理的滞后,是引发安全事故最大的隐患(侯国林，2005；赵怀琼、王明贤，2006)。组织在探险旅游的救援中也起到重要作用。冯麟茜 (2007) 指出，应建立民间和政府"合作"的救援组织。研究者也指出，大多数时候"向导"代表探险旅游发起组织对探险旅游队员进行管理，考虑探险旅游的特殊性，向导不仅要具有普通导游的素质，还应能与参与者保持良好的沟通、设置救援队伍，保证第一时间救援、突发事件准备、保持器械良好运行、危险预报和信息传递的通畅顺利等（侯国林，2005；冯麟茜，2007)。

3. 探险旅游管理部门角度的研究

旅游管理部门应协同探险旅游组织或督促探险旅游组织做好安全预警。探险旅游涉及诸多复杂因素，所以政府需要发挥主导作用。要做好安全预警，政府首要做的就是对探险旅游资源进行风险等级评定（席建超、刘浩龙、齐晓波、吴普，2007)。探险旅游安全事故具有特殊性、紧迫性及其影响的重大性的特征，建立一个及时、有效的探险旅游救援系统，有很多伤亡事故完全是可以避免的。加强高科技在探险旅游安全救援体系中的应用，使得探险旅游安全救援成为保障探险旅游活动正常进行和维护旅游业健康发展的重要方面。(郭零兵，2005)。探险旅游所处阶段的特殊性，决定了政府在做探险旅游的救援工作。但是救援工作所要求的技术性，以及救援过程中的高成本，导致最终的救援行动迟缓、甚至不及时（肖爱莲，2001；冯麟茜，2007)。买保险，这是多数人会想到的转嫁风险和责任的方法。国外的保险公司对滑雪、水上、空中等高风险运动设有"特种保险"（王卫平，1997)。从系统的探险旅游保障体系来看，在探险旅游开始前，政府或旅游管理部门就应制定相关的法律来规范，防患未然，而不是等到有重大危险事件发生了，再去针对事件出台政策。马红漫 (2007)，冯麟茜 (2007)，刘德谦 (2006)，郑晋鸣 (2006)，王小利、张树夫 (2007) 等提出了建立探险旅游申报制度、类似"领队"或导游的资格认证制度、责任认定制度、保险制度等制度。张传统 (2008) 提出在"风险社会"中如何保障探险旅游的安全成为社会关注热点，政府主管部门和学术界开始重视探险旅游（旅游线路）安全风险评估。他将风险评估理论引入到探险旅游安全风险的评估与管理中，从风险管理模式构建、资源风险评级制度化、救援体系建设等方面，来探讨研究探险旅游的安全风险管理。[①]

[①] 张传统. 探险旅游安全风险管理研究. 商场现代化，2008（14）

第二章
中外探险史

第一节　国外探险史
第二节　中国探险史

第一节　国外探险史

一、陆地探险历史

公元前3000多年前,非洲尼罗河下游地区形成了统一的古埃及王国。此后就有人开始了对非洲的探险,他们主要是沿着尼罗河往上游地区探险的。

公元前334年,亚历山大统率希腊大军来到了印度河上游地区,由于军队不愿意东进,亚历山大放弃了直捣世界最东端的计划。归途时,经过了人迹罕至的马兰克沙漠,回到了巴比伦。亚历山大的远征不限于战争,还带有很明显的探险性质。

另外,罗马人的探险活动多半是伴随战争和军事行动进行的,罗马人的探险发现主要是在西欧陆地和不列颠岛。比如公元前2世纪的波里比阿和公元前后的斯特拉波,前者是去发现那些人类还未知的土地,以探险为主;后者则是在已知的罗马帝国周游,以旅游为主。

到19世纪的时候,斯文·赫定等人在中亚探险取得了很多的成果。法兰西斯·荣赫鹏是一个英国人,他是一位天才探险家。他在1886年参加了一支探险队,从中国北京出发去东北考察。另外,当年的4月26号,他进入中亚大沙漠。6月底,他率着队伍进入阿尔泰山和天山山脉之间的准噶尔沙漠东端,横跨了这个沙漠。斯文·赫定从1893年开始,经历了四次中亚探险,完成了几项重大发现:一是找到了雅鲁藏布江的源头,发现了它起源于喜马拉雅西部山中的一条蓝绿色的冰河;二是寻到了印度河的水源,探得它发源于西藏西南玛那萨罗天池北面的瀑布;三是发现了楼兰古城遗址。

1930年12月10日,英国人贝特兰姆·汤姆斯开始由南至北横越阿拉伯大沙漠,次年2月5日,成功完成此次探险任务。一年后,同是驻中东的英国高级官员圣·约翰菲力浦挑战更难的从北端横穿的旅程,队伍很艰难地完成了任务。

1953年5月29日,由约翰·亨特带领的英国探险队成员埃德蒙·希拉里和坦钦诺卡第一次登上了地球的最高峰——珠穆朗玛峰。

陆地探险和海洋探险的区别就是开始得早,而在后期却是航海探险发展到了顶峰,因为航海探险有许多优势,比如,在航行要经过一些未开化或者环境极度恶劣的地方时,通过陆路是很难达到的,而通过水路则相对容易,但陆路探险更能发现新的东西。

二、航海探险历史

航海名族腓尼基人在人类文明摇篮之一的西亚生活,他们为人类早期的海上探险谱写了动人的篇章。腓尼基人是优秀的航海家。公元前600年前后,受埃及法老尼科二世之托,他们的航船驶过了赤道,到达了南半球,且完成了环绕非洲大陆的航行。

接着是波斯人的发现。大流士在位期间,公元前508年,其部队第一次完成了绕阿拉伯半岛的航行,最后抵达埃及。而古印度由于传教和经商的目的,很早就走出了次大陆,发现了邻近很多地方。波斯和古印度所在的位置,决定了他们在人类发现的曙光时期会起着巨大的作用。

而中世纪的西欧一直没什么探险发现。直到15世纪开始,西欧开始创造出无与伦比的成就,当然这也是建立在数千年积累起来实践经验和科学技术基础之上的。在西欧的探险中起巨大作用的是葡萄牙"航海王子"亨利王子,他建立了有名的航海学校萨格里什。另外,他成就了葡萄牙一代海上霸主的地位。葡萄牙人在这期间取得了很多伟大的成就,比如他们绕过了好望角。这是迪亚斯这位最早开辟东方航线的航海家到达的地方,他于1488年春天最早探险至非洲最南端好望角的莫塞尔湾,为后来另一位葡萄牙航海探险家达·伽马开辟通往印度的新航线奠定了坚实的基础。

(一) 哥伦布发现美洲新大陆

哥伦布一直都相信大地球形说,认为从欧洲西航可达东方的印度和中国。在西班牙国王支持下,先后4次出海远航(1492～1493,1493～1496,1498～1500,1502～1504)发现了美洲大陆,他也因此成为名垂青史的航海家。他开辟了横渡大西洋到美洲的航路。先后到达巴哈马群岛、古巴、海地、多米尼加、特立尼达等地;在帕里亚湾南岸首次登上美洲大陆,考察了中美洲洪都拉斯到达连湾2000多千米的海岸线；认识了巴拿马地峡；发现和利用了大西洋低纬度吹东风，较高纬度吹西风的风向变化。证明了大地球形说的正确性；促进了旧大陆与新大陆的联系。他误认为到达的新大陆是印度，并称当地人为印第安人。哥伦布发现了美洲新大陆，同时他也探索了去往欧洲的西航通道。

哥伦布发现美洲后，中美洲和南美洲陆续被发现。

（二）达·伽马开辟去东方的新航道

达·伽马在1497年率领着由4艘船、140名水手组成的船队，经4个多月的航行后到达好望角，在12月25日左右，达·伽马指挥船队闯过风暴肆虐的好望角，于1498年4月1日，到达今肯尼亚港口蒙巴萨。同年4月14日北上到达马林迪，在这里，他意外地受到马林迪酋长的欢迎，这位酋长想借助葡萄牙人的力量与蒙巴萨酋长相抗衡。为表示友好，他为达·伽马提供了一名领航员，他就是阿拉伯航海家艾哈迈德·伊本·马吉德。达·伽马在他的领航下，于1498年4月24日从马林迪起航，一帆风顺地于5月20日航达印度的卡利卡特港。一条从欧洲海岸沿非洲大陆而下，绕过好望角，横穿印度洋到达印度的航线就这样被达·伽马探索成功了。

（三）人类历史上的第一次环球航行

1519年8月9日，麦哲伦的船队从塞维利亚出发，开始了人类有史以来的第一次环球航行。1521年3月，他们到达了菲律宾。麦哲伦给最大的海洋起名为太平洋，它是麦哲伦这次航行的最伟大发现。1522年9月8日，麦哲伦的残部回到西班牙，他们终于完成了这次环球航行。它证明了人类居住的地球是个圆球体，世界各大洋都是相通的。西班牙也因此控制了这条绕南美洲西行的航道。

（四）寻找去往东方的东北航道

1553年，军人出身的休·威洛比爵士率领三艘船组成的船队，在航海家理查德·钱塞勒（Richard Chancellor）的协助下出航，寻找东北航道。他们约定，如果在北海中失散，就在挪威北部海岸的瓦尔德海湾（Vardo）会合。虽然这是个很明智的预防措施，但在航行真正遇险时却未能实现。在罗弗敦群岛（Lofoten Islands）附近的一次风暴中，威洛比的两艘船与理查德·钱塞勒的船失散。他们到达瓦尔德海湾，没有等到钱塞勒就离开了，而钱塞勒后来才到达瓦尔德海湾。驶离瓦尔德海湾后，威洛比继续前进进入北冰洋。他向东航行，于1553年8月发现了新地岛（Novaya Zemlya）。

巴伦支从1594年6月起开始作为一名船长远征航行，1596年5月10日，在阿姆斯特丹商人们的帮助下，巴伦支指挥着三艘船又开始了第三次探险。这次他大胆地设想通过北极前往东亚。他朝正北航行，一个月后发现了熊岛。6月19日，水手们再次看到了陆地（斯匹次卑尔根群岛），沿着其西侧航行，直到北纬79°30′。巴伦支误把斯匹次卑尔根群岛认为是格陵兰的一部分。巴伦支最后几乎到达了北极圈，是完成这一壮举的第一个欧洲人。

哥伦布、达·伽马、麦哲伦三次伟大的探险航行，使西班牙和葡萄牙确立了海洋霸主地位。这时，英国和荷兰为了在海上贸易占有一席之地，在16世纪后期开始，进行了一系列航行，对西班牙和葡萄牙的海上霸主地位提出了严重的挑战。

首先是英国的大海盗弗林西斯·德雷克经过34个月的漫长航行，终于在1580年底到达英国的普利茅斯港，完成了第二次环球航行。他是第一个自始至终指挥环球航行的船长。

1768年，库克受命担任英国皇家海军太平洋考察队队长。在其后的10年间，他带领考察队进行了三次史诗般的航行，足迹遍于未知的太平洋，揭开了地球上最大水域的地理秘密。他访问了塔布坦、澳大利亚、新西兰、马克萨斯群岛、夏威夷、复活节岛和威廉王子湾等地，并为这些地方绘制了地图。

1785年，拉佩鲁兹伯爵受法国国王之命，从布雷斯特港起航，前往亚洲和美洲的北太平洋海岸，调查西北航道，并在太平洋进行科学实验。到1787年9月，他已完成了前两个任务。1788年3月，拉佩鲁兹的船队从澳大利亚起航，但从此以后便杳无音信。

（五）寻找"西北航线"

19世纪中叶，年过花甲的英国探险家富兰克林率138名船员出征，准备打通"西北航线"（即从大西洋经北冰洋到达太平洋的航海路线之一。取道北美洲北极沿岸的路线称为"西北航线"，取道俄罗斯一侧沿岸航行则称为"东北航线"）。富兰克林率领的探险队从格陵兰西岸起程，穿过巴芬湾后就杳无音信，从此一去不复返。

（六）深海探险

20世纪30年代，美国科学家毕比和巴顿自制的钢球潜水器——这一设计使人类第一次深入到加勒比海域的百慕大深海，下潜至923米的深度，海底奇观五彩缤纷，海底世界被人类发现。从此，深海对人类不再是不可窥视的秘密。

（七）南极洲探险

1772～1755年间，英国库克船长领导的探险队在南极海域进行了多次探险，但并未发现任何陆地。直到1819年，英国的威廉·史密斯船长才发现南设得兰群岛。

南极洲的探险，在1820～1830年趋于白热化。1821年俄国别林斯高晋和拉扎列夫率领的探险队，乘"东方"号和"和平"号环南极大陆一周，发现了亚历山大一世岛，别林斯高晋当时把它命名为亚历山大一世海岸。戴维斯是第一位登上南极半岛的人，他是在1821年2月7日乘"西西利亚"号纵帆船登陆的。1823年，英国航海家威德尔率两艘小船发现了威德尔海。1831年，英国捕鲸队船长比斯科率"图拉"号和"莱夫利"号两艘小船发现了恩德比地。1839年，英国巴勒尼船长，带领两艘航船，发现了巴勒尼群岛。1840年，法国探险家迪维尔率领两艘桅舰，发现了阿黛利海岸。1838～1842年，美国海军上尉威尔克斯对南极洲的探险，足以证实南极洲为一块大陆，而不是一个群岛，而他在印度洋海岸所发现的陆地被称为威尔克斯地。

罗斯在1839～1943年期间的三次南极探险航行中，在从南奥克尼群岛以西到巴勒尼群岛的区域，发现了六个海岛或群岛，在南极大陆发现了七个区域。1895年1月，挪威"南极洲"号捕鲸船一行人在船长克里斯·西森率领下登陆阿代尔角，其中的E.博克格雷温克成为第一支在南极大陆过冬的英国探险队的领队。同时，他也是坐雪橇深入内陆而到达78°50′S处的第一人，是当时人们所到达的最南的地方。

1898年，热尔拉什领导比利时探险队，乘坐"比利时"号到达了71°30′S，被浮冰困住，然后随冰漂流，他们在船上过冬，还进行了大量的科学观测。

1901～1916年，南极洲的探险非常活跃。

1901年，斯科特船长领导的探险队，乘坐雪橇抵达82°7′S、163°30′E处，完成了一系列的科学观测工作。

1901～1904年，努登舍尔德领导的瑞典探险队，在南极半岛的东岸得到许多地理上的发现。

1907～1909年，沙克尔顿领导的探险队，穿越罗斯冰架，在罗斯岛过冬，次年向南出发。他们用西伯利亚矮种马和人拉雪橇，于1909年1月9日抵达88°23′S、162°E处，找到了通往南极点的路线，并且创造了离南极点只有179.7公里的最南的记录。

1909～1910年，沙尔科成功地探险到南极半岛西部海岸，发现了沙尔科岛。

1911年，菲尔希纳的船"德兰"号首先到达威德尔海的前端，他是从海的东边进入的。

1911～1914年，莫森率领一支探险队来到澳大利亚的"属地"，获得了若干地理上的发现，并搜集到了许多科学资料。

1914年8月，沙克尔顿计划从威德尔海的科茨地乘雪橇穿越大陆，直抵罗斯海。但他所乘的"持久"号被大块浮冰所困，而向北漂浮到威德尔海，最后沉没。船上的一行人在大块浮冰上漂流，最后到了象海豹岛。此后，沙克尔顿等5人又从象海豹岛乘小艇抵达东北约1300公里处的南乔治亚岛，最终搭救了在象海豹岛上的全部队员。

1911年，由挪威的阿蒙森、德国的菲尔希纳、英国的斯科特、澳大利亚的莫森和日本的白獭矗中尉等领导的探险队，分别在南极大陆展开探险，他们都以南极点为目标。阿蒙森是第一位到达南极点的人。他原计划驾驶"弗拉姆"号离开挪威，经由合恩角和白令海峡前往北极点。当他得知皮尔里于1909年4月6日到达了北极点后，就改变了计划，将探险目标转向南极点。

三、航空探险历史

1709年，巴西人古斯芒发明了人类历史上的第一个热气球，并成功地在王宫进行了表演。1903年，莱特兄弟用自己制造的第一架飞机——"飞鸟"在美国北卡罗来纳州的海滩上实现了人类的第一次飞行，从此，人类迈向了一个新的里程碑——探险天空。

1909年，著名飞行家布莱罗制造的单翼飞机飞越英吉利海峡。1939年，德国的法兰克·霍伊特空军中尉发明了"喷射引擎"标志着飞机的发展进入了喷气机时代。

在古代，火箭主要用于军事。20世纪初，它发生了革命性的变化。俄国的康斯坦丁·埃杜阿尔多维奇·乔尔科夫斯基，美国的罗伯特·哈钦斯·戈达德以及罗马尼亚出生的赫尔默·奥伯特对此作出了卓越的贡献，他们三人被称为"火箭之父"。

航空探险总是伴随着航天技术的不断进步而前进的。随着航天技术的发展，航空探险会有更广阔的发展空间。

四、太空探险历史

1947年10月18日，在火箭专家科洛廖夫的指导下，苏联制造的第一枚弹道式火箭试验成功。

1957年10月4日，苏联发射了人类第一颗人造卫星"伴侣1号"。

1961年4月12日，巨大的火箭矗立在苏联拜科努尔航天发射场。火箭的顶端是"东方"号宇宙飞船。将加加林送入外太空的一切准备工作已全部就绪。在环地球一周结束后，东方号也安全地回来了。加加林的成功标志着人类从此步入太空时代，这是一个崭新的起点，一个划时代的里程碑。加加林以自己的勇敢行为证实了人类能够在太空中安全生存。

1963年6月16日，捷列什科娃乘坐渴望已久的"东方六号"宇宙飞船，准备探险太空。她成为第一个探险外太空的女性。

1964年10月12号，苏联开始了"上升2号"的计划。飞船在绕地球飞行第十三圈时，宇航员阿列克谢·列昂诺夫开始了走出船外的实验。他仅在外逗留了10分钟，但这是人类在太空中迈出的第一步。

除了苏联的伟大成就，美国也在外太空探险中作出了卓越的成绩。1961年，美国总统肯尼迪精心策划了太空探索计划——阿波罗登月计划。1969年7月21号，美国宇航员阿姆斯特朗作为人类的使者，首先爬出了"阿波罗11号"登月舱舱门，第一次踏上了神秘的月球土地。正如阿姆斯特朗所说："对一个人来说，这是一小步，但对于人类来说，这却是巨大的一步。"

1972年3月3日，人类首次尝试和外星文明通信。为此，美国发射"先驱者10号"，上面安放了一块代表人类的信息金属板。

第二节 中国探险史

一、陆地探险

古代中国人认为华夏地区位居世界中心，是为"中国"，直至西汉初年仍然认为，中国的四陲和华夏区域之间为"四方蛮夷"杂居之地，而四陲以外就是不属于凡人居住的地方了。这种封闭的地理观念最早被冲击，据说是周穆王西征探险。但真正冲破限制的则是西汉开始的西域探险。

西汉汉武帝在位时，为了军事的目的，派当时的郎官张骞出使西域。公元前138年，张骞开始了中国历史上有确切记载的西行大探险。这次探险他们一行穿过了黄沙漫天的荒漠，取道天山南麓，翻越高寒陡峭的葱岭（帕米尔高原），抵达西域大宛国都城贵山（今塔什干东南的卡散）。归途是，沿塔里木盆地南缘前进。他往返于西域走的是两条不同的道路，也为中国开辟了通向西域的南北两条主干道路。

在公元前122年，张骞主张开通到西域的西南通道，打算从四川经身毒（今印度）到达西域，但由于山高水险、林莽茂密、瘴疠流行而作罢。公元前119年，张骞来到了乌孙都城。

张骞派往各国的副使陆续回到了长安，这些国家和汉朝建立了直接联系。而在后来，匈奴分裂，汉朝在西域东部（今新疆和巴什喀尔湖以南地带）设立了西域都护府，自此，中原和西域的道路敞开了。

公元73年，继张骞之后，班超出使西域，终于在公元94年，使丝绸之路全部畅通。公元97年，甘英创造了当时中国人西行的记录，他到达了两河流域。此后的600年无人去过西亚，直到盛唐时的杜环，由于被俘，在阿拉伯世界待了10年，游览了周边各国。

出于宗教目的，公元399年，中国佛教高僧法显穿过中亚地区来到印度西北部，返程时曾路过锡兰和爪哇，前后历时 15 年。他所著《佛国记》一书流传至今，被译成多种文字。

公元 629 年，中国伟大的探险家玄奘历时 16 年，几乎重复了张骞通西域的路线。他游历了北印度所有国家，甚至到了孟加拉地区。他撰写的《大唐西域记》在世界上广为流传。

但是在玄奘之后，世界探险史上千年的时间里，中国几乎没有任何可以记载的大事件了。直到 1613 年，28 岁的徐霞客开始了长达 20 年的游历，游览了浙、闽、黄山和北方的嵩山、五台、华山、恒山诸名山。1636 年，51 岁的徐霞客再次开始游历，此次历时 4 年，游览了浙江、江苏、湖广、云贵等江南大山巨川。徐霞客在这两次游历中共写下了 10 卷游记。

从上文可以看出，我国古代陆地探险大体是两个目的，一是政治目的，一是宗教目的，而徐霞客则是为了地理发现外出探险。

中华人民共和国建立后，我国探险旅游开始有了很多的进步。对珠峰的探险，是我国探险队在极其艰苦的条件下进行的一次弘扬中国人探险精神的壮举。当时中国还不能生产攀登珠峰所需的设备，在国民经济遭受自然灾害的三年困难时期，中国政府毅然拨款 70 万美元到国际市场上购买了氧气瓶和尼龙绳等设备。从 1960 年 3 月中旬开始，中国登山队开始了为国争光、为民族争气的问鼎之旅。攀登珠峰从珠峰北坡山下开始，最后在 5 月 25 日 4 点 30 分时，登山队的三名登山者到达了顶峰。

20 世纪 80 年代，我国国民在面对南极考察点问题时终于决定不再沉默。1983 年 6 月 8 日，中国人向南极条约保存国——美国政府递交了加入书，此后，中国正式成为《南极条约》的缔约国之一。但是，在国际南极俱乐部里，还有缔约国与协商国之分，后者才在国际南极事务中具备发言权和决策权。1983 年 9 月，中国政府代表团出席了第十二届南极条约协商会议。

1984 年 11 月 20 日，代号为"625 编队"的中国极地考察船"向阳红 10 号"和"J121 号"从上海出发，远征南极乔治王岛。1985 年 2 月 20 日，中国南极长城站正式落成。从此，中国有了自己的南极科学考察站，与智利弗雷总统站、俄罗斯别林斯高晋站、乌拉圭阿尔蒂卡斯站、阿根廷尤巴尼站、波兰阿克托夫斯基站、巴西弗拉兹站及后来建立的韩国世宗王站一起，散落在乔治王岛上。

4 年后的 1989 年 2 月 26 日，中国人又在南纬 69°22′、东经 76°22′

处建立了自己的第二个南极考察站——中山站。

二、海上探险

早在秦朝时期，始皇帝就曾派徐福出海远航。历史上都将这次远航看做是秦始皇派其出海寻仙，求长生不死之药。这是中国最早的航海探险。

1405年（明永乐三年）七月十一日明成祖命郑和（原姓马，小字三保，云南昆阳（今昆明市晋宁县）人）率领240多艘海船、2.7万余名士兵和船员组成的船队远航，访问了30多个在西太平洋和印度洋的国家和地区，加深了中国同东南亚、东非的友好关系。郑和每次都由苏州刘家港出发，一直到1433年（明宣德八年），他一共远航了七次。最后一次，宣德八年四月回程到古里时，在船上因病过逝。民间故事《三保太监西洋记通俗演义》将他的旅行探险称之为三保太监下西洋。郑和曾到达过爪哇、苏门答腊、苏禄、彭亨、真腊、古里、暹罗、阿丹、天方、左法尔、忽鲁谟斯、木骨都束等三十多个国家，最远曾达非洲东海岸的红海、麦加，并有可能到过今天的澳大利亚。

三、空中探险

我国最早发明的风筝，是人类发明最早而又成功的飞行器，后来由意大利旅游家马可·波罗把风筝传到了欧洲。英国教师乔治·波科克居然让风筝带着小女儿飞上了天空。

近代我国在空中的探险是伴随着技术的不断进步来做到的。

（一）我国第一颗人造卫星上天

中国于1970年4月24日成功地研制并发射了第一颗人造地球卫星"东方红一号"，成为世界上第五个独立自主研制和发射人造地球卫星的国家。

截至2000年10月，中国共研制并发射了47颗不同类型的人造地球卫星，飞行成功率达90%以上。目前，中国已初步形成了四个卫星系列——返回式遥感卫星系列、"东方红"通信广播卫星系列、"风云"气象卫星系列和"实践"科学探测与技术试验卫星系列，"资源"地球资源卫星系列也即将形成。中国是世界上第三个掌握卫星回收技术的国家,卫星回收成功率达到国际先进水平;中国是世界上第五个独立研制和发射地球静止轨道通信卫星的国家。中国的气象卫星、地球资源卫星主要技术指标已达到20世纪90年代初期的国际水平。近几年来,中国研制并发射的6颗通信、地球资源和气象卫星投入使用后,工作稳定,性能良好,产生了很好的社会效益和经济效益。

(二) 发射运载火箭

中国独立自主地研制了12种不同型号的"长征"系列运载火箭,适用于发射近地轨道、地球静止轨道和太阳同步轨道卫星。"长征"系列运载火箭近地轨道最大运载能力达到9200千克,地球同步转移轨道最大运载能力达到5100千克,基本能够满足不同用户的需求。自1985年中国政府正式宣布将"长征"系列运载火箭投入国际商业发射市场以来,已将27颗外国制造的卫星成功地送入太空,在国际商业卫星发射服务市场中占有了一席之地。迄今,"长征"系列运载火箭共实施了63次发射;1996年10月至2000年10月,"长征"系列运载火箭已连续21次发射成功。

(三) 建成航天器发射场

中国已建成酒泉、西昌、太原三个航天器发射场,并圆满完成了各种运载火箭的飞行试验和各类人造卫星、试验飞船的发射任务。中国航天器发射场既可完成国内发射任务,又具有完成为国际商业发射服务和开展其他国际航天合作的能力。

(四) 航天测控

中国已建成完整的航天测控网,包括陆地测控站和海上测控船,圆满完成了从近地轨道卫星到地球静止轨道卫星、从卫星到试验飞船的航天测控任务。中国航天测控网已具备国际联网共享测控资源的能力,测控技术达到了世界先进水平。

(五) 载人航天

中国于1992年开始实施载人飞船航天工程,研制了载人飞船和高可靠运载火箭,开展了航天医学和空间科学的工程研究,选拔了预备航天员,研制了一批空间遥感和空间科学试验装置。1999年11月20日至21日，中国成功地发射并回收了第一艘"神舟"号无人试验飞船，标志着中国已突破了载人飞船的基本技术，在载人航天领域迈出了重要步伐。

2003年10月15日，我国第一艘载人飞船神舟五号成功发射。中国首位航天员杨利伟成为浩瀚太空的第一位中国访客。神舟五号21小时23分钟的太空行程，标志着中国已成为世界上继俄罗斯和美国之后第三个能够独立开展载人航天活动的国家。

2005年10月12日，我国第二艘载人飞船神舟六号成功发射，航天员费俊龙、聂海胜被顺利送上太空。17日凌晨，在经过115小时32分钟的太空飞行后，飞船返回舱顺利着陆。神舟六号进行了我国载人航天工程的首次多人多天天飞行试验，完成了我国真正意义上有人参与空间科学实验。

2008年9月25日，我国第三艘载人飞船神舟七号成功发射，三名航天员翟志刚、刘伯明、景海鹏顺利升空。27日，翟志刚身着我国研制的"飞天"舱外航天服，在身着俄罗斯"海鹰"舱外航天服的刘伯明的辅助下，进行了19分35秒的出舱活动。中国随之成为世界上继苏联和美国之后第三个掌握空间出舱活动和一系列空间科学试验任务后，成功降落在内蒙古中部阿木古朗草原上。

第三章
探险旅游基础理论

第一节　体验经济理论
第二节　风险管理理论
第三节　安全管理理论

第一节 体验经济理论

一、体验经济的内涵和外延

（一）体验经济的由来

"体验"是由美国经济学家托夫勒提出来的。20世纪70年代，托夫勒从需求结构调整得出结论，"体验制造商将成为经济的基本（假如不是唯一的）支柱。"并预言，"来自消费者的压力和希望经济继续上升的人的压力——将推动技术社会朝着未来体验生产的方向发展"；"服务业最终还是会超过制造业的，体验生产又会超过服务业"；"体验工业可能会成为超工业化的支柱之一，甚至成为服务业之后的经济基础。"

托夫勒根据社会经济的演进，提出了"制造业—服务业—体验业"这种独特的产业演进过程（如图3-1所示），并提出，制造业满足顾客的一般的生存需要，服务业满足顾客的发展需要，体验业满足的顾客需求，与生存需要和发展需要相比，有质的不同，是要通过网络或知识达到高峰体验或是高潮（自我实现）。

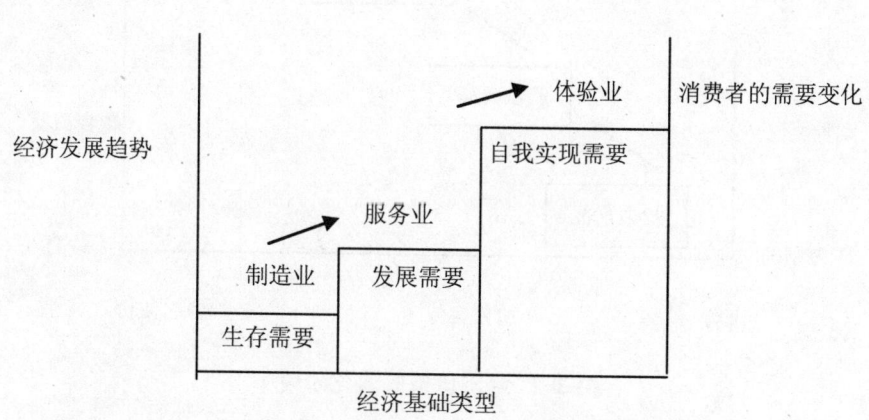

图3-1 托夫勒的产业演进

(二) 体验经济时代的特征

1998年,潘恩和吉尔摩(Pine & Gilmore)在《哈佛商业评论》上发表了《体验经济时代的来临》(*Welcome to the Economy of Experience*)。提出了经济价值经历过程：提取产品、制造商品、提交服务和展示体验的演化过程（如图3-2所示）。

1999年，潘恩和吉尔摩在《体验经济》一书中进一步描述了体验经济的特征：作为体验策划者的企业将不再仅仅提供商品和服务，而是为消费者创造体验的舞台。在这个舞台上，消费者开始自己的、唯一的表演，即消费，当表演结束时，这种体验将给消费者留下难忘而愉悦的记忆。基于这种体验消费的美好、唯一、独特、不可复制、值得回忆，企业可以根据其所提供的特殊价值向消费者收取更高的费用。体验经济凸显了消费者的个性化消费和生产者据此采取定制化生产的法则。

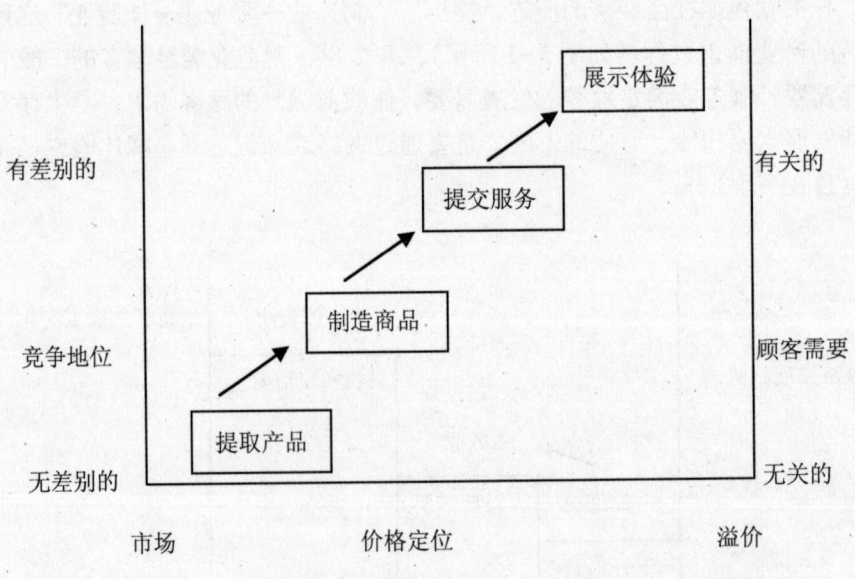

图 3-2 经济价值的演化阶段

二、体验的本质与类型

(一) 体验的本质

从体验的本质来看,体验是"通过亲身实践来认识周围的事物"。《牛津英文大辞典》中定义体验为"通过个人接触所感受到或学习到的东西",是一种参与者感受的主观精神状态。

邹统钎在其专著《旅游度假区发展规划》中,将旅游科学的核心概念界定为"经历",即"旅游者通过对旅游目的地的事物(广义上指旅游过程)或事件的直接观察或参与而形成的感受与体验"。[①]

谢彦君在《基础旅游学》中,将旅游定义为"个人以前往异地寻求审美和愉悦为主要目的而度过的一种具有社会、休闲和消费属性的短暂经历"。

休闲体验要具备三个基本要素:发生在闲暇时间,即体验是一种过程性休闲;自由感,体验是以个性化的方式进行的;内在结果——获得身心的反应。[②]

旅游的本质是一种体验活动,是旅游者离开居住地去异地旅行所获得的一种丰富的经历和感受,它既包括旅游者在旅游中通过运用原有知识对客观事物进行分析和观察所获得的心灵共鸣及愉悦感觉,也包括他们通过直接参与活动而得到的舒畅感。与此同时,旅游者在旅行中个人通过接触陌生事物而进行学习的过程也是一种体验。[③]

王兴斌指出:体验是通过实践来认识周围的事物,体验的基本要素是人的参与,人又是各有个性的,商品与服务对消费者是外在的,而体验是内在的,是使心境与环境互动所产生的内心感受,因此体验的特点是个性、参与、互动。体验经济最大特征是生产与消费的个性化、参与性、互动性与同步性。[④]

---

① a) 邹统钎. 旅游景区开发与经营典型案例. 旅游教育出版社,2003
   b) 旅游度假区发展规划. 旅游教育出版社,1996
② 李仲广,卢昌崇. 基础休闲学. 社会科学文献出版社,2004
③ 邹统钎. 中国旅游景区管理模式研究. 南开大学出版社,2006
④ 王兴斌,体验经济新论与旅游服务创新. 桂林旅游专科学校学报,2003 (11)

（二）体验的类型

潘恩和吉尔摩（Pine & Gilmore）根据参与程度和主动还是被动把体验分为四类，即：娱乐（Entertainment）、教育（Education）、逃避（Escape）和审美（Estheticism），简称 4E（见图 3-3）。[①]他们认为，对体验的分类都体现了人们逃离喧嚣、学习、欣赏美的事物以及对提高自身生活质量的一种追求。他们还认为，让人感觉最丰富的体验必须同时涵盖四个方面，即处于四个方面的交叉的"甜蜜地带"（Sweet Spot）的体验。

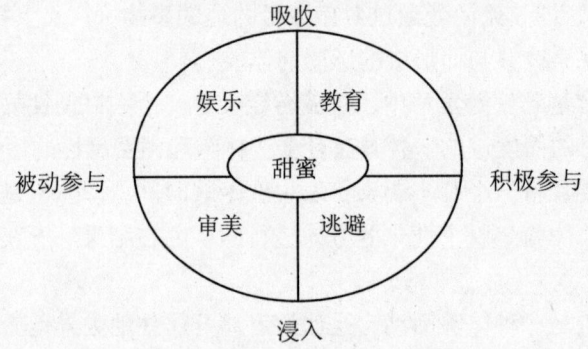

图 3-3　潘恩和吉尔摩的 4E 体验分类图

2006 年，邹统钎在其专著《中国旅游景区管理模式研究》中，根据旅游活动的本质特征及游客心理需求的特点，提出新的现代 5E 体验旅游，即：娱乐（Entertainment）、教育（Education）、逃避（Escape）、审美（Estheticism）和移情（Empathy），用 5E 来表示（见图 3-4）。人们参观纪念馆、登山时都是为了表示某种移情，其中交叉点是高峰体验。

[①] 潘恩，吉尔摩.体验经济.机械工业出版社，2002

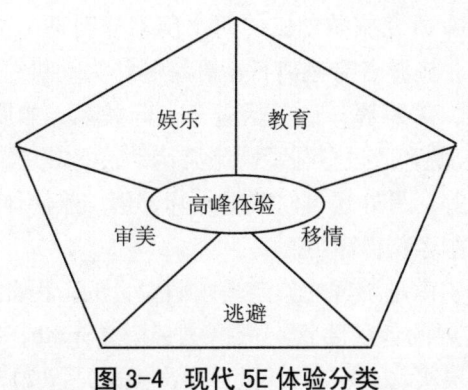

图 3-4 现代 5E 体验分类

三、高峰体验：畅爽（Flow）

(一) 旅游动机分析

福德尼斯（Fodness）根据功能分类认为游客可以从旅游产品中获得如下价值满足：[①]

1. 自我防御（Ago-Defensive）

如自尊、自我批评、自我发现等。

2. 知识

获得教育、宗教知识、民族文化知识、历史知识、科普知识等。

3. 效用（Ⅰ）

报酬最大化：如放松、冒险、回归大自然、体育、娱乐、消遣、挑战之类。

4. 效用（Ⅱ）

回避惩罚：如摆脱孤独、逃避枯燥的日常生活与人际上的麻烦、追求新奇的经历等。

5. 价值表现

自我发展、社会竞争、地位、声望与优越感等。

6. 社会关系

如伦理与家庭团结、探亲访友、寻根、社会交往等。

从研究产生旅游体验的动机出发，伊阿霍拉（Iso-Ahola）建立了两维的

---

① Fodness D. Measuring tourist motivation. *Annals of Tourism Research*, 1994（3）

旅游动机理论。用来研究旅游动机的两个因素分别是旅游行为和心理补偿。从旅游行为维度看，旅游者有逃离日常环境的行为动机，这包括逃避个人问题，如困难、失败、障碍等，也包括避开人际关系，如朋友、家庭成员等。从心理补偿维度看，游客通过参与探险旅游活动，可以获得自我补偿，如挑战、学习、放松、探索等，另外还可以获得人际补偿。旅游体验正是满足游客的上述需要，从而使游客获得满足。

旅游产品是为了满足游客的旅游需求而设计的，因此它的构成要素中应该包括满足游客需要的各种要素。依据史密斯（Smith）的分析，旅游产品可分成五个同心环层次，由核心向外围各层次依次是：(1) 物质实体 (Physical Plant)：如自然吸引物、设施、食品饮料等；(2) 服务：顾客旅游时必要的餐饮、住宿、商品服务等；(3) 友好 (Hospitality)：服务人员在服务时表现出的态度、礼仪等；(4) 选择自由：顾客对各种服务产品有自由选择的机会；(5) 参与：顾客主动参与旅游产品的设计与改进过程，顾客通过投诉、提出建议等方法帮助提高服务质量。[①]越是外围的层次，越是满足高层次游客的需要。核心层次是满足生理需求，外围层次是满足心理需求。高层次的畅爽体验需要从友好、选择自由和参与三个层次获得。

(二) 高峰体验的标准：畅爽

从研究旅游体验的本质出发，马斯洛1968年提出了高峰体验的观念——"最快乐、最满足的时刻"，这种体验可通过自然体验、对美的感知、创造性活动、敏锐洞察力、运动以及其他类似的活动获得。社会经济的发展、人类的追求也逐步向马斯洛的高层次发展，见图3-5。

1975年，美国芝加哥大学心理学家、教授米哈里·奇克森特米哈伊(Mihaly Csikszentmihalyi)博士提出最佳体验标准——"畅"的概念，即"具有适当的挑战性而能让一个人深深沉浸于其中，以至于忘记了时间的流逝，意识不到自己的存在"。"畅"的体验具有七个特征：注意力集中；短暂；具有丰富的感知；忘却自我，全身心地融入到正在进行的活动中；忘却了时间和空间；尽情享受；暂时忘掉忧虑和束缚。高峰体验和畅的概念的提出对最优游客体验的塑造具有很强的指导意义。

---

① Smith S. The tourist product. *Annals of Tourism Research*, 1994 (3)

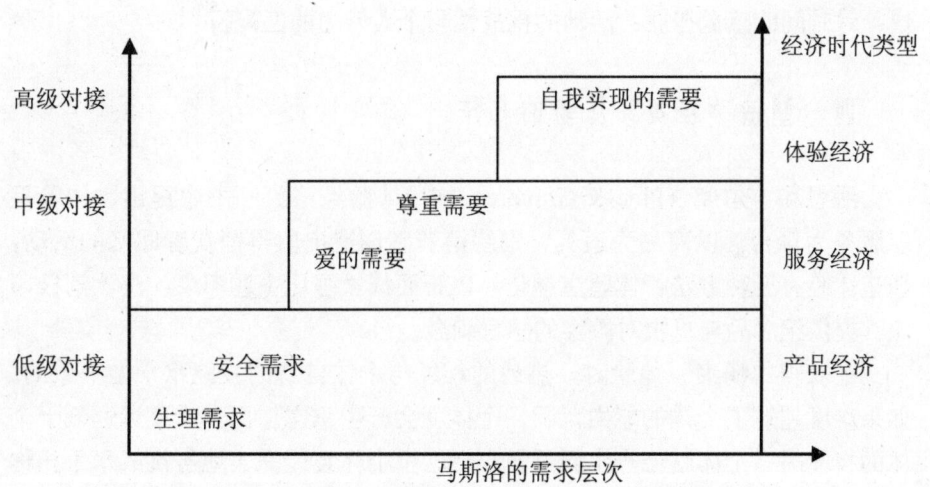

图 3-5 社会经济与需求层次对接图

奇克森特米哈伊（Csikszentmihalyi）博士在其名著《畅爽：最佳心理体验》（*Flow: the Psychology of Optimal Experience*，1991）中指出，在人的感受被"畅爽"所吸引时，总是这样一些体验：人们为正在做的事情所吸引；人们完全可以清楚地把握整个事情的过程，知道"在做什么"，知道"做得是否足够好"；人们知道自己的能力与这种情况所带来的挑战之间，是一种完美契合的程度——一旦这种挑战超越了人的能力或需要，人们会立刻感到紧张、焦虑和厌恶；人们的意识是"清澈透亮"的，人们已经超越了"自我"；时间在这种酣畅淋漓的体验下，仿佛飞速流逝；人们除了所从事的活动之外，不需要再追求什么额外的奖赏。他指出"畅爽"的八大特征是：挑战性；目标的明确性；反馈的即时性；专注性；深度参与性；控制感；忘我；意识不到自己的存在。[①]

奇克森特米哈伊（Csikszentmihalyi）博士指出，畅爽的感觉通常不是发生在休闲娱乐放松的时刻，而是发生在我们从事的某项具有挑战性工作的过程中，这样的工作要求我们充分发挥自己的脑力和体力。相对自由的放松时间，人们更常容易在工作的时候有"畅爽"的心理体验。"畅爽"的体验有六个特点：游戏感；自控感；专注与精神高度集中；对活动本身感到精神愉

---

① 李仲广、卢昌崇. 基础休闲学. 社会科学文献出版社，2004：108—182

悦；对时间的感觉扭曲；活动的挑战性与个人能力的匹配。①

四、塑造"畅爽"体验的方法

潘恩和吉尔摩（Pine & Gilmore）在《体验经济》一书中提出，体验是以服务为舞台、以商品为道具，围绕消费者创造出值得消费者回忆的活动；塑造体验有五种方法：体验主题化、以正面线索强化主题印象、淘汰消极印象、提供纪念品与重视对游客的感官刺激。

在获得"畅爽"体验时，挑战的难度与个体自身的技能水平是一致的。如果难度超过了个体的能力范围，个体就会产生焦虑。而当难度远远低于个体的技能时，个体就会产生厌倦。当活动中个体技能完美地与挑战水平相称时，个体便处于畅爽的状态。图3-6是"畅爽"体验的四阶段模型图。

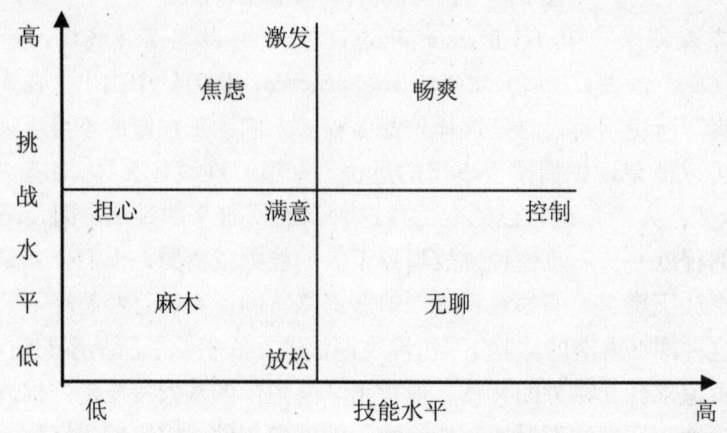

图3-6 "畅爽"的四阶段模型图②

奇克森特米哈伊（Csikszentmihalyi）博士提出塑造"畅爽"体验的方法是：(1) 把工作当成游戏，制定游戏规则、目标，尝试征服某些挑战和给予奖赏；(2) 清晰的目标；(3) 全神贯注；(4) 享受过程；(5) 欣喜若狂；(6) 高峰

---

① Csikszentmihalyi Mihaly.Toward a psychology of optimal Experience.*Review of personality and social psychology*, 1982（4）

② 李仲广、卢昌崇. 基础休闲学. 社会科学文献出版社，2004：108-182

生产力。

奇克森特米哈伊（Csikszentmihalyi）博士指出，几乎所有的人类行动都有"畅爽"的最优状态：阅读、静坐、写作、观景、探险、休闲等等。因此，他主张"畅爽"是人类普遍生活本质的存在，但"畅爽"并不只是一种境界，而是人在生活中苦苦挣扎里瞬间展现的灵光。

事实上，最优体验境界的达到，有赖于个人的努力和意志，时时刻刻用意识控制周围事物。如何掌控自己的内在意识与经验，品尝生活的快乐，以及如何将日常生活中的时间转换成乐趣源头，需要我们有良好的控制意识的能力。同时要认识到意识是一种生理行为，要凭借构造复杂的神经系统运作，掌握意识的运作方式。同时，意识的范围可以无限扩张，人类可以无限的遐想和梦想。我们可以全方位思考、感觉、实践，并在瞬间获得丰富的经验，用一生的时间来体验百万种人生。"畅爽"体验的另外一个重要条件是：重组意识达到"畅爽"的能力。有些人即使美景不在眼前，也能在平凡的事情中获得乐趣，有些人身处幸福，却仍感乏味苦闷。

"畅爽理论模型"对旅游体验的研究具有重要意义。旅游企业可以将"畅爽理论模型"运用到旅游产品的开发中，注重旅游产品的技能型和挑战性，在旅游项目的可参与性、旅游活动具有挑战性、重视游客的体验感受等方面来开发旅游产品。而探险旅游俱乐部开发探险旅游正是畅爽理论模型的最好实践。

五、现代体验理论的发展

（一）蒲恩的新旅游：体验旅游重视主动参与

德国学者蒲恩（A. Poon）于1994年提出了"新旅游"的概念，认为"新旅游"是未来的旅游，"新旅游"的特征是灵活性、细分化和更加真实的旅游体验。她指出，当今旅游正在从大众化、非人性化的旅游转为"高科技、亲密接触"，更多的人性关怀、关注和保护自然环境的"新旅游"。[①]蒲恩指出的新旅游是体验旅游。图3-7列出了蒲恩在旅游者、技术、生产、管理和外部条件等几个方面作出的新旧旅游的对比。

---

① Poon A.The "New Tourism" Revolution. Tourism Management, 1994（2）

从新旧旅游的对比中可以看出，其最大的区别在于体验旅游关注的焦点是游客的需求，游客参与旅游产品的开发、设计。体验经济时代的游客比大众旅游时代的游客更加成熟和理性，更具有主动性，更愿意为了获得不同的体验而离开自己的群体参与到其他群体中。

(二) 西方旅游体验理论模型

邹统钎在其《中国旅游景区管理模式研究》(2006) 一书中，对西方体验理论界的五种模型进行了总结，西方理论界的五种体验理论模型：

1. 层级式体验模型 (Hierarchical Models of Experience)

这一理论模型是在德伍和布朗 (Driver&Brown) 为代表的北美体验学派研究的基础上衍生而来的。北美体验学派秉承北美室外娱乐传统，以目标为指向，一个重要的应用概念是"娱乐机会谱"。与活动学派相比，体验学派

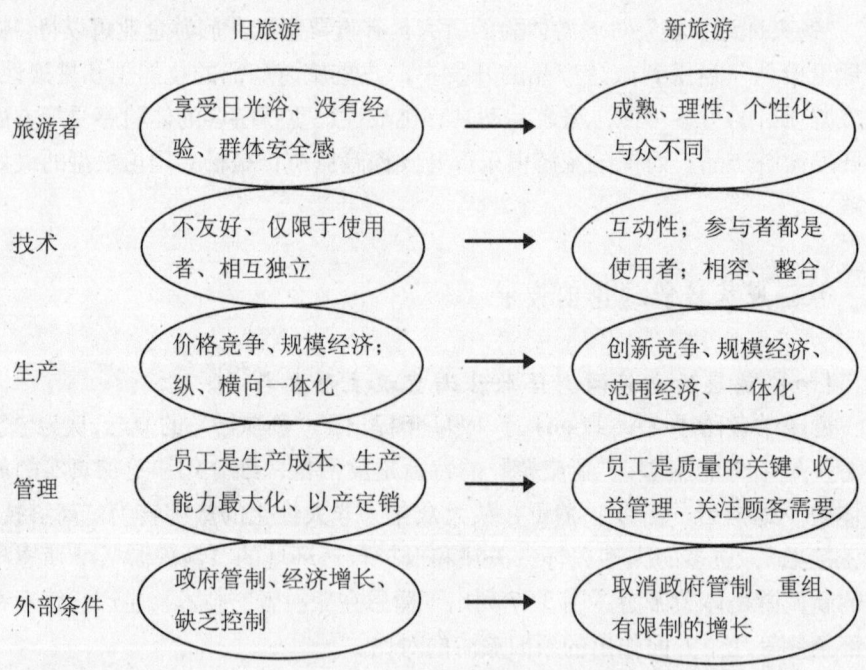

图 3-7 新旧旅游的对比

认为"休闲管理的最终产品是人们所得到的体验",而不是提供的活动机会。在娱乐机会谱出现后,出现了益基管理,并在此基础上发展成为受益因果关系链。认为在一定的环境布局下所采取的行动是为了获得某种体验,而这种体验就被视为是一种受益。[1]

层级式体验模型使根据受益情况来细分游客成为可能,也就是根据旅游的最终产品来细分游客,从而代替常用的人口统计学细分方法或活动细分方法,将体验分类为享受自然、摆脱紧张、学习、价值共享和创造。

2. 类型学（Typological）理论模型

该种模型也是用来对游客进行细分的。这种模型在早期主要被运用来说明旅游者不都是同一类型的人。科恩（Cohen，1979）提出,要根据旅游者想要获得的体验来将旅游者分类。他把体验分为五类:消遣（Recreational）、转移注意力（Diversionary）、获取经验（Experiential）、试验（Experimental）、存在（Existential）。这些不同的体验方式代表不同的消费方式。[2]

3. "畅爽"（Flow）理论模型

这种理论提出了检验体验的标准——"畅爽"。该派的代表人物奇克森特米哈伊（Csikszentmihalyi）认为"畅爽"是一种全身心投入的状态,它使人忘记时间的流逝,意识不到自己的存在,全神贯注地参与,并超越自我。[3]

4. 有目的行为（Planned Behavior）模型

从行为理念、标准化理念和控制理念中预测目标导向的行为。这种模型主要是从消费者行为学的角度来剖析促使旅游者对诸如是否旅游、到何处旅游以及何时旅游、怎样旅游等问题做出决策的原因。该模型从行为理念、规范理念和支配理念三个方面来预知有目的的行为。行为理念被认为是影响人对某一行为所持的态度（如,对于参加一项活动是有利评价还是不利评价）。规范理念被认为是主观行为规范的基础（也就是感觉到的社会压力而实施某种行为）,而支配理念是为感知行为控制力而提供基础（也就是在实施某种行为时觉得容易还是困难）。

---

[1] 邹统钎. 中国旅游景区管理模式研究. 天津:南开大学出版社,2006
[2] Cohen E. A Phenomenology of Tourism Experience. Sociology, 1979（13）: 179—201
[3] Csikszentmihalyi Mihaly.Optimal Experience.Cambridge University Press, 1998

5. 局中人和局外人（Insider-Outsider）理论

该模型在早期认为旅游目的地的居民是局内人，而旅游者是局外人是无法理解或意识到代表旅游目的地温暖化的象征符号的。后来，随着社会关系的变化，旅游者和目的地居民的距离缩短。局内人和局外人的差别既是空间上的又是心理上的。它将那些试图深入了解目的地的旅游者称为有洞察力的局外人（Insight-Outsider）。①

（三）真实性理论对体验经济理论的补充

真实性（Authenticity）最初来自希腊语，意思为自己做的、最初的。1961年，伯斯汀（Boorstin）提出旅游体验真实性思想，认为旅游对象本身是真实的，人们所认为旅游体验真实是建立在旅游对象客观真实的基础之上的；由于商业化和游客的个人偏好，经过策划的特意组装好的、虚假事件的旅游是能给游客带来真实性体验的。该思想认为客观真实性是旅游对象的固有属性，可以通过一定的标准来衡量。

社会学家迦迪·迈肯尼尔（Dean Maccannel）于1976年在其著作《游客》（The Tourist）中首次将"真实性"引入旅游体验研究中，他把"真实性"作为区分游客不同体验的主要因素。获得真实的旅游体验被看做是游客旅游的根本目标。

此后对真实性的研究又分化出不同的观点，客观主义者坚持客观性真实，强调旅游者体验是对事物原形的认识性体验；建构主义者坚持建构性真实，强调旅游者体验本身的真实性，认为旅游目的物的真实性仅是象征意义上的真实；后现代主义坚持存在性真实观点，认为存在性真实是指生命的一种潜在存在状态，这种存在会被旅游者的活动所激活，存在性真实可能与旅游目的物的真实性毫无关系。

施密特和西蒙就体验的评价提出了整体印象的六个方面，即时间、空间、技术、真实性、质地和规格。真实性在塑造游客体验时十分重要，真实性的场景和人物有助于游客在游览中形成高质量的体验。

---

① Prentice, Richard C, Stephen F. Witt, Claire Hamer. Tourism as experience. Annals of Tourism Research, 1998,25（1）:1—24

(四)自然旅游体验真实性规律

西博德（Theobald，1998）认为，真实性意味着是真的，没有掺杂的、实实在在的事物，真实的自然环境是：原汁原味，没有污染；碰到其他游客次数、人数低于所认为的"可感知的承载力"；非商业化。

19世纪80年代初，美国林业局和土地管理局采用娱乐机会谱（ROS）来分析旅游体验的真实性。它通过比较五个因子：偏僻程度、面积大小、游客使用痕迹、使用密度和管理限制程度把旅游目的地分成六个等级：原野、半原野无机动车辆、半原野有机动车辆、有路网的自然环境、乡村和城市（见图3-8）。

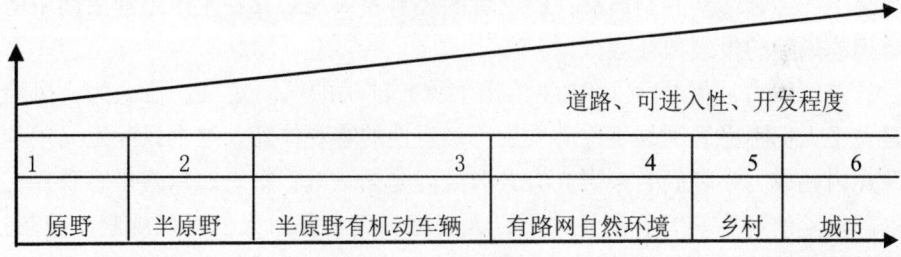

图3-8 旅游体验真实性规律图（根据ROS谱系图，有改动）

从旅游体验的真实性规律性来讲，人们在自然环境中旅游，最希望体会的是与城市完全不同的那种"纯自然"的感觉。原野旅游、探险旅游不同于传统的、大众的旅游浅薄体验，不注重旅游中的舒适，更注重融入真实的大自然。

第二节 风险管理理论

随着市场环境巨大的变化，顾客需求趋于多样化、个性化，企业面临一个变化迅速而且难以预测的买方市场，其外部环境比以往任何时候都更具动态特征和不确定性。风险已经成为金融理论、保险理论、管理理论和决策理论等社会科学领域的重要研究对象之一。控制企业环境中的风险和不确定性已经成为管理的核心问题。

随着探险旅游的兴起和迅速发展,探险旅游发展中隐藏的风险也渐渐显露出来,如何预警风险、控制风险,成为探险旅游研究的热点问题。风险管理理论逐渐成为探险旅游研究中的一个重要研究领域。

一、风险内涵的研究

早在19世纪,西方古典经济学著作就提出了风险的初步定义[1],认为风险是生产经营活动的副产品;经营者的经营收入是对其在生产经营活动中所承担的风险的报酬和补偿。

美国学者威雷特于1901年给出了比较准确的风险定义。他认为,风险是关于人们不愿看到的事件的发生不确定性的客观体现。这个风险定义中的两点内涵成为学者们后来研究有关风险问题的基础:第一,风险是客观存在的。风险的存在具有客观性,不以人的意志为转移,人们可以规避、控制、转移风险,但是不能够从根本上消灭风险。第二,风险的本质与核心是不确定性。风险事件的发生具有不确定性,影响的结果同样具有不确定性。

1921年,美国经济学家F.H.奈特在威雷特风险理论的基础之上进一步对风险与不确定性进行了明确的区分。

1964年,美国学者威廉和汉斯把人的主观因素引入到风险分析之中,认为风险虽然是客观的,对同一环境中的任何人都是以同样的程度存在;但不确定性的程度则是风险分析者的主观判断,不同的人对同一风险的认识可能不同。

20世纪80年代初,日本学者武井勋在吸收前人研究成果的基础上对风险的含义重新进行了表述:"风险是在特定环境下和特定时期内自然存在的导致经济损失的变化。"

乌尔里希·贝克(Ulrich Beck,1986)则视风险为"对现实的一种虚拟",

---

[1] Fischhoff B. Managing perceptions. *Issues In Science and Technology*, 1985 (2): 83–96

将风险界定为"认识、潜在冲击与症状的差异"。①

1992年，耶茨和斯通（Yates& Stone）更进一步提出了风险结构的三因素模型，②透彻地分析了风险的内涵。他们认为，风险是由三种因素构成的：(1) 潜在的损失；(2) 损失的大小；(3) 潜在损失发生的不确定性。耶茨和斯通（Yates & Stone）的风险三因素模型，从本质上反映了风险的基本内涵，是现代风险理论的基本概念框架。

尽管每一种风险定义都包含不确定性，但是也存在差异。归纳起来有以下四种观点：(1) 风险就是不确定性；(2) 风险是损失种类的不确定性；(3) 风险是某种损失可能发生的不确定性；(4) 风险就是不确定性水平。

二、风险管理理论的发展与研究

（一）风险管理理论的发展

为了避免事件发生的不良后果，减少事件造成的各种损失，即降低风险成本，人们引用管理科学的原理和方法来规避风险，于是风险管理（Risk Management）便应运而生。

风险管理始于战后的德国。

1931年，美国管理协会保险部开始倡导风险管理，并研究风险管理及保险问题。

1953年，通用汽车公司的一场火灾震动了美国企业界和学术界，这场火灾成了风险管理科学发展的契机。1963年，美国学者发表了《企业的风险管理》一文，引起欧美各国的普遍重视。此后，对风险管理的研究逐步趋向于系统化、专门化，使风险管理成为企业管理领域的一门独立学科。

20世纪七八十年代，风险管理迅速发展，美、英、日、法、德等国纷纷建立全国性和地区性风险管理协会。1986年，欧洲11个国家共同成立了欧洲风险研究会；同年10月，在新加坡召开的风险管理国际学术讨论会表明，风险管理已经走向世界，成为全球性运动。

---

① 乌尔里希·贝克等. 自由与资本主义. 浙江人民出版社，2001：119-120
② Yates J F, Stone E R. Risk appraisal. In J. F. Yates（Eds.）. Risk taking behavior. John Wiley & Sons Ltd., 1992: 387-408

美国成立了全国范围内"风险与保险管理协会"（RIMS），专门研究工商企业风险管理。"9·11"事件后，美国政府更加重视对风险管理，推出国土安全计划（Homeland Security Plan）。

（二）风险管理理论研究的特征

1. 垂向特征

垂向反映风险研究的层次演进。风险管理最初主要表现为保险型风险管理，其范围仅限于静态、纯粹的风险。20世纪70年代以来，英、法等欧洲国家的风险管理均由保险型风险管理逐渐发展为经营型风险管理；其内容不仅包括静态风险，而且还包括动态风险。风险因素易受时间影响的观念越来越被人们所认知。尤其是在项目风险管理中，大型项目建设周期长，导致风险因素显现波动性、连续性、阶段差异性和相互影响性，从而使得研究必须从动态的角度出发。在新的市场竞争环境下，企业已成为金融风险、产品风险、市场风险及供应风险的集合体，单一的静态研究或动态研究不足以全面考虑企业所面临的风险环境。综合运用各种风险分析技术和管理知识将是当前及今后风险研究的重要趋势。

2. 横向特征

风险管理技术的研究从三个不同的角度展开：（1）技术导向型风险管理（Technique-oriented Risk Management）；（2）财务导向型风险管理（Finance-oriented Risk Management）；（3）人文导向型风险管理（Humanity-oriented Risk Management）。技术导向型风险管理侧重于对实质性安全技术的管理，内容涵盖项目管理等；财务导向型风险管理注重风险对财务的冲击与原因分析；而人文导向型风险管理则关注人们对风险的认知（Perception）、态度与行为的分析，进而进行有效的风险沟通（Risk Communication）。

3. 纵向特征

风险研究方面主要体现两种管理观：一种是主观建构观，以心理学、社会学、文化人类学与哲学为基础，认为风险由人们特定的社会、文化因素所构成，随着不同的社会、文化背景的变迁而不断变化。其哲学基础，除心理学外，还采用后实证论（Post-positivism）。这种管理观追求构建一套相生相克的体系，谋求机制的平衡和强化，以达到强化管理主体抵抗威胁的能力。另一种管理观点是客观实体观，认为风险是客观存在的，风险可借用数理统计来进行客观测度。其理论基础是实证论(Positivism)，目标是降低风险水平。这种管理思维在保险精算、流行病学、安全工程、项目管理、经济学和财务理论等方面体现最为深刻。

(三) 风险管理的要素及风险管理程序

1. 风险管理要素

一个完善的风险管理系统应当包括三大基本要素，即威胁评估（Threat Assessments）、薄弱性评估（Vulnerability Assessments）和重要度评估（Criticality Assessments）。[①]

威胁评估（Threat Assessments）：是指在综合分析多种因素的基础上，识别和评估各种威胁，包括敌人的攻击目标、攻击能力、危害的程度及可能性的过程。为制定安全计划、优化资源配置提供依据，是重要的决策支持工具。

薄弱评估（Vulnerability Assessments）：是识别和确认实体结构（Physical structure）、人员防护系统、流程及其他易被恐怖分子或犯罪分子利用的环节，并提出减少或缓解这些薄弱环节的过程。通过薄弱评估，可以暴露出一个机构或组织安全系统的薄弱环节或未加保护的关键性基础设施，如供水系统、桥梁、管道等。通常这类评估是由一些由工程、情报、安全、金融、信息及其他系统的专家组成的专家小组来实施。

重要度评估（Criticality Assessments）：是通过分析目标的用途、重要性等因素来系统识别和评估重要资产和基础设施的过程。

三项评估构成风险管理有机统一的系统，单靠任何一项都不足以支持关键的判断和决策，而将三者综合运用，领导者和管理者就能做出明智的决策，有针对性地采取有效措施，从更深层次上抵御恐怖袭击或其他破坏性事件。

---

① Raymond J, Decker US. Homeland Security: Key Elements of a Risk Management Approach. http://www.gao.gov/new.items/d02150t

2. 风险管理程序①

明确重要资产、设施一旦遭受损失产生的负面影响；识别并刻画对特定目标的威胁；识别并刻画薄弱环节；综合测评；明确对策、成本以及二者的平衡关系。

三、风险分析模型及方法

目前，风险管理研究在金融风险分析和项目风险管理方面有比较成熟的研究结论与应用成果。

(一) 金融风险分析技术

国际上利用金融技术进行风险管理的方式，从最初的金融资产一般管理和杠杆管理、巴塞尔协议规定的静态规则管理发展到了现在以资产组合理论、期权理论和优化理论等为依据的新型管理方法。其中，资产组合理论和期权理论体现了现代风险管理理论的主流，资产组合理论包括市场风险披露机制、风险价值理论（Value at Risk，VaR）、信用风险披露机制和风险预警机制，在风险识别和控制方面起到了一定的作用。

信用风险研究始于 20 世纪 30 年代，到了 60 年代后就成为热点。目前主要有以下几种信用风险管理模型。

1. 专家系统模型与贷款评级分类模型

主要依赖主观分析或定性分析方法来衡量信用风险。模型存在主观臆断性较强，缺乏客观评价基础等的缺陷，而基于严谨统计分析的信用风险评估方法得到了更为广泛的应用。

2. 信用评分模型

在费舍尔（Fisher）进行了开创性的研究之后，多元判别分析、多元回归分析、逻辑回归（Logistic Regression）、因子逻辑法（Factor-Logistic）、数

---

① Pattakos AN. Do OPSC and Risk Management Mesh. *Security Management*, November, 1999

学规划、K临近判别、贝叶斯决策模型、聚类分析和存活分析等方法得到了大量应用。信用评分模型的突出优点在于具有较强的解释性，模型中变量的系数都具有一定的含义；其缺点在于统计方法一般都有较为严格的前提假设，如应用最多的多元判别分析法要求样本数据服从正态分布、等协方差，而且协方差、错分成本和先验概率均要求已知等。

3. 基于人工智能的模型与方法

随着信息技术的发展，近年来人工智能模型和神经网络方法被引入到风险评估领域，如模式神经网络、概率神经网络、扩展型学习向量量化器和多层感知机等先后得到了应用，并取得了一定的效果。但是，其难点在于网络结构的确过于复杂，并且解释能力相对较低。同时，决策树方法、遗传算法和非参数统计方法因其自身的优势也得到了应用。

4. 信用矩阵（Credit-Metrics）模型

信用矩阵模型是一种基于 VaR 的模型，通过搜集信用数据和构建信用变换矩阵（Credit Migration Matrix）等来估算风险值，目前已成为最具国际代表性的内部风险管理模型。此外，信用矩阵模型又派生出另一种风险评估模型，即信用风险（Credit Risk+）模型，以视风险违约为外生的泊松过程为内涵，适用于组合风险分析。

5. 风险管理的发展趋势——全面风险管理（ERM）

继摩根银行推出信贷矩阵、风险矩阵模型之后，许多大银行和风险管理咨询及软件公司已开始尝试建立新一代的风险测量模型，即一体化测量模型，其中有些公司已经推出自己的完整模型和软件（如 AXIOM 软件公司建立的风险监测模型），并开始在市场上向金融机构出售。全面风险管理的优点是可以大大改进风险——收益分析的质量。银行需要测量整体风险，但只有在建立了全面风险承受能力的管理体系以后，才有可能真正进行整体测量。

（二）项目管理风险分析技术

现代数学和计算机技术的迅猛发展为风险研究提供了大量的模型技术。项目管理风险技术及风险管理模型如下：

决策树：求出所有变量可能变化组合的净现值（NPV）或内部收益率

(IRR) 值，并画出概率分布图。方法的计算规模随变量个数及变化情况而呈指数式变化，要求有足够数据。

故障树分析法：一种演绎的逻辑分析方法，遵循从结果找原因的原则，分析项目风险及其产生原因之间的因果关系。

蒙特卡罗模拟法：用数学法在计算机上模拟实际概率过程，并加以统计处理寻求近似解。

计划评审技术（PEPT）：用网络图显示工序之间的相互依赖和制约关系，从中寻找风险症结。

影响图（Influence Diagram）：概率估计和决策分析的图形表示，将贝叶斯条件概率定理应用于图论，关于概率估计、备选方案、决策者偏好和信息状态的说明比较完整。能直观表示随机变量之间的相互关系。

效用理论：通过边际分析来度量风险。

敏感性分析通过分析自变量的变化来求取因变量的变化幅度，以反映风险程度。

综合应急评审与响应技术（SCERT）：通过活动——风险——响应图把活动、风险和对策有效地联系起来，以求实现风险控制。

风险评审技术（VERT）：计算机模拟风险决策网络技术，分析计划进度及最优路线，估算成功的可能性和失败的风险度。

随机网络法（GERT）：图示评审技术（Graphical Evaluation and Review Technique）允许有关活动的各参数具有随机性，并允许活动的实施具有随机性。

模糊分析法：以模糊集合替代原先的分明集合来对工程中的模糊因素进行分析评价。

灰色系统理论（Grey System Theory）：在随机风险率（系统本身固有的随机不确定性数学模拟）方法的基础上，强调对风险率的灰色不确定性的描述与量化。

计算机仿真：建立在蒙特卡罗法的基础上，在计算机上模拟工程系统实际执行的运行情况，对项目进行动态观察和统计，从而获得项目的风险分布，为管理提供决策依据。

层次分析法（AHP）：运用层次分析法进行风险因素识别和量化、重要性排序及风险度系统评价，并选择风险响应措施。

(三) 风险矩阵

另一种技术项目风险管理方法（风险矩阵法）在美国国防物资采办风险管理方面得到了广泛的应用。风险矩阵法是在项目管理过程中识别风险（风险集）重要性的一种结构性方法，也可用来评估项目风险（风险集）的潜在影响。这种方法是美国空军电子系统中心（ESC）的采办工程小组于1995年4月提出的。自1996年以来，ESC的许多项目都采用风险矩阵法来评估项目风险。

风险矩阵分析法的技术内涵在于，从项目的需求和技术可能性两方面进行项目风险（风险集）识别和风险概率计算，并构建风险矩阵，采用博尔达（Borda）序值法来确定关键风险，并处理风险结（Risks Tie），再运用风险矩阵应用软件（美国MITRE公司）来监控并实际降低风险。其优点在于可识别关键风险，并加强项目要求、技术与风险之间的相互关系分析，而且允许工业部门在前期就参与项目风险管理。

风险分析矩阵法在美国国防物资采办过程中受到了高度重视，并在实践中不断得到发展。美国航空航天局的伯恩斯（Burns）和努南（Noonan）等人提出了风险全息层次模型（Hierarchical Holographic Model，HHM）和风险过滤、排序和管理框架（Risk Filtering, Ranking and Management Framework，RFRMF）对高技术项目的风险进行量化分析[1]。巴尼·罗伯茨（Barney B. Roberts）提出了整体定量风险管理（Integrated Quantitative Risk Management，IQRM）理论，并力图在量化风险管理理论的基础上建立基于风险的决策支持理论（Risk-Based Decision Support，RBDS）。[2]

四、现代风险管理理论

(一) 风险价值，VaR模型

20世纪90年代起，以风险价值（VaR，Value+Risk）损失为基础的风险

---

[1] Burns J, Noonan J, Kichak L, et al. NASA risk assessment and management roadmap. Systems Engineering Capstone Conference, Hampton, VA, 2001:183—188

[2] Department of Defense, Defense Acquisition University, Defense Systems Management College Risk management guide for DOD acquisition. Defense Systems Management College Press, 2nd Edition, 1999:3—5

管理方法被提出并逐步兴起。风险价值是在既定头寸可能发生的市场价值的最大损失估计值，是给定置信区间下的某个持有期内的最坏预期损失。

风险矩阵（Risk Metrics）模型和信用矩阵（Credit Metrics）模型是 VaR 模型在市场风险和信用风险计量上的典型代表。这两个模型都由摩根（Morgan）提出。风险矩阵（Risk Metrics）模型是通过将资产分为股票、债券、外汇和商品分别求得各类资产的 VaR 值，从而计算所有资产的 VaR 值。

信用矩阵（Credit Metrics）模型则是通过利用历史的信用品质迁移矩阵，求得任何组合在资产的信用品质迁移的影响下其价值的 VaR 值。这些方法的缺陷在于它们将市场风险和信用风险割裂开来，因此后来出现了一些市场风险和信用风险集成的模型。

（二）整体风险管理理论 TRM

VaR 风险管理技术在风险定量计算上发挥着不可或缺的作用，但它也有明显的局限性，其中最重要的是 VaR 基于金融资产的客观概率，而没考虑其他因素。由于完整的风险管理包括风险识别、计量、管理和控制四个过程，而且对一定量风险进行控制是金融风险管理的最终目的，这必然要涉及风险管理的风险偏好和风险估价因素，所以单纯地根据风险可能造成损失的客观概率，只关注风险的统计特征，并不是系统的风险管理的全部。

金融风险管理的新进展即 TRM（Total Risk Management）系统就是在现有风险管理系统的单一变量，即在概率（Probabilities）的基础上引进另外两个要素：价格（Prices）和偏好（Preference）。谋求在三要素（3P'S）系统中达到风险管理上的客观量计量与主体偏好的均衡最优，从而实现对风险的全面控制。

TRM 技术克服了包括 VaR 在内的现有风险管理技术的基本弱点，将金融风险管理中的价格、概率、偏好三个要素综合起来进行系统的和动态的决策，从而可以实现金融风险与风险偏好之间的均衡，使投资者承担愿意承担的风险并获得最大的风险报酬。更重要的是它可以使由几个单个决策者组成的机构主体在风险管理中最大限度地控制风险，不至于由于某一决策者的行为而造成整个机构遭受过大的风险损失。所以 TRM 为完整的金融风险管理开辟了新的道路和视野。

（三）企业风险管理 ERM

企业风险管理（ERM，Enterprise Risk Management）的核心理念是：整个机构内各个层次的业务单位，各个种类的风险的通盘管理。ERM 系统要求风险管理系统不仅仅处理市场风险或信用风险，还要求处理各种风险，并且要覆盖到涉及这些风险的所有资产与资产组合，以及所有承担这些风险的各个业务单位。ERM 体系能一致地测量并加总这些风险，考虑全部的相关性，而不是分离的、不同的方法去处理不同的风险。

目前全面风险管理主要有美国发起机构（COSO）委员会风险管理模型、全球风险专业人员协会（GARP）风险管理模型和澳大利亚安全风险管理标准。

1. COSO 全面风险管理理论[①]

COSO 全称为"发起机构委员会"（Committee of Sponsoring Organization），它是一个自愿性质的私营机构。2004 年 9 月，COSO 委员会正式发布了《全面风险管理——整合框架》（*Enterprise Risk Management——Integrated Framework*）。认为全面风险管理是：全面风险管理是一个过程，它由一个企业的董事会、管理当局和其他人员实施，应用于企业战略制订并贯穿于企业各种经营活动之中，目的是识别可能会影响企业价值的潜在事项，管理风险于企业的风险容量之内，并为企业目标的实现提供保证。

COSO 全面风险管理框架（下称 ERM 框架）力求实现以下四种类型的目标：战略目标——高层次目标，与使命相关联并支撑其使命；经营目标——有效和高效率地利用企业资源；报告目标——报告的可靠性；合规目标——符合法律法规的要求。

全面风险管理框架包括八个相互关联的构成要素，分别是：内部环境、目标设定、事项识别、风险评估、风险应对、控制活动、信息与沟通、监控。企业风险管理随着时间而不断变化，曾经有效的风险应对方式可能会失灵，控制活动可能会变得无效或不再被执行，企业的目标也可能发生变化等。面对这些变化，管理者需要通过控制手段，以确定企业风险管理的运行是否持续有效。监控可以通过持续的管理活动、个别评价或者两者结合来完成。

---

① COSO Enterprise Risk Management Framework, http://www.erm.org

ERM框架包含三个维度：第一维是企业的目标，即战略目标、经营目标、报告目标和合规目标；第二维是全面风险管理的八个要素，即内部环境、目标设定、事件识别、风险评估、风险对策、控制活动、信息和交流、监控；第三维是企业的各个层级，包括整个企业、各职能部门、各条业务线及下属各子公司。

ERM三个维度的关系是，全面风险管理的八个要素都是为企业的四个目标服务的；企业各个层级都要坚持同样的四个目标，每个层次都必须从以上八个方面开展风险管理活动。该框架适合各种类型的企业或机构的风险管理。

2. GARP全面风险管理理论[①]

全球风险专业人员协会（GARP, Global Association of Risk Professionals）成立于1996年，是在英国老牌巴林银行倒闭、全球风险重要性开始凸显的背景下由风险专业人士倡议产生的专业组织。

GARP认为全面风险管理所要做的是了解从金融机构活动中所产生的全部风险同时去有效地管理这些风险，因而一个有效的风险管理方案会平衡风险管理结构和质量方面的问题。基于这一认识该组织认为全面风险管理框架应该包括策略、程序、基础设施和环境四个模组以及它们之间的融合。

GARP认为，风险管理任务主要包括以下六点：（1）把交易策略和风险管理策略结合起来，这样可以确保企业在预测并分散风险方面的优势；（2）建立风险管理过程，这个过程要便于公司组织内部对风险管理的理解和实施，并能主动支持公司的风险管理策略；（3）通过在组织人员指导和风险行为的支持系统之间的合理安排来提高风险管理的水平；（4）对各种类型的风险进行理性和动态的划分，合理地反映公司商业策略和外部市场环境所对应的风险；（5）建立一个风险和行为的衡量系统，这个系统要透明、可信、及时，并具有较强的可操作性，以实现个人行为与企业目标以及风险管理目标的统一；（6）强化组织的风险管理意识，重视风险管理的质量和持续性，提高企业风险承受的能力，满足顾客要求和增加股东收益。GARP全面风险管理的四个模组协调合作，共同负责完成以上六项风险管理任务。

---

① 马克·洛尔、列夫·博罗多夫斯基，陈斌等译．金融风险管理手册，机械工业出版社，2003：543－544

3. 澳大利亚安全风险管理标准 ISO 31000

ISO 31000 是以澳大利亚和新西兰风险管理标准《AS/NZS 4360: 2004》为基础,实现了安全、健康、环境与财务风险管理的一体化。由国际标准组织(ISO)风险管理技术委员会于 2009 年制订完成并公布。

ISO 31000 明确确定了风险管理的原则、框架和程序之间的关系。

(1) 确定了风险管理的 11 项原则:风险管理可以创造价值;风险管理是企业管理的组成部分;风险管理是决策程序的组成部分;风险管理可以明确地处理不确定性;风险管理具有系统性、组织性和适时性的特点;风险管理以最有效的信息为基础;风险管理具有适应性;风险管理应考虑人与文化的因素;风险管理具有透明性和包容性;风险管理应对变化作出有力和快速的反应;风险管理有助于企业持续改进和提高。

(2) 建立风险管理框架,框架包括:指令和承诺;风险管理框架的设计;风险管理的实施;框架的监测和评估;框架的持续改进。

(3) 建立风险管理程序。风险管理程序包括五个方面的活动:沟通与协商、创建背景、风险评估、风险处置、监测与评估。

在风险管理程序中,与内部和外部利益相关者进行沟通与协商是十分必要的。在早期阶段,应该制订一个与内部和外部利益相关者进行沟通和协商的计划,处理与风险本身、风险后果和应当采取的管理措施相关的问题。

通过创建背景,企业在管理风险、制订风险范围和标准时,能够充分考虑内部和外部的影响因素。创建风险管理程序的背景——风险管理程序的背景将根据企业的需求而发生改变,主要包括:明确风险管理程序责任;明确被实施风险管理活动的范围、深度、宽度;明确企业的特别计划或活动与其他计划或活动之间的关系;明确风险评估方法等。制订风险标准——企业应当制订评估风险重要性的标准。该标准应反映企业的价值观、目标和资源,与企业的风险管理政策相一致。风险标准应当在风险管理程序的开始阶段制订,并不断被修订。

风险评估就是指风险辨识、风险分析和风险评价的全过程。风险辨识——企业应当辨识风险的根源、影响的范围、潜在性的后果等。企业应当根据其目标和能力、面临的风险,去运用风险辨识工具和技术。风险分析——即对风险的理解,决定风险是否需要被处置,以及最合适的风险处置战略和方法。风险分析包括考虑风险产生的原因和根源,其积极与消极结果,这些结果发生的可能性等。风险评价——风险评价的目的是帮助在风险分析结果的基础上做出决策,哪些风险需要被优先采取处置措施。

风险处置的方法主要包括：通过决定不开始或继续能够产生风险的活动来避免风险；消除风险产生的根源；通过选择保留部分风险等。风险处置包括一个评估风险处置的循环程序,决定剩余风险的程度是否可以容忍。如果不能容忍,将采取新的风险处置方法。评估风险处置的效果,直到剩余风险达到了公司风险标准的要求。

监测与评估应当成为风险管理程序的计划部分,应当明确地规定监测与评估的责任。监测与评估可以包括日常检查或监督。

五、基于风险管理理论的探险旅游风险管理研究

(一) 国外旅游风险管理研究简述

基于风险管理理论,旅游风险研究萌芽于 20 世纪 70 年代,最初的研究主要集中于犯罪等社会不安全因素对旅游的影响。20 世纪 90 年代,旅游风险引起了较为广泛的社会关注,形成了旅游风险研究历史上的阶段性高潮。国外旅游风险研究主要集中在以下几个方面：旅游与恐怖主义、旅游与犯罪、旅游与战争、旅游与政治不稳定等,偶尔也涉及对景区游览风险、饭店火灾等偶发性风险问题的研究。从内容上看,多是从社会学角度对旅游风险展开具体层面的个案分析。

国外学者对探险旅游风险研究的重点放在探险旅游风险产生的原因分析、风险评估、风险控制、风险保障、紧急救援等方面。

克利夫特等人 (Clift et al., 1997)、维克斯和佩奇 (Wilks & Page, 2003) 及佩奇等 (Page et al, 2005) 通过对苏格兰的系列探险旅游活动及事故数据的专题研究,得出最具有风险的探险旅游活动是骑马、四轮越野车和雪上运动。

威廉 (William, 1999) 回顾了北美的登山事故,马尔科姆 (Malcolm, 2001) 报告了新西兰库克山国家公园的登山伤亡率,穆萨等 (Musa et al, 2004) 得出到珠穆朗玛峰国家公园 89% 的游客会受到高原反应、呼吸疾病以及肠道感染的影响。

本特利和佩奇 (Bentley & Page, 2001) 研究了新西兰的探险旅游事故,

首次将旅游者的人身安全作为风险评价的一个指标。他们讨论了在分析风险伤害问题时选取的变量因子，分别是事故发生地、事故种类、具体活动、住院天数、伤害程度、地理空间分布、事故年份及月份、年龄、性别，为此后系统的分析提供了框架参考，最后总结出高风险的探险旅游项目通常为独立的、无引导的旅游，例如登山、滑雪、徒步远足等。基于此，研究得出单独行动的探险旅游项目要比商业组织的项目发生事故概率大、风险高，同时要求伤害赔偿金额也最多。

本特利和佩奇（Bentley & Page，2007）对1996~2006年的7篇探讨新西兰探险旅游安全问题的文献进行了综合比较归纳，比较因子包括探险旅游伤害问题程度、不同种类探险活动的风险排序、探险旅游安全风险因素排序，在此基础上建立起了一个综合性的概念化模型。

2003年6月3日，世界旅游组织发布《旅游业危机管理指南》。世界旅游组织认为，旅游业危机管理的主要途径有四个：沟通、宣传、安全保障和市场研究。《指南》为各国旅游业处理危机和风险管理提供了可行的建议。

（二）国内旅游风险管理研究简述

1. 旅游风险管理研究简述

国内最早涉及旅游业风险研究方面的文章大约发表于1994年。在研究的初期阶段，比较有代表性的成果是裘新宝的《发展旅游保险业务之思考》。他从保险的角度对旅游涉及风险的范围进行了探讨。在此后几年中，旅游风险的研究并没有得到应有的重视，研究文献数量极少。

国内旅游风险研究真正兴起与发展是在1999年以后。当时旅游业的发展势头强劲，众多开发商盲目投资，这种投资在造成浪费的同时也带来了收益不确定性的增加，财务风险增大。针对这种现象，很多学者开始从投资风险的角度展开旅游风险研究，如梁明珠提出了观光农园式的旅游开发对于降低旅游开发投资风险的重要性。又如顾华详在《论西部旅游业引入风险投资的若干问题》、《论WTO环境下西部吸引风险投资发展旅游业》等多篇文章中，针对如何实现西部丰富旅游资源的转化、开发和利用问题做了详细的探讨，认为引入风险投资是降低西部地区旅游开发风险和投资风险的有效手段。

2003年"非典"发生之后，国内涌现的大量文献可以视为对旅游经营风险管理研究领域的拓展，如张广瑞、魏小安主编的《中国旅游业："非典"影响与全面振兴》一书，收集了"非典"发生后旅游业做出的相关研究，其内容涉及"非典"影响、应对措施、危机管理、形势判断、政策动态、振兴策略和国际借鉴等方面。

对"非典"的研究使业界人士真正意识到了旅游业的特性。如石培华、张吉林等人在《"非典"后的旅游经济重建与风险管理》一文中指出，"非典"疫情强化了旅游业"敏感产业"的特性，进一步凸显了我国旅游业发展中的几个"软肋"：旅游业的风险过度集中、旅游企业抵抗风险能力弱等等。学者们还对"非典"反映出的旅游企业的经营弊端及缺乏危机管理的状况进行了分析，并提出了相应的对策。如在《"非典"后旅游企业危机管理的问题与对策》一文中，赵阳建议旅游企业建立并实施危机管理预案：要以市场竞争中旅游企业危机的出现为起点，分析危机产生的原因和过程，通过识别、预测潜在危机，预先准备各种应急计划，尽可能阻止危机的发生、发展，并尽量将损失降到最小程度，以争取新的转机。

近年来，随着旅游业危机出现的领域不断增多，如生态风险、经营风险、文化风险、政治风险等各方面的风险不断涌现，学者们对风险的研究范围也因此而不断扩展。目前，学者们主要是针对具体的风险展开研究，这其中包括：黄建军开创性地对昆明旅游犯罪进行的实证性个案研究；赵书虹在《论中国发展国际旅游的风险与机遇》一文中对中国发展国际旅游风险的探讨；王宝恒在其《工业旅游的开发条件及风险提示》一文中，从主体、客体、媒介三方面对旅游风险进行研究，指出了工业旅游因自身局限性可能导致的开发风险。

唐代剑（2005）提出随着中国旅游业的迅速发展，其所面临的各种风险也逐渐显现。他从全球化进程中我国旅游业的现状出发，系统地分析在全球化进程中我国旅游业面临的各种风险，并探索相应的风险管理对策，如建立国家旅游预警机制、快速反应机制、完善公共信息披露制度和旅游风险保障机制，保障旅游企业及其相关产业顺利度过风险期和迅速恢复风险创伤。[①]

邓冰、吴必虎等撰写的《国内外旅游业危机管理研究综述》对旅游风险进行了界定与分类，指出旅游业风险是指影响旅行者对一个目的地的信心并扰乱继续正常经营的非预期性事件。

---

① 唐代剑. 全球化进程中我国旅游业的风险与对策研究. 林业经济问题. 2005，25（6）

王林在《论旅游决策风险的成因及对策》中讨论了旅游者决策风险的成因，指出旅游企业和旅游者是一对既相互依存又相互对立的矛盾体。而要解决这个矛盾，旅游企业就必须不断地完善自我，以旅游者需求为导向，树立良好的企业形象。

龙凌在《旅游企业特殊经营风险的界定及应对措施初探》中将旅游企业经营风险做了界定，并根据不同的标准，将旅游经营风险划分了不同的类别。

罗振军、佟瑞鹏（2008）在《旅游景区安全容量分析与事故风险评价》中指出，建立旅游景区事故风险评价指标体系，关键是要确立整个指标体系的概念框架和构造反映旅游景区风险管理水平各方面的具体指标。一般来讲，描述和衡量旅游景区事故风险水平等级通常主要从景区内在特征、服务管理质量和景区外部环境因素等3方面，兼顾景区内在条件和外部社会能力。

尚天成、赵黎明在《生态风险分析在生态旅游系统管理中的应用》中指出：在生态旅游开发与规划过程中，不可避免地会出现一些不利于生态发展的负效应，对自然生态系统产生一定的环境胁迫和影响，具有一定的生态风险。唐代剑、魏美才在《生态旅游的可持续发展研究》中系统总结了导致生态旅游开发风险的种种问题。唐代剑在《千岛湖旅游开发的生态风险及管理对策》中，以千岛湖为例分析了旅游开发导致的生态风险并提出了管理对策。

总而言之，国内旅游风险研究处于初级研究阶段，主要表现出以下特点：研究方向多元，研究方法单一，研究缺乏理论性研究和综合性研究，而且研究内容相对比较狭隘。

2．探险旅游风险管理研究

国内学者对探险旅游风险理论研究很少，只有个别学者对探险旅游风险进行了探索性的研究。

冯麟茜（2007）在《探险旅游风险控制研究》中阐述了探险旅游的概念、种类和旅游者探险旅游需求，在分析风险因素的基础上，从旅游者、旅游组织者和旅游相关政府部门三方面提出有针对性的控制方法。[①]

席建超（2007）认为旅游地风险是我国旅游业发展的重要障碍性因素。在深入考虑风险评估复杂性和不确定性的基础上，借助于灰色系统理论和风

---

① 冯麟茜．探险旅游风险控制研究．商场现代化，2001（24）

险评估理论,建立了经过层次分析法(AHP)修整后的旅游地安全风险灰色关联评估模式,并以国内10条重点探险旅游线路为例进行了实证研究。[1]

张传统(2008)提出当前人类社会已进入"风险社会",在"风险社会"中保障探险旅游的安全成为社会关注热点,政府主管部门和学术界开始重视探险旅游(旅游线路)安全风险评估;他将风险评估理论引入到探险旅游安全风险的评估与管理中,从风险管理模式构建、资源风险评级制度化、救援体系建设等方面,探讨研究探险旅游安全风险管理。[2]

邹统钎(2008)指出,探险旅游具有很大的危险性、冒险性与结果不确定性。冒险程度越高的探险旅游方式,其结果的不确定性就越大,对探险技能要求也越高,发生危险和财产损失等意外事故的可能性就越大。一旦发生伤亡事故,就会对旅游目的地的形象和知名度带来不可弥补的影响,因此探险旅游的风险管理是探险旅游组织中非常重要的环节。[3]

徐广海、倪恰亚(2008)在《论体育旅游的风险及风险管理》中指出,体育旅游中存在的风险,为降低和控制体育旅游的风险,从而促进体育旅游活动的顺利开展,需要进行风险管理。而体育旅游的风险管理实际上就是运用风险管理的技术,在对体育旅游过程中的风险来源进行识别、风险后果进行评估的基础上,采取恰当的策略与措施对风险实施有效的控制和恰当的处理,达到以最小的成本获得最大安全保障的管理活动。

第三节 安全管理理论

一、安全管理概念的演化

安全生产问题是伴随着生产和技术的发展而发展的,安全管理的理念也

---

[1] 席建超等. 旅游地安全风险评估模式研究——以国内10条重点探险旅游路为例. 山地学校,2007(3)
[2] 张传统. 探险旅游安全风险管理研究. 商场现代化,2008(14)
[3] 邹统钎. 中外旅行目的地比较研究. 旅游教育出版社,2008

伴随着人们对安全生产的理解的不同而逐渐变化。国外学者从不同角度对安全理论进行研究探讨。

(一) 从事故视角来研究安全管理

安全管理被看做是能够保证人们身体不受到伤害和损失、财产不受到损失，更好地应对不利的环境的系统机制。

海因里希（W. H.Heinrich，1980）较早地提出安全管理的理念，详细地阐述了工业事故发生的因果论，提出了一系列安全管理问题，如"不安全行为的原因"、"安全与生产之间的关系"等，该理论被称为"工业安全公理"（Axioms of Industrial Safety）。

国际电工委员会（IEC）制定的61508标准（1998~2000）认为，安全管理是通过管理能够在无法预料的人身伤害、危害健康导致的事故风险中，或者直接间接由于危险环境所导致的风险和财产损失中，保证人、财、物的处于安全状态。

丹麦标准协会（2003）认为，安全管理是管理危险的方法。这种视角把安全管理等同于事故管理和风险管理，较容易理解，缺点是考虑问题的因素比较单一。

拉尔斯·哈姆斯（Lars Harms-Ringdahl）（2004）认为，针对不同类型企业，对安全管理的理解不应该相同，提出了两类安全管理的理念：一种简单地说明了安全管理的功能，适用于普通中小企业；另一种强调了对安全生产的系统管理，适用于大型高危险性企业。由此可以看出，人们依据实际生产工作的需要会对安全管理有不同的理解，不存在适用于所有企业的统一模式。

(二) 从系统视角来研究安全管理

企业管理理论的发展使得学术界开始从企业管理的视角研究安全管理，把安全管理视为企业管理的一个组成部分，利用企业管理的理论对安全管理进行研究，这是传统管理理论的研究。但随着现代工业生产规模的扩大，企业生产中蕴涵的风险越来越大。由此，对安全过程实施系统监控的要求日益强烈，系统安全管理的理念开始成为安全管理研究的主流。

米奇森等（Mitchison, et al., 1997）认为安全管理是决定和实施安全政策的全部管理功能，包括活动、主观行为、计划等的整个过程，它关注于技术、人和组织方面，包括组织内的所有个人的活动，这些安全管理因素往往形成了安全管理系统。这种观点容易造成安全管理与企业管理的混淆，不能体现出安全系统的特性，从而很难形成有针对性的管理措施。

鲁斯穆森（Rusmussen, 1997）认为，随着科技的快速发展，整个社会也变成为高风险的社会技术系统，该系统受到复杂的组织管理和经营，同时面临着极不稳定和动态环境条件，如市场竞争、经济政治压力、法律、社会安全意识的觉醒。而这些因素构成了现代社会的动态特征，而且持续地不断地影响着工作实践和人们的行为。因此，他从系统控制论角度来研究安全管理，认为组织、管理和经营结构构成了安全事故的前提条件，从而建立了"结构和动态"的结构层次安全管理模型。

罗纳德（Ronald, 1998）提出了现代安全管理程序应包括的几方面：以人为本的文化、积极的安全领导/管理部门、工作设计和人机设计、安全培训和激励、有力的管理和健康促进程序，认为在现代安全管理中管理和监督部门应积极持续的支持健康安全计划，鼓励员工参与实施降低伤害率的行为。这种安全管理理论提出的全员管理和全过程管理的安全管理新思路，体现了系统安全管理的思想。

古吉特等（Gurjeet et al., 2004）提出航空组织在设计安全管理系统时，安全管理系统的效能依赖于有效地弥漫于组织结构中的积极的安全文化，使安全文化成为安全管理的重要手段。通过安全文化行为提高安全系统各部分的效能开始进入安全管理专家的研究视野。

系统安全管理把安全管理视为对"员工"、"设备"、"环境"、"制度"构成的安全系统的管理，以协调的观点来看待安全管理过程。由此，安全系统性能的逐渐改善得到重视，通过组织学习来实现这一目的成为安全管理研究的重点。

（三）从管理效能视角来研究安全管理

安全管理的最终目的是实现安全系统的高效运转，以减少作为被管理对象的企业安全生产体系的事故损失。但对于作为最终目的的安全管理效能的理解并不相同，学者们都在自己的研究框架内进行着相关研究，所以需要进行归纳整理。

蒲柏等（Pope et al., 1980）关注安全管理的功能，主张通过回顾整个系统的细节来界定可能的失效模式及它们对于安全系统的影响，指明在已存在的政策、方向、目标或实践中存在的潜在不足，该研究成果表明，安全管理的作用在于审视整个安全管理系统，而不单单审视一次行动的错误。该研究成果把研究的视角定位为大量事故的统计分析，其研究结论表明事故统计分析对于研究安全管理功能具有重要的作用。

皮特森（Petersen，1996）研究了"安全系统效能"，提出了"持续改进能力"、"建立合理文化的能力"、"改善管理者技能的能力"、"改善员工技能的能力"、"改善操作者行为的能力"、"改善物质条件的能力"六个方面的能力。该项研究实质上是对企业安全管理测度方法的概括，提出了通过有效的事故调查识别安全问题，但该项研究主要侧重于事件分析，没有利用事故统计结论来反映普遍规律。

斯滕（Steen，1996）认为，安全绩效的持续改进可以扩展安全系统的积极输出，减少消极输出，使安全管理系统在效能（Effectiveness）、效率（Efficiency）方面得到持续改善。该项研究又进一步分析了安全管理系统评估的两种方式——自我评估和外部评估。该项研究提出以评估作为提升企业安全管理水平的重点手段，通过安全管理的评估来识别安全管理的现状和未来发展趋势，这种观点为改进企业安全管理绩效提供了指导，奠定了企业安全管理能力研究的起点。

经济合作与发展组织（OECD，2003）提出了安全管理绩效指标，指出"安全管理系统应当从安全政策出发提供结构化的方法以达到企业良好的安全绩效"，并提出衡量安全管理绩效时应同时使用"行为指标"（Activities Indicators）和"结果指标"（Outcome Indicators）。

安全管理评估在国内外安全管理实践中也得到广泛的应用。美国杜邦公司（1996）的流程安全管理（PSM，Process Safety Management）提出通过"安全文化"、"管理领导能力和行为"、"综合的PSM程序"、"运作的优秀"等步骤衡量安全管理的有效性。

（四）从组织错误来研究安全管理

由于安全管理效能的相关研究存在一些不足，近年来一些学者开始从安全管理效能的相反方面开展研究，通过对"不安全因素"的研究去反映企业安全管理水平，即由不安全的角度去研究安全问题。

从不安全的角度揭示安全管理问题起源于对"人误"的研究,其典型代表是丹麦瑞索国家实验室(Risoe National Laboratory)的心理学家拉斯穆森(Rasmussen,1974)。他根据认知心理学的信息加工理论将人误分成相应的技能基、规则基和知识基三类,开创了个体安全知识缺陷研究的先河。

20世纪90年代,英国曼彻斯特大学的瑞森(Reason,1995)把"人误"的研究引向"组织错误",提出了管理失效(Management Failures)的概念,认为事故的直接原因只是事故的触发器(Trigger,)隐藏在事故背后的管理失效等潜在错误的威胁性最大。

德国柏林工业大学心理学系的维尔波特等(Wilpert et al.,1993)主编的《危险工作系统的可靠性与安全》一书,汇集了许多著名心理学家对潜在失效的观点,"组织错误"(Organizational Errors)的概念得到了理论界的广泛认同。

(五)从组织学习角度来研究安全管理

安全科学研究注重从事故分析中获得经验,以此改变不安全行为。这种理念与组织学习不断修正错误的过程具有相似性,安全科学研究领域很早就注意到在企业安全管理中应用组织学习理论。

荷兰代夫特大学的安德鲁·黑尔(Andrew Hale)较早地把组织学习应用于安全管理领域。早在20世纪70年代就曾提出,安全管理程序(Safety Management Program)必须始终经过操作实践中的组织学习过程来校准。

1997年,安德鲁·黑尔等人(Andrew Hale et al.)出版了《事件分析——从事故到组织学习》(*After Event — from Accident to Organizational Learning*)一书,从哲学层面、方法论层面和实践层面详细探讨了组织学习对改善安全管理的影响,并模拟阿吉里斯和熊恩的组织学习循环建立了安全管理系统的三个学习阶段(图3-9),提出通过三个阶段的学习循环可实现改善安全管理系统绩效的目的。

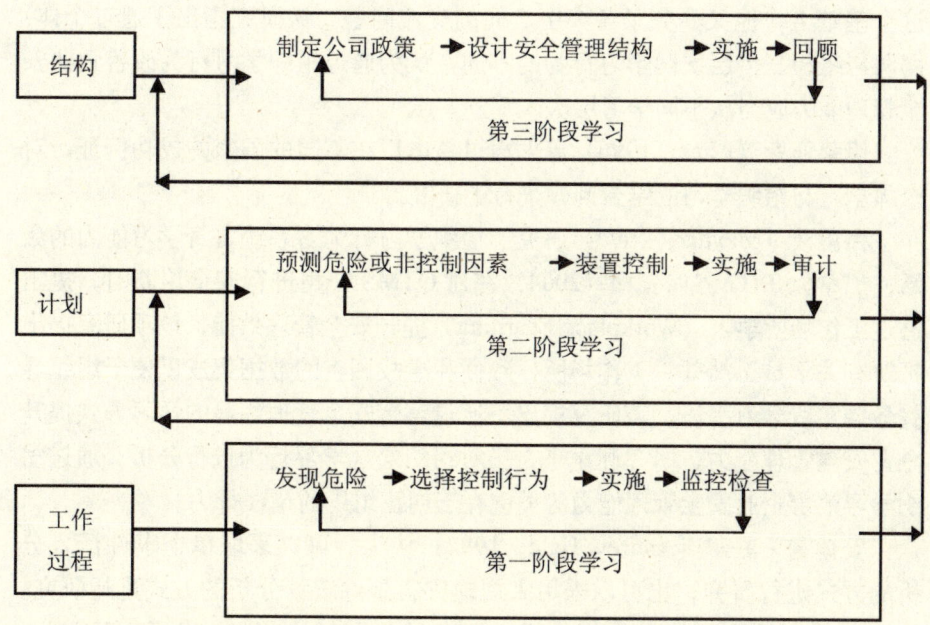

图 3-9 安全管理系统中的学习环

资料来源：Bernhard Wilpert. After the event: What nest.Andrew Hale, Bernhard Wilpert, Matthias Freitag. After the event: From accident to organizational learning. Oxford; New York: Pergamon,1997: 233-244.

厄尔伍和古菲（Erev & Gophe, 1995）等人提出利用信号检测模型（Signal Detection Theory，SDT）研究了个体在不安全环境中的安全与生产行为模式，阐明了个体通过与环境的博弈过程获得了安全知识。他把人的行为分为安全行为和生产行为两类，把环境状态分为安全状态和风险状态，通过人在不同环境状态下采取不同行为的增强反馈机制，描述了个体获得知识和经验的过程；同时还对存在两个人一起工作的信号检测模型进行了研究，认为通过此过程实现了个体学习向组织学习的转化。该项研究对于个体学习行为及个体学习向组织学习转化提供了定量分析工具，为研究组织学习的各层次递进过程提供了理论指导。

贝克（Becker，1997）提出多层学习体系学习偏好是不相同的，底层倾向于处理文件化的因素，层次越高则越倾向于处理非文件化的组织因素。在这个基础上，他又研究了各个层之间的交流问题。该研究指出了通过个体、团队与组织三个层次间学习行为的不同，认为通过组织学习行为改善企业安全管理能力应当从不同学习层次入手。

伊莱亚斯（Elias，1996）等人通过核电厂在不同的国家的成功例证，对个体学习与组织学习的结合问题进行了研究。

梅恩茨（Mayntz，1997）研究了组织学习行为对系统自身学习能力的激活。加拿大 TTG 咨询公司（2004）在对 QTMS 公司进行安全诊断时，提出通过工作场所学习（Workplace Learning）提升安全管理效能，该项研究提出把所有关于员工绩效、工作场所一致性和事故调查的数据集成以便于组织寻找最佳实践学习手段。该研究提出了通过整合安全管理经验的学习方式提升企业安全管理能力，研究侧重点在于对组织层次学习行为进行分析。通过组织学习改善企业安全管理能力的关键在于纠正组织的错误行为。

安德鲁·黑尔（Andrew Hale，1997）认为，可以采取单个事件深入分析的方式进行研究，也可以采用大规模灾害事件统计分析的方式进行研究。这为利用事故案例统计分析结果的研究提供了理论指导。伍伦（Vuuren，1999）认为，人们能从自己的失误中学习对事故分析具有重要作用。布兰可等（Blanco et al.，1996）认为，通过事故分析可以增强组织学习；克尼富（Koornneef，2000）对组织从小规模事件（Small-scale Incidents）中学习的方法进行了研究。库沃（Kovoor，1995）提出了"过去的组织危机"、"组织所在产业中或其他产业的危机"、"未遂事故"等提升企业危机管理能力的学习途径。从各种规模事件中学习的思想表明，任何事故都可以提供学习机会，应当充分利用事故中的信息去发掘组织错误因素，并通过适当的方式予以弥补，从而达到提升企业安全管理效能的目的。

还有学者从事故的角度对组织学习行为进行了相关研究。丘拉同（Choularton，2001）通过实例验证灾难中的学习行为；特诺伍等人（Ternov et al.，2004）通过对瑞典马尔默（Malmoe）航空管理中心 43 份未遂事故报告的试验性研究，提出了企业安全管理能力增长的组织学习途径；一些学者研究了安全管理中组织学习的障碍，通过研究发现，由于个体、团队和组织不安全行为较难改变，组织学习不可避免地存在各种障碍，需要组织采取各种积极手段克服这些障碍。

二、主要安全管理理论和模型分析

自美国工业安全管理专家海因里希（Heinrich.H.W）提出安全管理理论以来，安全管理科学在西方得到了长足发展，产生了大量安全管理模型，有代表性的主要有多米诺事故理论模型、事故——事件原因模型、流行病学模型、萨里模型和系统模型。

（一）多米诺事故理论模型（Sequential Accident Models）

"多米诺事故理论"最早是由现代安全管理之父——美国工业安全管理专家海因里希于20世纪30年代初提出来的。

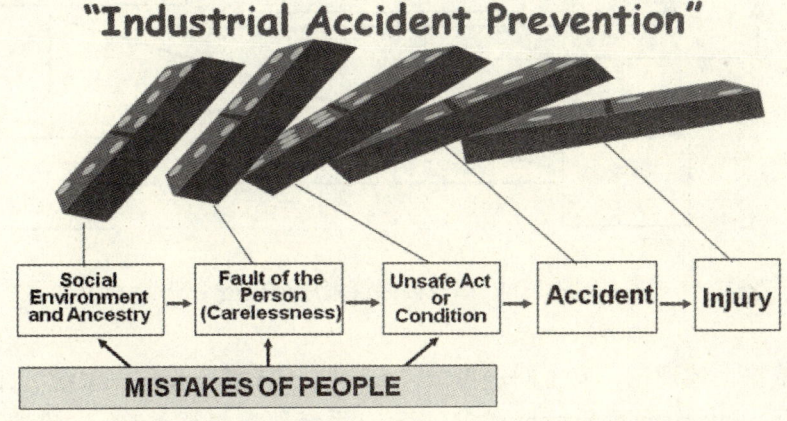

图3-10 多米诺事故理论模型（Domino Theory Model）

该理论认为，引发事故因素就好比一个个竖立起来按直线排成一行的多米诺骨牌，一件依附于另一件，一件跟随着另一件，一旦第一块骨牌倾倒，就会促使全部骨牌一一倒下，从而导致事故的最终发生（见图3-10）。在海因里希按序排列的叙述中，原来描绘成多米诺骨牌的因素有血统和社会环境、本人的过错、不安全的行为和（或）不安全的机械设施或劳动环境、事故、工伤。这个原理还解释了事故预防计划怎样和为什么能够奏效。那就是通过预防消除了导致产生事故（即一种不安全的行为或不安全状况）的某个因素，从而切断"事故序列"。①

海因里希就此提出事故因果连锁模型（Accident-Causing Theory）（见图3-11）。他认为伤亡事故的发生不是孤立事件，尽管伤害可能在某瞬间突然发生，但却是一系列事件相继发生的结果，人的不安全行为与物的不安全状态是安全事故发生的直接原因，管理失误是间接原因，却是本质的原因。

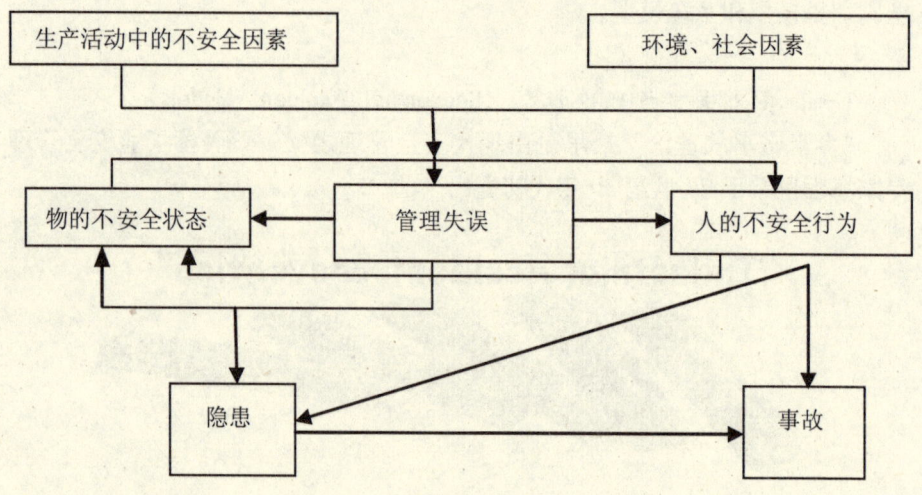

图3-11 事故因果连锁序列模型

依据上述理论，安全问题形成"人—机—环境—管理—系统"（Man-Machine-Environment-System 或 MMES），系统要素包括：人——人的不安全行为是事故的最直接的因素；机——器械、设备的不安全状态也是事故的直接因素；环境——不良的活动环境会对人的行为和机器设备产生负面的影响；管理——管理的欠缺是事故发生间接的但却是重要的因素，因为管理对人、机、环境都会产生作用。

---

① Heinrich HW. Industrial accident prevention. 5thed. New York : McGraw2Hill , 1980

(二) 事故－事件原因模型 (Accident—Incident Causation Model)

在海因里希研究的基础上，彼得森（Petersen，1971）等安全管理专家对事故发生原因问题进行了进一步探索，并在人为因素事故理论（见图 3-12）的基础上，建立了事故－事件原因模型理论[①]（见图 3-13）。

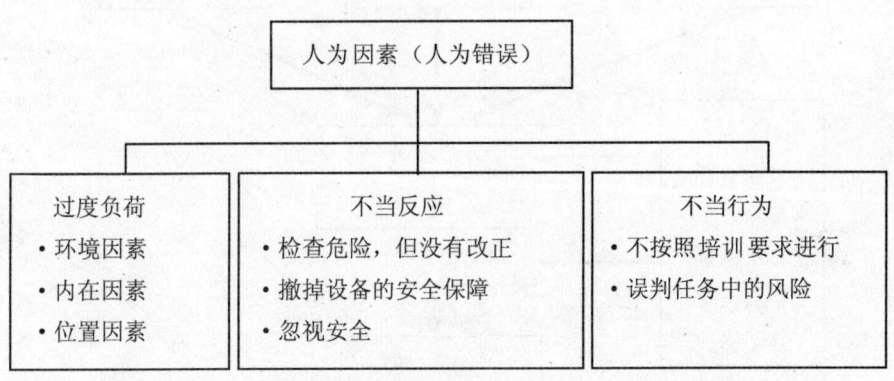

图 3-12　人为因素事故理论模型（Ferrel Theory Model）

该理论模型认为，引发事故的原因并非如"多米诺事故理论"所认为是单一的，而是存在许多因素，其中人为错误和系统错误是导致事故发生的直接原因。

---

① Petersen D.Safety by objectives. River Vale, 1978

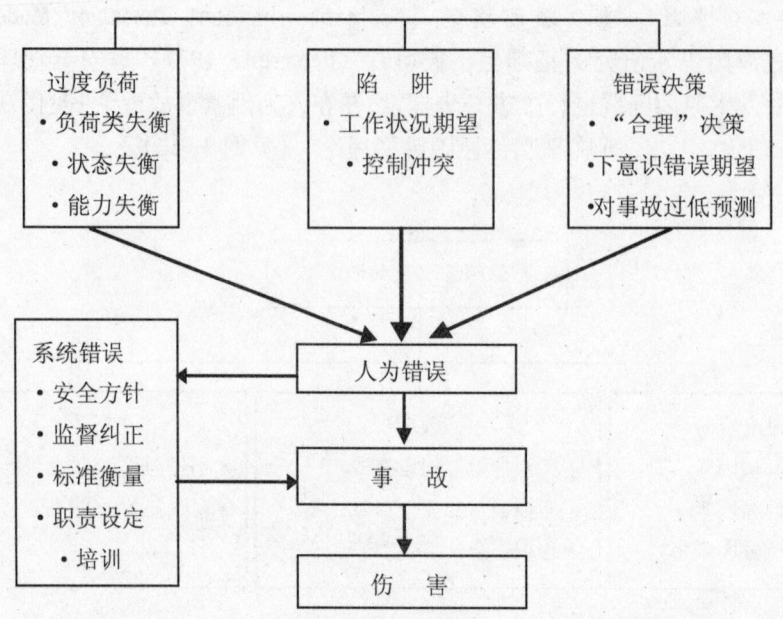

图 3-13 事故-事件原因理论模型

在人为错误的背后,存在着过度负荷、陷阱和错误决策三个更宽泛的类型。

过度负荷被定义为"在一种情况下,与负担能力的不匹配",这种不匹配主要来自于负荷、状态和能力三大类别中各因素的失衡。其中,负荷包括了作业信息处理环境和作业危机情形等;状态包括动机、激励、态度和生物节律四项内容;而能力则主要取决于身体状况、心理状态、工作环境、技能知识等。

陷阱产生于以下两种因素,一是由个人力量和心理感觉等产生的工作状况期望;另外就是由个人能力、期望以及相互间的冲突导致的控制冲突。

错误决策主要来自于三个方面:一是在工友压力、上级标准、个人价值观等个人情境下产生的所谓"合理"决策;二是意识倾向、心理问题所产生的下意识错误期望;三是对易发生事故的过低预测。其中,所谓"合理"决策是导致错误决策主要因素来源,使得雇员经常有意识或无意识地做出一些错误决定。

系统错误内容主要包括安全方针、标准衡量、职责设定等内容,其根本上其实也同样来自于人为失误。

(三) 流行病学模型 (Epidemiodogical Model)

传统安全管理理论注重环境因素的作用，而流行病安全理论注重从研究事故和环境之间的关系来进行安全管理的研究（见图3-14）。对于流行病学研究的目的，一般被描述为对疾病或其他生物过程（可能是事故）与特殊自然界之间因果关系的寻找。以萨其曼（Suchman KD）为代表的流行病学模型研究者认为，事故也会传染且其与传染病特征具有相似性。[①]

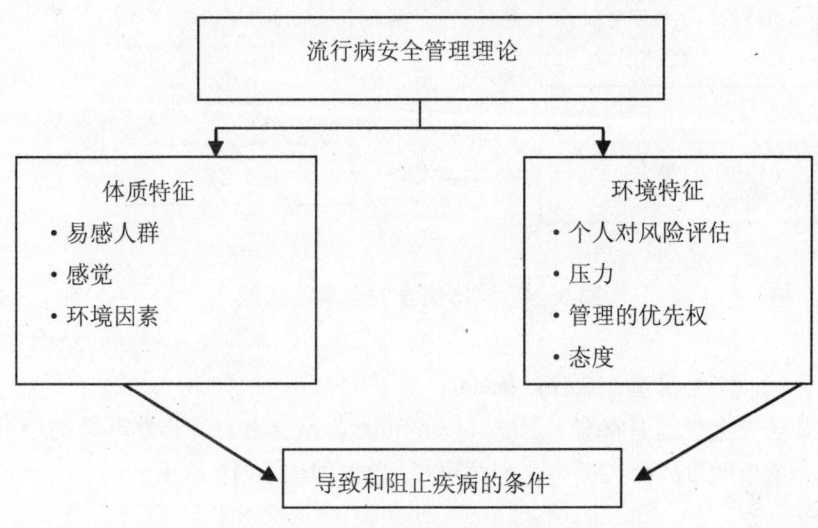

图3-14 流行病安全管理理论

在该模型中，传染者、危险环境和致病因子及其相互影响构成了传染病即事故发生的基础条件。尽管如此，这些基础条件还不足以直接导致事故的发生，对风险防范能力的低下和对严峻形势的错误评估才是事故发生的直接因素。这些无意识行为所造成的不可避免意外事故的结果体现便是伤害和损失的产生。该模型在流行病学理论基础上，通过研究事故现象中的事故与环境等主体之间的相互关系对事故是怎样发生的以及为什么会发生做出了回答（见图3-15）。

---

① Suchman KD. *Industrial accident research*.Labor Safety Council,1967

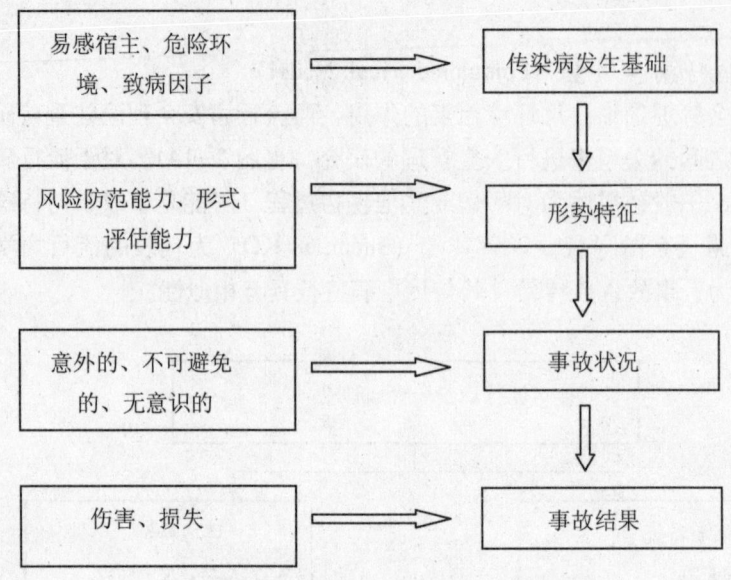

图 3-15 流行病学安全事故模型

（四）萨里模型（Surry Model）

著名安全管理专家简·萨里（Jean Surry）从作业者和作业环境的角度提出了一个新的事故因果模型，即萨里模型[①]，如图 3-16 所示。

---

① Surry J.Industrial accident analysis &prevention research.Washington:Labor Safety Council, 1971

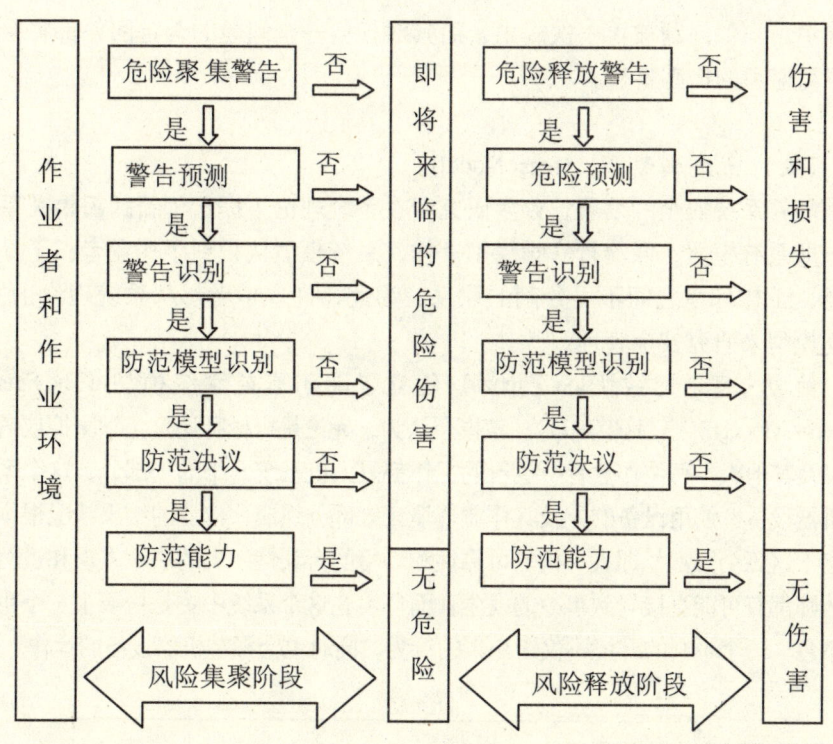

图 3-16 萨里模型

萨里模型用两个相似的循环体系把三个基本阶段时期连接起来。第一个是危险集聚循环，第二个是危险释放循环。也就是说，首先该模型从一种安全的情形中建立了一种危险情形；然后这种危险得以释放，从而造成伤害或事故结果。在这两个循环体系中，萨里对人的行为进行了分割，包括对危险的预感（感知）过程、对危险的认识过程和生理反应过程这样三个过程，其中每个过程又细分成多个小单位。对危险的预感过程包括危险集聚警告和警告预测两个单位；对危险的认识过程包括警告的识别、防范模型的识别和防范决议三个单位；生理反应过程指的是防范能力单位。而三个阶段则指的是环境（不仅包括空间上的，还包括时间上的）、人对环境的反应和由此所造成的结果。

该模型认为，在特定环境中，该危险处境是由于个人行为或是非行为反应造成的。在危险集聚循环中，如果对于一个问题的回答是否定的，则危险将要来临；否则危险将不会增长，且不会发生伤害事故。同样，在危险释放循环中,类似问题被再一次提出,而其对任何一个问题的否定回答都将会导致不可避免的伤害事故。

(五) 系统模型(Systems Model)

随着系统安全的发展,许多研究者在系统理论下提出了新的因果关系原理,即系统模型。像流行病学模型一样,系统模型认识到了作业者、工具和机器、工作环境之间不可分割的联系。为此,许多学者都从系统理论出发,构建模型来研究安全管理。

鲍勃·菲尔恩兹(Bob. Firenze)建立了菲尔恩兹系统模型(The Firenze Systems Model)[①](见图3-17)。该模型认为,无论是机械师还是化学家抑或铸造者以及其他人,每位作业者所执行的工作都是人机系统网络的一部分。这个系统由机器设备、使用设备的人及其作业环境三大部分组成,作业的结果状况根本上决定于这三个因素,即人—机的可靠性和环境的有利性。人的决策失误和机器设备故障都有可能直接导致事故的发生,而环境在这个系统中更是扮演了一个重要的角色,一个不利的环境不仅影响人的行为,同时也会影响机器设备的运作。

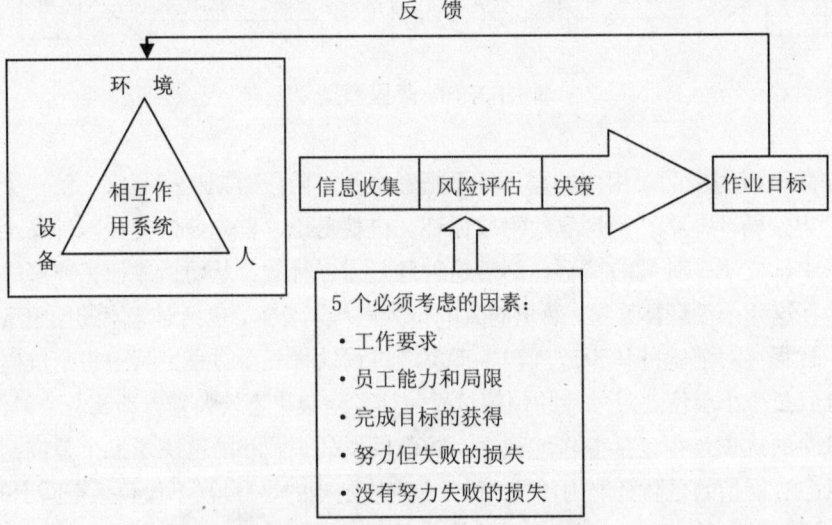

图3-17 系统安全管理理论模型

从人、机器、环境系统到目标即作业这一过程中,中间必须经历决策和

---

① Firenze B.Labor Safety System Research.Safety Science Journal,2001,45(2):31—37

由此带来的风险两个过程。也就是说,为了使系统实现目标运作,首先人类单元必须做出决策,在这些决策基础上,人们为了实现目标,个人可能会承担一定的风险。在一般情况下,信息越准确、可靠,决策则越有效,因而风险就越小,安全作业目标越容易实现;反之,则决策越无效,风险增加,从而可能导致事故的发生。因此,该模型认为,为有效预防和控制事故的发生,应为作业者提供大量准确可靠信息并增加培训,以提高其决策的有效性,降低风险,同时保证机器设备的可靠性并提供一个良好环境。

但是,在一定压力条件下,即使具有足够的决策信息,也不能杜绝事故的发生。这是因为,决策者在诸如生理、心理等压力下,可能会因对信息的错误分析和判断导致无效决策而带来风险,引发事故的发生。

三、安全管理理论下的探险旅游安全管理理论研究

(一) 国外探险旅游安全管理研究简述

国外的旅游安全研究"萌芽"于20世纪70年代,对旅游安全和针对旅游者犯罪的研究是国外最为关注的课题之一。

1989年4月,世界旅游组织发布了《海牙旅游宣言》,将"旅游安全"作为重要原则。

1995年6月,国际社会在瑞典召开了"旅游安全和风险国际研讨会(Talk at the Top: International Conference on Tourism Security and Risk)"。

1997年9月,在克罗地亚召开了"战争、恐怖主义与旅游:危机时代及其恢复(War, Terrorism, Tourism: Times of Crisis and Recovery)"研讨会。

经过近30年的研究,国外旅游安全的研究范围已经得到了相当大的扩展,具体包括:旅游与恐怖主义(恐怖主义者攻击旅游者的动机、旅游与恐怖主义的关系、恐怖主义对旅游的影响,减少旅游者危险的解决方法以及针对恐怖主义的旅游市场营销问题)、旅游与犯罪、旅游与战争(战争对旅游的影响及其与旅游的关系)、旅游与灾害、旅游与政治动荡、旅游与政治的关系(政治不稳定对旅游地旅游发展及国际旅游的抑制作用,如斐济一度是全球度假旅游的热门国家,但其2000年的政权更迭,导致旅游市场连受重创)、旅游与健康等,这些安全因素都导致了旅游市场的低迷。①

---

① 张进福,郑向敏. 旅游安全研究. 华侨大学学报(人文社会科学版), 2001 (1)

总体而言，国外学者基于安全管理理论，重点研究探险旅游安全保障机制。主要从游客、组织者及探险旅游管理部门管理的角度切入探求保障体制的建立。

（二）国外探险旅游安全保障机制研究

国外学者基于安全管理理论，重点研究探险旅游安全保障机制。主要从游客、组织者及探险旅游管理部门管理的角度切入探求保障体制的建立。

与常规性的旅游相比，探险旅游者需要从技术、体能以及心理都要做好准备（Ewert,1997、1989；Martin&Priest，1986；Hall&Weiler,1992）。因此对游客的管理是探险旅游安全管理的重要部分。旅游管理部门应协同探险旅游组织或督促探险旅游组织做好安全预警。探险旅游涉及面广及诸多复杂因素，所以政府需要发挥主导作用。要做好安全预警，政府首要做的就是对探险旅游资源进行风险等级评定（Tim Bentley,Denny Meyer,Stephen Page&David Chalmers,2000）；卡伦德和佩奇（Marie Callander&Stephen J.Page,2003）以新西兰探险旅游活动的安全和管理为着眼点，调查了发展中旅游法律支撑框架，讨论了经营者与旅游事故的责任关系，倡导安全经营和规范立法。

（三）国内探险旅游安全管理研究

旅游安全对于旅游者、旅游经营者以及旅游管理部门来说，都是不可逃避的话题。探险旅游作为旅游的一个细分市场，其特性决定了探险旅游安全是首要问题。因此，国内对旅游安全管理的研究主要局限于安全预警、安全监控、旅游救援、旅游保险以及旅游法规和教育培训等六个方面，着重从游客、组织及旅游管理部门管理的角度切入探求旅游安全保障机制的建立。

1. 游客角度的研究

旅游者个人因素是探险旅游事故发生的一个重要原因（冯麟茜，2007），侯国林（2005）、张进福（2006）、刘德谦（2006）等学者的研究指出，由于旅游者的不安全行为与安全意识薄弱导致发生的事故占到多数。因此，对游客的管理是探险旅游安全管理的重要部分。

2. 组织角度的研究

目前组织探险旅游主要通过四种途径：个人、网络、俱乐部、小旅行社。组织程度低，但却发挥着关键作用，这是我国探险旅游最明显的特征。

探险旅游俱乐部，一般承担着探险设备的供应，设备因素在探险旅游风险因子中也占有较大比重（王小利、张树夫，2006）。

将安全系统基本原理和方法引入到旅游行业的管理中，同时从系统论和旅游地理学的角度，把旅游安全作为一个风险系统进行研究；认为旅游安全风险系统是由旅游者与旅游景区环境共同组成的一个复杂的特定的相互依赖的系统；建立旅游安全风险系统框架，研究旅游安全风险系统的组成、结构和内容，可以探究旅游事故发生机制，减少旅游事故发生概率，降低旅游风险，提出旅游安全风险对策（赵怀琼、王明贤，2006）。[①]

组织要加强旅游者安全教育，使其深入了解并理解探险旅游的危险性。做好充分的准备工作，选择适合参与的项目。出发前制定计划，加强对旅游者体能和心理训练（冯麟茜，2007）。

由于探险旅游初兴起，从探险旅游发起组织到旅游景区都存在着一定的问题。在旅游景区中，旅游景点和旅游项目开发与管理办法不配套的问题比较突出；特别是新开发的旅游区安全意识薄弱，存在种种安全隐患；一些旅游企业没有专门负责安全保卫的机构，旅游安全设施及管理的滞后，是引发安全事故最大的隐患（侯国林，2005；赵怀琼、王明贤，2006）。

组织在探险旅游的救援中也起到重要作用。冯麟茜（2007）指出应建立民间和政府合作的救援组织。研究者也指出大多数时候"向导"代表探险旅游发起组织对探险旅游队员进行管理，考虑探险旅游的特殊性，向导不仅要具有普通导游的素质，还应能与参与者保持良好的沟通、设置救援队伍，保证第一时间救援、突发事件准备、保持器械良好运行、危险预报和信息传递的通畅顺利等（侯国林，2005；冯麟茜，2007）。

3. 探险旅游管理部门角度的研究

旅游管理部门应协同探险旅游组织或督促探险旅游组织做好安全预警。探险旅游涉及诸多复杂因素，所以政府需要发挥主导作用。要做好安全预警，政府首要做的就是对探险旅游资源进行风险等级评定（席建超、刘浩龙、齐晓波、吴普，2007）。

探险旅游安全事故具有特殊性、紧迫性及其影响的重大性的特征，建立一个及时、有效的探险旅游救援系统，有很多伤亡事故完全是可以避免的。加强

---

① 赵怀琼等．旅游安全风险系统研究．中国安全科学学报．2006（1）

高科技在探险旅游安全救援体系中的应用，使得探险旅游安全救援成为保障探险旅游活动正常进行和维护旅游业健康发展的重要方面（郭零兵，2005）。

探险旅游所处阶段的特殊性，决定了政府在做探险旅游的救援工作。但是救援工作所要求的技术性，以及救援过程中的高成本，导致最终的救援行动迟缓、甚至不及时（肖爱莲，2001；冯麟茜，2007）。

从系统的探险旅游保障体系来看，在探险旅游开始前政府或旅游管理部门就应制定相关的法律来规范，使危险隐患被扼杀在萌芽中，而不是等到有重大危险事件发生了，再去针对事件做出政策。马红漫(2007)，冯麟茜(2007)，刘德谦(2006)，郑晋鸣(2006)，王小利、张树夫（2007）等提出了建立探险旅游申报制度、类似"领队"或导游的资格认证制度、责任认定制度、保险制度等制度。

张传统（2008）提出，政府主管部门和学术界需要重视探险旅游（旅游线路）安全风险评估。他将风险评估理论引入到探险旅游安全风险的评估与管理中，从风险管理模式构建、资源风险评级制度化、救援体系建设等方面，来探讨研究探险旅游的安全风险管理。[①]

翟向坤（2008）提出，旅游救援体系是为实施旅游救援而建立的。旅游安全事故的突发性、客观存在性、复杂性、紧迫性及其影响的重大性，使得旅游救援成为保障旅游活动正常进行和维护旅游业健康发展的重要方面，旅游救援体系的构建势在必行。基于此，他分析了中国旅游救援现状，在剖析旅游救援体系构建的基本理论及其基本模型的基础上，提出了构建由社会各部门、多路径主体共同参与的旅游救援系统的初步设想。[②]

旅游安全是旅游经济稳定运行的重要保障，是影响旅游业持续发展的一个核心因素。分析旅游安全事故产生的原因是由于旅游景区安全管理意识淡漠、旅游行政主管部门监管不力、旅游者自身旅游安全防范意识不强所导致，在此基础上，提出我国旅游安全管理的基本方略：旅游景区要强化旅游企业安全管理、政府应建立旅游安全预警机制、大力普及旅游安全教育、旅游者要增强安全意识（杨洪、李蔚、何俊阳，2008）。[③]

---

① 张传统．探险旅游安全风险管理研究．商场现代化，2008（14）
② 翟向坤．论中国旅游救援体系的构建．北京工商大学学报（社会科学版）．2008（5）
③ 杨洪等．我国旅游安全管理探讨．现代商贸工业．2008（12）

第四章
中国探险旅游发展现状与问题

第一节 中国探险旅游的发展历程
第二节 中国探险旅游市场发展现状
第三节 中国探险旅游发展与管理模式典型
第四节 我国探险旅游发展中存在的主要问题
第五节 探险旅游的引导与管理必要性

第一节 中国探险旅游的发展历程

一、中国探险旅游的发展阶段

中国探险旅游的发展，根据时间和发展特点，大致可以划分为早期发展阶段、初级发展阶段和快速发展阶段三个阶段。

(一) 早期发展阶段

中国探险旅游的发展起步可追溯到原始社会时期。继黄帝后，原始社会晚期，尧舜禹时代，中国旅游史上的探险活动就已经开始了。原始社会的狩猎活动，虽为生计所迫，但确实是很好的原生态探险旅游活动，后来渐渐演变为"游猎"探险娱乐活动。

中国古代和近代具有政治色彩的探险活动中，涌现出一批著名的探险家，如"张骞出使西域"、"鉴真东渡日本"、"郑和七下西洋"等。中国早期探险旅游大体上分为两种：陆地探险旅游和海洋探险旅游。陆地探险旅游，主要是对西域的陆上探险旅行和欧洲探险旅行，代表人物有张骞、甘英等西域探险，开辟了"丝绸之路"；唐朝和尚玄奘求法西游；蒙古统治时期欧亚大陆东西交往，特别是"中国式马可波罗"人物——伟大的旅行家列班·扫马在1275年得到忽必烈的恩准出使罗马教廷和欧洲各国；以及后来明徐霞客科学探险考察等。海洋探险旅游，主要是东西航线的开辟，秦汉时秦始皇、徐福等海上探险，鉴真东渡日本、郑和下西洋等海洋探险航行。

从19世纪中叶到20世纪40年代，来自德、英、美、法、日、瑞典、俄等国的探险家先后在我国新疆、西藏、甘肃、青海、云南、贵州等西部省区进行了持续半个多世纪的探险考察。

这一时期国外探险家的探险旅游主要带有浓厚的政治色彩、文化目的或科学考察的性质，参与者多是社会上层人士。虽然当时有众多国外探险旅游者到中国进行探险活动，但中国普通大众，基本没有外出探险旅游的条件，同时，在当时的条件下，专业的探险旅游的组织机构还没有产生。

（二）初期发展阶段

中国探险活动始于登山运动，是作为一种极限运动来对待的，并且带有浓烈的政治色彩，承载了太沉重的民族使命，是属于职业运动员的专利。中国现代探险活动的组织——中国登山协会，成立于 1958 年，它以体育登山探险为主，组织开展重大的国际国内登山探险活动，标志性事件是 1960 年中国登山队首次登上世界之巅。

20 世纪 80 年代以后，受西方登山等探险活动的影响，国人对登山等探险活动有了全新的认识：由使命转变为兴趣，探险活动开始发展成为一种生活方式。探险活动开始进入了一个新的发展时期。登山等探险活动开始商业化，相应的商业企业、民间组织、协会、俱乐部、专业学校开始成立，如 1989 年北大山鹰社成立，1989 年昆明登山协会成立，以及后来中国科学探险协会成立、新疆乌鲁木齐登山协会成立、南京户外运动俱乐部成立，1998 年中国探险协会成立、西藏专业登山学校成立。同时，涌现出了一大批职业探险家、旅行家、登山家，如余纯顺、刘雨田等，组织了一系列有影响力的探险活动，如 1986 年轰动全国的"长江漂流探险活动"，以及后来的黄河漂流、飞跃黄河等。

进入 20 世纪 90 年代，随着国内探险活动的发展，国内的一些旅行社，特别是探险旅游资源丰富的中国西部地区的旅行社，凭借地理区位优势和资源优势，开始开发和组织探险旅游等特种旅游线路。1997 年，新疆中旅周新伟第一次组织百人旅游团成功穿越"死亡之海"——罗布泊，标志着我国专业探险旅游的开始。随着国内探险协会、登山协会、探险俱乐部、旅行社等探险旅游业务的开发，我国形成了一批具有一定知名度的探险旅游目的地，如新疆、西藏、云南等中国西部地区开始成为国内探险旅游的首要目的地区域，初步形成了新疆沙漠探险、茶马古道探险、丝绸之路探险、高山徒步探险、草原探险等探险线路和活动项目。

（三）快速发展阶段

进入 21 世纪，因为迎合了人们尤其是青年人喜欢新鲜事物、追求新奇体验的消费心理，所以尽管探险旅游在中国开展时间相对较短，但其发展速度惊人，逐渐成为一种时尚。从中国探险旅游市场的开展情况来看，广州、北京、上海等经济发达城市起步较早，同时在地理资源条件优厚的东北、西北和西南等地域，探险旅游的发展比较迅速。

随着大众化旅游的发展，以"户外运动"为代表的休闲探险旅游"热"开始在全国各地大城市周边和探险旅游资源丰富的地区掀起。户外探险俱乐部如雨后春笋般产生，户外探险运动装备产业迅速发展，探险出版物也开始大量发行，自助探险旅游也火暴发展。目前国内户外探险旅游项目有徒步穿越、登山、吉普车越野、自行车越野、漂流、探洞、滑翔、航海等种类，其中徒步探险和登山探险在国内发展时间久、探险线路相对比较成熟、人数众多。

相对探险旅游的快速发展，探险旅游市场体系和相关引导管理却相对发展滞后，致使户外探险旅游处于"三不管"的发展状态。探险旅游是一项综合性工程，需要社会多方面的支持，否则"探险旅游"就成为"生命冒险"。由于组织者、经营者、旅游者缺乏必要的探险旅游知识和技能装备，行业管理以及社会相关支持不足，自助户外探险旅游伤亡事故频繁。探险旅游快速发展和存在问题，引起国家相关部门的高度重视，旅游理论界也高度关注。

2006年，中国体育主管部门将户外运动纳入体育运动项目管理系列，由各地体育主管部门管理，《户外运动管理办法》等相关法规也陆续出台，建立户外探险运动审批许可制度，加强了从事户外探险旅游线路的审批审查管理。中国各地也开始出台相关的管理措施、法规和出版物等，加强对探险旅游、户外探险运动的引导与管理。如新疆规定，登山运动由新疆体育局下属的登山协会管理和审批，正规旅行社组织的沙漠穿越等探险旅游活动也必须经过体育主管部门的审批；2005年重庆制定颁布《重庆市SRT探险资格标准》；2006年西藏制定出版《西藏旅游探险手册》等。

2007年，中国国家旅游局也组织相关专家学者，加强对探险旅游目的地和主要探险旅游活动类型的调研，出台了主要探险旅游目的地的有关注意事项，引导探险旅游的正确、健康发展。

2008年，中国国家旅游局设立探险旅游的科研项目——我国探险旅游的引导与管理研究，通过科研引导，组织专家对中国探险旅游的发展和管理进行研究。

从严格意义上讲，中国探险旅游活动大约是20世纪八九十年代才开始。最开始是一部分经济先富裕的人，在物质生活相对满足的同时开始追求精神上的享受，通过探险旅游的方式来感受大自然，获得特殊的体验经历乐趣。随着社会发展，经济持续稳定增长，居民消费能力的提高，生活理念的改变，"旅游黄金周"的出现和旅游业的多元化发展，探险旅游在中国的北京、广州、云南、上海、新疆等经济发达城市和探险旅游资源丰富的地区兴起，并迅速蔓延全国。高薪阶层、白领阶层、私营企业家等高收入群体，成为探险旅游的先行者。探险旅游俱乐部、旅行社、协会等探险旅游组织是重要的组织者、推动者和经营者，在我国探险旅游的大众化发展中起了重要的普及推动作用。同时，国家有关部门开始研究出台相关政策和管理办法，开始重视和加强对探险旅游活动的引导和管理（见表4-1）。

中国探险旅游发展虽然迅速，市场发展日趋规模化，但尚处于初级发展阶段。探险旅游组织者以俱乐部、协会、旅行社为主；旅游服务、安全保障、行业准入、资格认证、政策法规等配套设施体系尚不健全。探险旅游活动项目主要以安全性高、危险度低、技术要求低的休闲探险活动为主，如徒步穿越、野外露营、沙漠自驾、旅游登山、漂流、攀岩、潜水等。

表4-1 国内探险旅游发展阶段及特点

所处阶段	时间	模式	旅游主题	组织者	市场	主管部门
早期阶段	20世纪50年代前	被动式萌发式	政治色彩浓厚、科考探险，主题单一	政府或个人	供求关系模糊	无政府状态
初步发展	50年代至20世纪末	自主式	形式多样化，包括科学考察、探险、寻求刺激、自我实现、生态等	俱乐部、探险协会、旅行社等	以短期盈利为目的；产品导向为主；求大于供	体育系统管理部门、旅游系统管理部门

续表

快速发展	21世纪以来	自主式主动式	主题更加多元化、主题趋向体验化；组织更加多样化	专业旅行社、探险体育协会、俱乐部、网络俱乐部、个人	市场需求多元化；注重品牌经营；个人需求与产品导向相结合；求大于供	以体育、旅游、工商联合管理为主，以公安、消防、边防、交通、气象、保险等国家有关部门配合管理为辅的多部门联合管理体系

二、中国探险旅游发展特点

与国外探险旅游发展相比，中国探险旅游的发展具有以下特点：

（一）探险旅游起步时间较晚

早期的探险活动具有浓厚政治色彩、宗教色彩或科考色彩，但是真正意义上的专业探险旅游活动的出现是在20世纪八九十年代。

（二）探险旅游发展速度快，范围广，商业化水平低

主要表现在以下几个方面：第一，自1958年以来，特别是20世纪末到21世纪初，国内探险旅游发展迅速，范围遍及全国各地；第二，探险旅游的组织单位多是探险协会、俱乐部或中小旅行社，尚未形成专门经营探险旅游的大的旅游经营商，初步形成一批颇有知名度的探险旅游目的地、探险旅游线路；第三，探险旅游受众小、产品价格高昂。

（三）探险旅游活动多样化，产品比较初级

探险旅游绝大多数是以休闲型探险项目为主，如徒步穿越、野外露营、旅游登山、沙漠探险、洞穴探险、探险自驾游、滑雪运动等；很多高级探险旅游形式如高山滑雪、激流漂流、深海探险项目、空中探险旅游项目、MV探险（即利用假期进行多项体育探险活动）开展的较少。

（四）探险旅游市场供求矛盾突出

探险旅游者基本条件已经具备，休闲型探险旅游市场形成，但市场供求

矛盾突出，有效供需均不足，特别是需求大于供给。

（五）探险旅游市场宏观调控滞后

市场管理、行业管理、法制建设、安保体系、资源开发与保护等宏观调控滞后于探险旅游市场快速发展。

第二节 中国探险旅游市场发展现状

一、我国探险旅游资源赋存特点

凡属于原生性的、未经或少经人工雕琢的旅游资源，具有一定的科考、探秘、寻奇和审美价值，并且能使人产生探险原动力的旅游吸引物，都可称为探险旅游资源。

在中国典型的地质地貌、多样性的生物资源、水系湖泊海洋等资源下，分布着丰富的探险旅游资源。大多数探险旅游资源是自然风光类的旅游资源，有一小部分是人文探险旅游资源。我国的山岳型旅游景区、自然保护区、地质公园、森林公园、人类遗迹等都是集常规旅游资源和探险旅游资源于一体的。

（一）探险旅游资源形式多种多样

我国有高原、山地、丘陵、盆地、平原、戈壁沙漠、山地、河流、冰川、湖泊、海洋等不同的自然探险旅游景观。

高原资源：中国有四大高原，集中分布在地势第一、二级阶梯上，青藏高原地势高，平均海拔4000米以上，多雪山冰川。内蒙古高原是蒙古高原的一部分，海拔1000~1500米。黄土高原由西北向东南倾斜，海拔800~2500米，沟壑纵横，植被少，水土流失严重。云贵高原地形崎岖，海拔1000~2000米，多峡谷及典型喀斯特地貌。

山地资源：中国是多山国家，山脉构成中国地形的骨架，其中海拔超过5000米的高峰数以千计。中国山脉分布按其走向分为五种情况：东西走向、西北东南走向、东北西南走向、南北走向和弧形山脉,最著名弧形山脉是喜马拉雅山。

平原资源:中国有三大平原,分布在中国东部,是中国常规旅游的发达地区。东北平原是中国最大平原,海拔200米左右。华北平原交通便利,经济发达。长江中下游平原地势低平,河网纵横,有"水乡泽国"之称。

盆地资源:中国有四大盆地,多分布在第二级阶梯上。塔里木盆地是中国最大的内陆盆地,有中国最大的沙漠——塔克拉玛干沙漠。准噶尔盆地多风蚀地形,沙漠面积小。柴达木盆地在青藏高原上,是海拔最高的盆地,东南多盐湖沼泽。四川盆地是中国著名的红土盆地。

丘陵资源:中国丘陵较多,在东部分布广泛。自北向南,有辽东丘陵、山东丘陵、东南丘陵等。东部丘陵区有海拔超过1000米的山峰,耸立在平原上、低丘上,如山东泰山、安徽黄山、江西庐山等。两广丘陵是石灰岩地区,多岩溶地貌,如广西的漓江两岸、"桂林山水",就是典型的丘陵地貌。

戈壁沙漠:中国的戈壁广泛分布于内蒙古温都尔庙—百灵庙—鄂托克旗—盐池一线西北的广大荒漠、半荒漠平地,总面积约50多万平方公里。中国沙漠面积约70万平方公里,集中在西北干旱地区,主要有塔克拉玛干沙漠、古尔班通古特沙漠、巴丹吉林沙漠、腾格里沙漠、库姆塔格沙漠。

河流地貌:中国大河大江很多,太平洋流域有黑龙江、海河、黄河、淮河、长江、珠江等,印度洋流域有怒江、雅鲁藏布江等,还有京杭大运河。

湖泊资源:中国湖泊主要分布在长江中下游平原、青藏高原、内蒙古高原和云贵高原。按湖泊的地理位置,分为东北、蒙新、青藏、东部和云贵高原等五大湖区。东部多淡水湖,有鄱阳湖、洞庭湖、太湖、洪泽湖和巢湖等著名的五大淡水湖;西部青藏湖区,有青海湖、纳木错、察尔干盐湖;中国最深的湖泊是长白山天池。东北地区有我国的淡水沼泽区。

冰川资源:中国的冰川都是山岳冰川,有悬冰川、冰斗冰川、山谷冰川、平顶冰川。中国是世界上中、低纬度山岳冰川最发达的国家之一。我国西部的高山和青藏高原上,发育有千万条冰川,是亚洲众多大河的发源地。冰川主要分布于北起阿尔泰山,南到四川雪宝顶,西达帕米尔边境的严寒山脉附近。规模较大的冰川多分布在青藏高原边缘山地,如昆仑山、喜马拉雅山、念青唐古拉山和天山等。

海洋资源:中国有渤海、黄海、东海、南海四大海域。

（二）我国探险旅游资源具有明显地理分布规律

我国探险旅游资源的分布具有以下地理分布规律。

1. 自然探险旅游资源主要分布在中国三大地形阶梯的过渡地区和沿海地区

在第一阶梯与第二阶梯交接区域，即青藏高原的边缘过渡区的昆仑山—阿尔金山—祁连山—岷山—邛崃山—横断山脉，主要的国家级风景名胜区有：鸣沙山—月牙泉、敦煌石窟、麦积山石窟、九寨沟、黄龙寺、剑门蜀道、四姑娘山、青城山—都江堰、西岭雪山、峨眉山、玉龙雪山、三江并流区、腾冲地热火山、瑞丽江—大盈江、西双版纳等著名景区。

在第二级阶梯和第三级阶梯交界过渡区，即大兴安岭—太行山—巫山—雪峰山一线，主要分布着五大连池、承德避暑山庄及周围寺庙、八达岭、十三陵、恒山、五台山、野三坡、华山、洛阳龙门石窟、嵩山、武当山、神农架、长江三峡、武陵源、漓江等著名景区。

第三级阶梯向沿海过渡区的山脉主要分布在长白山山脉—千山山脉—武夷山山脉一线，著名景区有镜泊湖、松花湖、长白山天池、鸭绿江、凤凰山、千山、金石滩、胶东半岛海滨、泰山、九华山、黄山、齐云山、三清山、千岛湖、武夷山等景区。

我国的海滨和海岛探险旅游资源主要分布在海岸线及其附近海域。

2. 三大纬向构造带是中国探险旅游资源的富集区

中国由北向南，三大纬向地形大约每隔8个纬度分布着，居北的是天山—阴山—燕山，其中的重要旅游资源如天山天池、博格达峰、吐鲁番、长城、西夏王陵、秦皇岛北戴河。居中的是昆仑山—祁连山—秦岭—大别山，其中的重要旅游资源有昆仑山、祁连山、华山、武当山、大洪山、鸡公山等。居南的是南岭，著名的景区如丹霞山。翻阅中国自然保护区和国家森林公园分布图，可以发现它们的分布更是高度集中在以上区域，构成的山岳型国家级风景名胜区、国家自然保护区、国家森林公园同规律分布现象。如以加入联合国"人与生物圈"的自然保护区为例，天山主峰博格达峰、吉林长白山、浙江天目山、福建武夷山、湖北神农架、贵州梵净山、四川的九寨沟、卧龙等莫不如此。四川省更是这一分布规律的典型代表。

3. 三大阶梯和三大纬向构造分割的网状低矮区是人文探险旅游资源富集区

这尤其表现在第一级阶梯以东以汉文化为主、少数民族文化杂居的区域。历史文化名城、古村落、古建筑、中国园林、少数民族聚居区以及现代经济文化景观都分布在这一区域。

4. 探险旅游资源富集区是中国贫困人口集中区

中国贫困县在东中西三大地带都存在，其中东部主要集中在交通不便、耕地较少的低山丘陵地区，如江西、福建的红壤丘陵、沂蒙山区、大别山区等。中部为中国几大高原向平原过渡地区，地势起伏大，地形复杂，自然要素呈过渡性，敏感而脆弱。这里的贫困人口集中分布，秦巴山地位于陕、豫、川、鄂四省交界处，贫困县50多个，横断山脉高山峡谷区，为怒江、澜沧江、金沙江及横断山所封闭，大约有40多个贫困县集中于此；西南喀斯特高原丘陵山地，包括以贵州为中心的黔、滇、桂、鄂、湘的喀斯特地区，贫困县130多个；北方农牧交错带，贫困人口集中在吉林省的西部白城地区各县、内蒙古位于科尔沁沙地、浑善达克沙地的通辽和赤峰市、辽宁省的努鲁儿虎山的阜新地区等；黄土高原涉及山西大部、陕北、内蒙古鄂尔多斯、宁夏南部、甘肃古东部和青海东部，贫困县约130个。西部地区为荒漠和高寒环境。新疆和内蒙古西部为重要的贫困区，尤其是塔克拉玛干沙漠西部贫困县集中，另有一些贫困县分布在新疆北部和东部；青藏高原的青海南部和西藏的西部贫困人口较集中。贫困区又与老革命根据地、少数民族聚居区、边疆地区在空间上重叠。

5. 自然探险旅游资源富集区是中国的生态脆弱区

以自然为主的景区，包括风景名胜区、自然保护区、国家森林公园、国家地质公园主要分布在山区、高原、荒漠等区域，它们都是生态脆弱区。

山区虽然还有较丰富茂密的森林，但受到多年砍伐的威胁，以及本身地质构造的复杂活跃、谷深坡陡，一旦破坏，恢复困难，而且地质灾害严重，如横断山区。高原或因喀斯特或因黄土流失或因高寒等原因植被稀少，地表裸露，农业生产力十分有限。如黄土高原区地形破碎、沟壑纵横、土质疏松、气候干燥、水资源缺乏而又易遭暴雨冲刷。西南喀斯特地区溶洞、地下河发育、山丘崎岖、可供方便利用的水资源较少等，生态环境十分脆弱。荒漠本身就是恶生态区域。

从我国探险旅游资源分布规律看，探险旅游项目主要分布中国西北部、西南部、东北地区、中部的高山等经济欠发达、基础设施建设落后、自然条件比较恶劣的地区，以及经济发达的城市周边山地地区。

二、中国探险旅游的发展区域

（一）中国探险旅游发展区域现状

我国探险旅游在资源分布和市场发展两个方面都不平衡，表现在东部沿海及经济发达地区探险旅游有市场缺资源，西部经济落后地区探险旅游有资源缺市场。总之，根据资源分布和市场发展，我国探险旅游发展初步形成了"探险旅游资源丰富的西部高热区域——缺资源的中东部经济发达城市周边山地次热点区域——沿江沿湖沿海发展弱区域"的探险旅游区域发展格局（见图4-1）。

中国探险旅游发展区域包括探险旅游客源地和探险旅游目的地。探险旅游客源地主要是我国经济发达地区，如珠三角、长三角、环渤海地区以及省会等大城市地区；探险旅游目的地主要分布在探险旅游资源丰富的中国西部地区和东北地区以及部分中部山地地区。

东北地区是集关东文化、林海资源、冰雪雪原、火山熔岩等探险旅游于一体的旅游区。东北地区探险旅游大体分为三类：探险基地系列（山海风光探险旅游、原始生态森林旅游、边疆跨境探险旅游、冰雪运动、草原狩猎、登山探险、漂流、速降等）、生态旅游系列（观鸟、观鱼、观东北虎、森林旅游、徒步穿越草原等）、文化旅游系列（少数民族文化探秘，如蒙古族文化、朝鲜族文化、满族文化等）。

华北地区是我国人文探险旅游资源遗存富集区，也是低矮山地等休闲探险旅游区。

西部地区主要包括西北、西南和青藏地区。西北地区是集丝路文化、绿洲草原、大漠风光、高山高原、冰川雪域等为一体的探险旅游区。西南地区是集民族风情、岩溶、山水风光等为一体的探险旅游区。青藏地区是集藏传佛教、高原雪域、草原风光为一体的探险旅游区。

西部探险旅游大体可以由四大系列组成：探险基地系列（沙漠探险、高原探险、高山探险、峡谷探险、丝路探险、漂流探险)、生态旅游基地系列(观鸟、治沙、森林、冰川、灌溉)、文化旅游/修学旅游基地系列(秦唐文化、丝路文化、西夏文化、岩窟文化、长城文化、民俗文化、穆斯林文化、宗教文化)、少数民族文化系列(藏族、维吾尔族、哈萨克族、柯尔克孜族、塔吉克族、傈僳族、藏族、纳西族、怒族、独龙族、白族、普米族、彝族)。

沿江沿海地区主要是水上运动项目发展区域。

我国探险旅游发展区域图

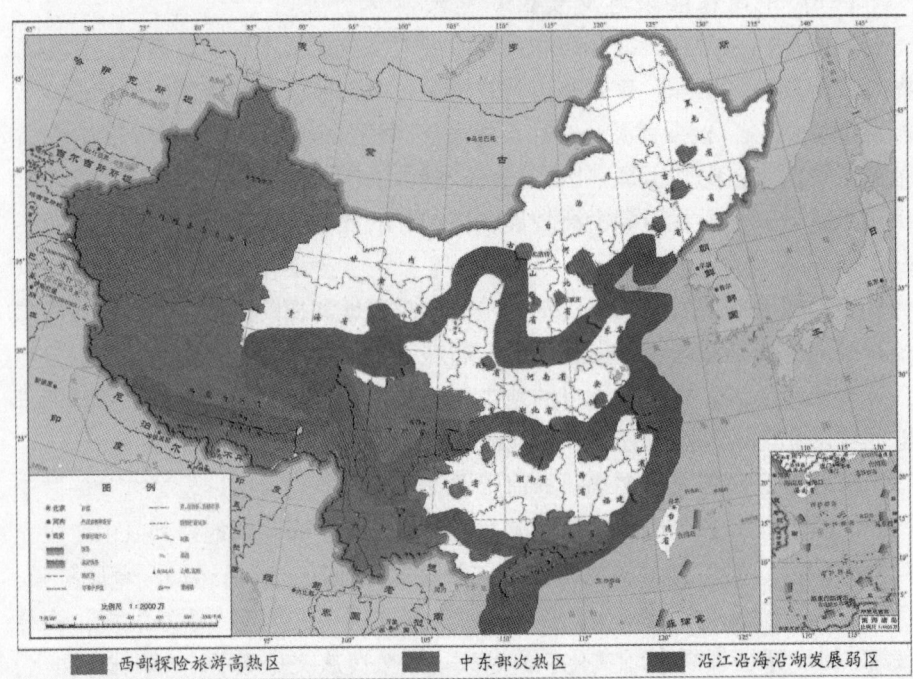

图4-1 中国探险旅游发展区域格局

原始地图来源：国家测绘局网站，审图号：GS(2008)1354号

(二) 我国探险旅游项目发展现状

随着我国探险旅游发展，在我国的探险旅游目的地，探险旅游产品逐渐形成以徒步穿越、休闲登山、越野自驾、沙漠探险、滑雪运动、漂流探险、洞穴探险、海上探险等为主的、多样化的探险旅游项目分布格局(见图4-2)。

第四章 中国探险旅游发展现状与问题

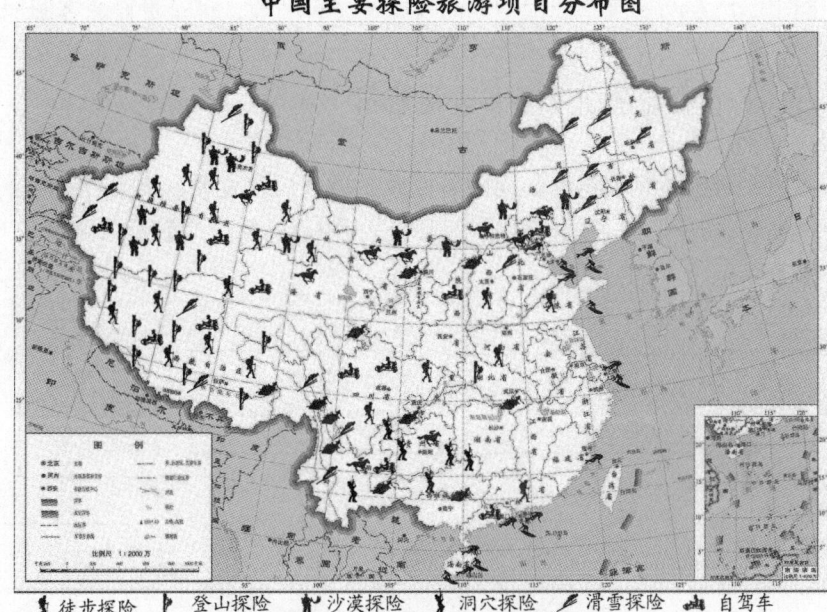

图 4-2 中国探险旅游项目分布地域格局

原始地图来源：国家测绘局网站，审图号：GS（2008）1354 号

（三）中国主要探险旅游目的地和客源地区域

通过互联网数据汇总和实地调研，按照"探险旅游线路数量、俱乐部数量、法规政策建设"等要素，初步统计出我国的主要探险旅游目的地和客源地区域。

线路数量：根据户外资料网（www.8264.com）中提供的各省经典探险旅游线路，其中四川 164 条、新疆 128 条、云南 93 条、广东 69 条、西藏 60 条。这些省份为主要的探险旅游目的地区域。

俱乐部数量：根据户外网站网址大全、户外资料网、户外时代网提供的户外探险俱乐部的数量，广东、北京、浙江、江苏、江西、四川为主要的客源地区域。

法规法制建设方面：新疆、浙江、湖南拟定建立探险旅游管理办法或相关条例，其中新疆已进入立法程序；青海（登山）、四川（登山）、海南（漂流）、

109

广西(攀岩)、西藏(登山)分别设立了专项型的探险相关法规。

四川、广东两省既是我国主要的探险旅游目的地,也是重要的客源地。

三、我国探险旅游价值链发展格局

我国探险旅游发展迅速,而随着探险旅游的快速发展,相关行业也获得了快速发展,初步形成了以探险旅游目的地为中心的探险旅游价值链格局(如图4-3所示):

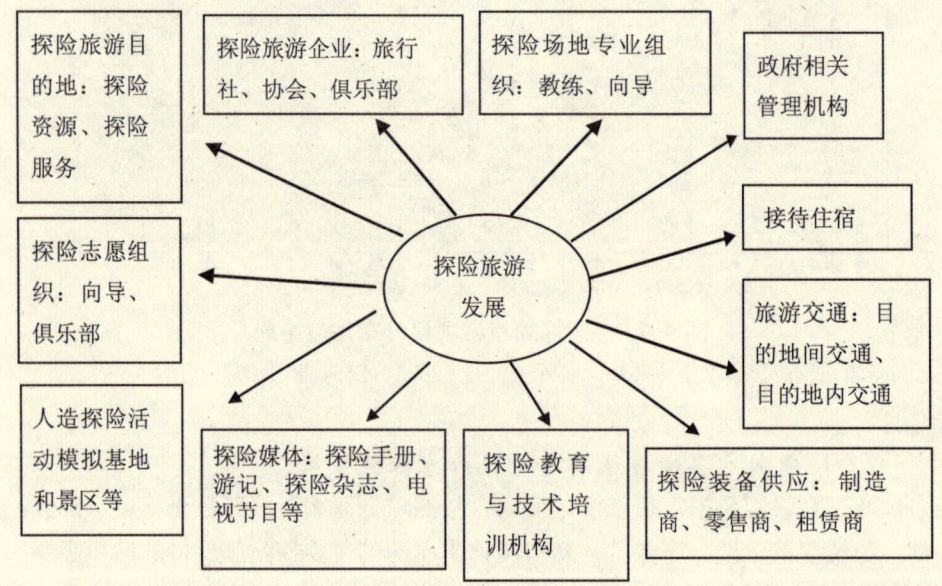

图4-3 探险旅游价值链格局

从图4-3中可以看出,中国探险旅游发展有以下趋势:活动形式多样化、主题多元化、组织管理专业化、保障体系立体化、探险教育培训发展职业化、探险旅游装备产业化、探险旅游管理法制化。中国初步形成一批探险旅游目的地,如新疆、西藏、四川、云南等地区;各地相继推出一系列的探险旅游活动,如沙漠旅游、登山探险、漂流探险旅游等;也出现一批专业经营探险旅游企业,如北京驰野探险俱乐部、新疆旅行者旅行社;产生一批探险旅游装备设备制造供应商,如北京三夫户外俱乐部等。同时相关配套服务行业也快速发展，如探险基地、培训机构、探险出版物等。

在探险旅游价值链格局中，目的地政府在探险旅游的发展中居于重要的地位。特别是在我国探险旅游在市场机制的基础性作用下发展到一定阶段的时候，政府必须发挥对探险旅游的宏观调控和管理的职能，无论是在资源开发引导、法制法规建设、人才培养机制、基础设施建设、环境保护、相关配套服务体系的建设等方面，发挥主导性的作用。只有这样，才能引导探险旅游快速、健康、可持续发展，促使探险旅游发挥更大的效益作用。

四、中国探险旅游市场的需求特点

(一) 探险旅游者职业年龄、收入结构特征

在探险旅游的消费者中，受收入和时间等条件限制，文教人员、科技人员、卫生人员、企业管理人员等高素质高收入职业阶层，特别是城市白领阶层、私营企业主是探险旅游活动的主力军；由于学生本身求知欲强、喜欢挑战、假日较长、追求个性张扬和自我意识增强的特性，也在休闲型探险旅游群体中占有一定的特殊比例（见图4-4）。

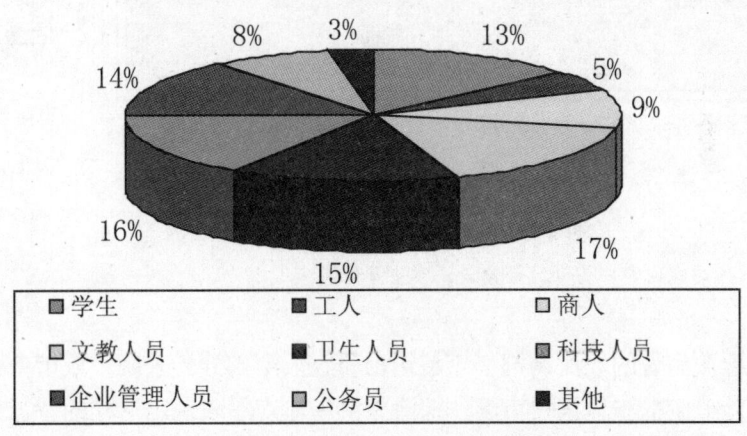

图 4-4 探险旅游者职业结构

探险旅游者的年龄层主要集中在20~40岁，其中25~35岁最多，占总体的68.7%，这一年龄层的探险旅游者多是单身上班族、两口之家的成员，其渴望新奇事物、热爱大自然的心理倾向是参加探险旅游的主导因素（见表4-2）。

表 4-2 探险旅游者年龄结构分布

年龄段（岁）	>46	45～40	40～36	35～31	30～26	25～21	<20
男性人数	8	15	43	127	151	69	5
女性人数	5	13	31	119	162	63	3
累　计	13	28	74	246	313	132	8
占总体(%)	1.60	3.44	9.09	30.22	38.45	16.22	0.98

调查样本的收入与出游率可以看出：样本人均收入与探险旅游成显著正相关关系（见图4-5）。少数企业管理人员、科技人员、商人、私营企业主的月收入达到了5000元以上，其出游率也相对比较高。说明当前我国居民的恩格尔系数较大，在家庭收入整体不高的条件下，难以投入较多的钱用于价格高昂的探险旅游项目，随着人们物质条件与精神需求的提升，这种状况会逐渐改变。

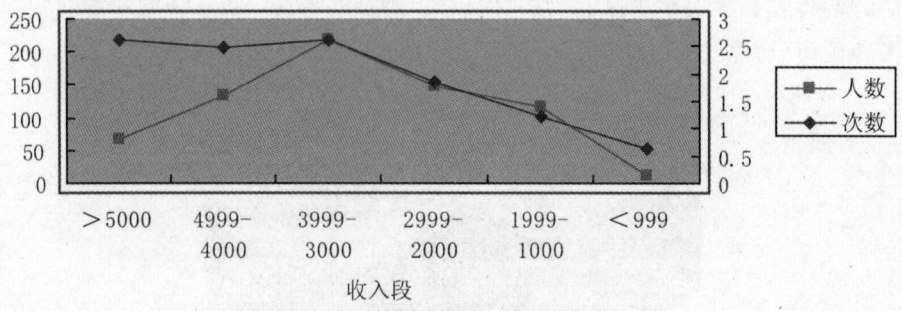

图 4-5 探险旅游者月收入与出游次数

注：收入问题在问卷中为开放性量表，学生身份者未做统计

探险旅游者的职业结构、年龄结构和收入结构分析表明，城市中青年白领是探险旅游的主体消费市场。探险旅游主体市场表现出这样的特征：素质高、收入高，工作压力大；身体强健、热爱环保、热爱大自然；喜欢参与性、刺激性强的活动；喜欢挑战、充满好奇心；追求个性、自我意识较强等。

(二) 探险旅游产品的项目特征

受参加者消费能力限制和探险旅游相应配套服务措施滞后等因素影响，目前我国的探险旅游项目选择由多到少依次为徒步穿越探险旅行、登山探险、越野探险旅游、激流漂流、森林旅游、滑雪旅游和沙漠旅游，而冲浪、海底旅游、航空等开展条件要求较高的项目出游选择率相对较低（见图4-6）。这些探险旅游产品具有明显的自身特征：一是挑战性，旅游者身临完全陌生的环境，从生理、心理上必须克服活动过程中的各种困难，处理许多不同于日常生活活动的不可预知事件，这对旅游者的身体能力、心理应变能力提出了考验；二是回归自然性，在纯自然环境里旅行，心情最大限度地得到放松；三是危险与刺激性，野外生存条件比较艰苦，往往存在一定危险因素，克服艰险后的欣喜与回味促生一种愉悦感，进而留下深刻印象。

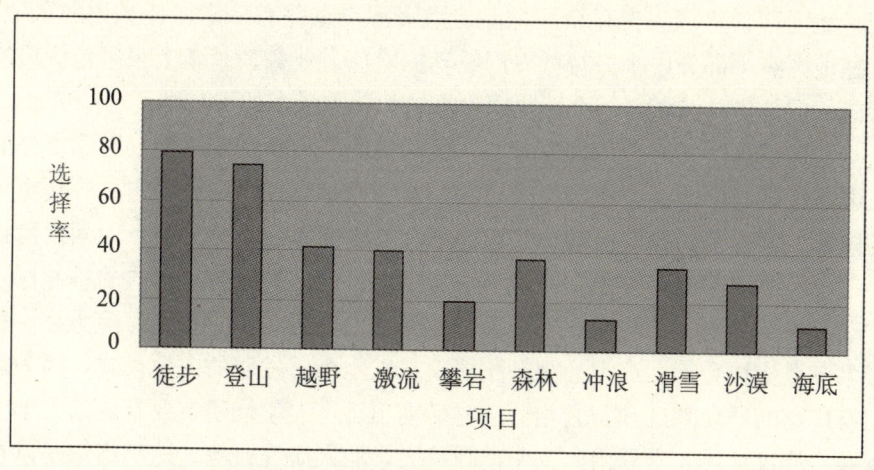

图4-6 探险旅游项目选择参与情况

据调查，探险旅游者首要的出游依据是"个人兴趣"，而"时间和花费"成为次要因素，这是旅游者注重自身感受，追求自我心理满足，旅游消费支付能力增强的结果。其心理的目的倾向上排序前两位的是"渴望亲历见所未见的事物"、"远离尘嚣、放松心情"，这充分印证了距离越远、地域文化环境越是相异，对探险旅游者的吸引力就越大的"远距离崇拜理论"，说明城市生活节奏加快，人们已疲于喧嚣拥挤的都市生活，回归自然、追求那种不受过多的限制和约束的自由活动已经成为时尚。同时探险旅游者需要勇敢、探索、挑战自我、追求超越，与获得事业成功的经历和要求非常相似，因此从这个角度来讲，探险旅游也是国人追求人生成功的一种心理反应和精神寄托。

五、我国探险旅游产品供给组织形式

我国探险旅游供给处于"散小乱差"的局面，有效供给不足明显。

（一）正规的探险旅游机构

正规的专业旅行社、各省市体育管理部门下的体育专业旅行社、探险协会、登山协会等，开展有组织的休闲式探险旅游活动，如沙漠探险、山岳探险、峡谷探险等。

我国西部边疆省份是全国探险旅游资源丰富并有一定接待基础的区域，这些地区有一部分中小旅行社专门经营探险旅游业务，基本上采用包价旅游形式，但是更关注游客的个性化探险需求和注重游客的参与性。

我国的探险协会分为国家官办、民间社团和大学社团三类。国家官办的主要是中国登山协会、中国探险协会，前者以体育登山探险为主，开展重要的国际、国内登山探险活动，并在部分有高山的省份设有分会。中国探险协会是社科联组建的官办协会，以科学考察为目的，开展各种形式的科考探险活动，并有一些相应的专业委员会；民间社团主要有昆明登山探险协会、乌鲁木齐登山协会等，这类社团是我国现在以至今后发展的主要模式，因为它们有广泛的群众基础和与之相适应的活动项目；大学社团主要有北京大学山鹰会、武汉地质大学登山队、华南师范大学洞穴研究会等，这类组织是以在校大学生为成员的探险组织，活动的主要目的也是科学考察。

（二）探险旅游俱乐部、户外运动俱乐部、户外探险俱乐部

这些俱乐部利用探险旅游活动，来开发、经营探险装备设备租售、企业拓展培训等与探险旅游相关的产业市场。例如：北京三夫户外运动俱乐部、北京驰野探险俱乐部。

(三) 民间自发组织

这些自发组织探险旅游的组织者，俗称"驴友"，多采取网上发帖呼吁、散客自助探险旅游的形式。

(四) 商业企业组织

国内的商业企业为了市场宣传、企业发展等特定目的，而专门组织的大型探险旅游活动，如中国汽联和汽车企业组织的中国新疆沙漠汽车越野挑战系列赛事活动。

探险旅游作为一种新兴旅游在中国只是刚刚起步，有效供需均明显不足；国内企业目前提供的产品和服务的质量、数量等比较初级，缺乏领导性企业和知名品牌；市场还没有形成规模。

第三节 中国探险旅游发展与管理模式典型

一、登山胜地——西藏商业登山管理模式[①]

由于我国山地资源的丰富，这项探险旅游活动分布及其广泛，可以说哪里有山，哪里就有登山探险者的足迹。登山可以分为专业登山和休闲登山，我国大部分登山探险均为休闲登山，专业登山主要分布在西藏、新疆、四川等有高海拔山峰的地区。这里将重点介绍西藏的专业登山探险活动，以期为其他地区的专业登山以及休闲登山探险提供指导性参考。

我国的探险旅游事业开展的比较晚，而西藏在这方面的工作更是出现于改革开放后的近几年中。西藏拥有世界上最高的珠穆朗玛峰，而且仅6000米以上的山峰就有三十多座，其中包括5座8000米以上的山峰。在欧洲，最高峰勃朗峰也只有4800米。登山探险方面，西藏拥有大自然赋予的最优厚的资源。另外由于大多数6000米以上山峰常年覆盖冰雪，气候多变，一

---

① 中国西藏登山协会：www.tibetinfor.com.cn

定程度上更增加了其冒险性。西藏的高山不但有利于登山探险，而且也有利于高山滑雪、滑翔等活动。此外，西藏也拥有像雅鲁藏布江、怒江这样的国际大河和藏北等尚未开发的大片无人区，古老的宗教也为这片土地蒙上了一层神秘的色彩，对冒险家和探险者来说这是一个他们向往已久的天堂。

虽然起步晚，但西藏地区因其山峰资源的丰富性促使其商业登山很快发展并在全国乃至全世界形成了知名的登山胜地。西藏的商业登山在国内发展的较为成熟，基本形成了登山协会主管下、企业运作的模式。

（一）法规建设

西藏登山探险活动有着较为详尽的法规：

1.《西藏自治区登山条例》由西藏自治区人民代表大会常务委员会颁布。其中详细规定了登山活动应满足的条件。并规定了各个政府机构在登山活动中的责任：自治区人民政府体育行政主管部门及其登山管理机构负责登山活动的管理工作；自治区登山协会负责登山活动的联络、协调工作；自治区人民政府相关部门在各自职责范围内，协助开展登山活动。条例所指的登山是在西藏自治区行政区域内海拔 5500 米以上的相对独立山峰进行攀登、攀岩、滑雪、滑翔等探险活动。在西藏自治区行政区域内开展登山活动以及附带在山峰区域内进行科学考察、测绘活动，适用本条例。

2.《西藏自治区登山协会章程》重点规定了西藏登山协会的业务范围、会员的入会以及管理、会员的权利义务关系、协会内部组织机构和负责人的产生、罢免工作、资产的管理和使用原则等，它是西藏登协管理内部事务的准则。

3.《西藏自治区对外国人来藏登山管理条例》1994 年 5 月 7 日西藏自治区第六届人民代表大会党务委员会第九次会议通过，2000 年 1 月 26 日西藏自治区第七届人民代表大会党务委员会第十一次会议修正。

4.《国内登山团队在西藏自治区区域内登山活动暂行管理办法》由西藏体育局根据国家体育总局制定的《国内登山管理办法》制定，目的是为了规范国内人员在西藏自治区区域内开展登山活动的行为，加强对此工作的监督和管理。

（二）西藏登山协会及其安全管理模式

西藏登山协会成立于 1981 年，本着积极与世界各国、各地区和国内各省、市、自治区的登山团体和个人的友好合作、交往，努力发展人类登山事业的宗旨，在平等、互利的基础上广交朋友，开展了多层次、多渠道的友好交往活动。

西藏登山协会自成立以来已接待了来自美国、阿根廷、加拿大、智利、巴西、英国、瑞士、瑞典、德国、意大利、法国等40多个国家和地区来藏登山探险的近600多个团队10000余人，同时与日本长野县山岳协会、韩国首尔山岳联盟建立了友好协会。与意大利、德国、法国、日本、尼泊尔、美国等国家的登山组织，有着密切的业务合作关系。

国家和自治区为西藏地区的登山事业制定了一系列的特殊政策，特别是在外联方面给了很大的自主权。西藏登山协会，是西藏地区管理和审批外国登山探险队申请的唯一机构，凡是到西藏自治区境内进行登山探险的团体和个人，都需经西藏登山协会审批，并为其安排好在西藏登山探险时所有接待工作。外国登山团体和个人如需到西藏进行登山探险活动的，请直接向西藏登山协会提出申请，凡申请在开放山峰进行登山的，西藏登山协会有权直接批准其申请报告。

1. 西藏登山协会提供服务

西藏登山协会不但具有管理登山业务的职能，同时也是为各国登山者提供各种优质服务的服务型机构。可提供的服务有：

（1）为外国登山团体和个人代办登山探险以外的申请，如在登山探险时附带科学考察、摄影、测绘等活动者均可为其代办。

（2）为外国登山团体和个人安排交通运输、食宿、代购物资等服务。

（3）为登山团体和个人提供高山协作人员、营地厨师、营地值班车、畜力运输和其他需要提供的服务。

（4）组织联合登山是西藏登山协会的一项主要业务工作，凡愿意与西藏具有法人资格的团体组织联合登山者，西藏登山协会将全力以赴给予组织和合作。

为了适应接待和服务的需要，西藏登山协会进行了全面的发展与建设，办公大楼宽敞明亮并配有现代化办公设备，通讯联系极为方便，可与世界各地进行直接通话、图文传真、电传等形式联系。

登山协会内设机构齐全，有外联部、办公室、接待部、车队四大部门，配有经验丰富的工作人员。

2. 协会的具体业务范围

(1) 负责区内登山活动的外联工作,与国内外登山团体和个人签订登山协议。

(2) 审查批准国内外登山团体的申请报告。

(3) 负责安排国内登山团体和个人在西藏登山活动期间的住宿、交通等有关事宜。

(4) 根据有关文件规定,管理西藏境内的山峰并草拟开放山峰计划。

(5) 搞好山区环境,保护生态平衡、积极配合有关单位做好山区环保工作。

(6) 为登山团体培养和选派各类协作人员。

(7) 调解中方协作人员和登山团体之间的纠纷。

(8) 受理外国登山团体的投诉。

(9) 组织双边或多边联合登山活动,积极开展群众性登山活动。

(10) 积极宣传《西藏自治区对外国人来藏登山管理条例》。依照《条例》规定,监督检查《条例》的执行情况,处罚违反《条例》的行为。

(11) 组织管理高山性攀岩,积极指导群众性攀岩活动。

(12) 培养高素质的联络官队伍。

(13) 依照法律、法规和有关规定处罚外国登山团体和个人以及中方协作人员的违法行为。

3. 登协安全管理模式

登山协会对西藏登山活动有着完善的安全管理模式,对活动的环保、资格审定、登山审定、救援、保险等,均有相应措施与手段(见图4-7)。

图4-7 西藏登山协会安全管理模式图

(1) 有关环保的规定

《西藏自治区登山条例》对生态环境保护措施作了详细规定，海拔 5500 米以下山区的环境保护工作由山峰所在地的县、乡人民政府负责；海拔 5500 米以上山区的环境保护工作由登山组织者负责。自治区登山管理机构应当每年向山峰所在地的县级人民政府给付 20% 的登山注册费和 60%~80% 的登山环保费，并无偿为山峰所在地的居民提供登山服务技能的培训和指导。县级人民政府应当根据实际情况将部分登山注册费和登山环保费给付乡级人民政府。县、乡级人民政府将所收取的登山注册费和环保费应当用于环保和基础设施建设。又如：不得在登山区域内擅自安放纪念物和其他物品；禁止捕杀野生动物、毁坏野生植物，禁止采集植物种子等。《国内登山团队在西藏自治区区域内登山活动暂行管理办法》也明文规定要维持生态平衡，不得砍林毁坏植被，不准打猎，捕捉动物。保持山区的环境卫生，在山区的生活垃圾必须随队运出山区，不许在山区和顶峰乱丢垃圾，安放纪念物、立碑等。

(2) 登山资格审定

西藏登山协会对国内与国外团队的登山活动进行了明确区分，国内的团队按规定不准吸收外国人参加本队进行登山活动。国外团队则遵照《西藏自治区对外国人来藏登山管理条例》进行管理。《国内登山团队在西藏自治区区域内登山活动暂行管理办法》规定申请登山活动的国内团体必须具备以下条件：团队成员必须身体健康，所有正式队员必须进行身体素质和冰雪技术训练，所有队员必须具备攀登雪山的身体和技术条件；领队或教练必须有攀登雪山的资历并持有登山技术合格证书；具有足够的登山活动经费和救援备用经费；具有保证登山活动的基本技术装备、保暖装备和通信装备；必须具有法人资格的并能承担民事责任的单位全权负责登山活动的组织协调，以及意外事故的后事处理；队员的人身意外伤亡事故保险；制定详细的攀登计划。

(3) 登山申请

国内登山团队登山申请书一律用中文书写，申请书包括以下内容：

攀登山峰，攀登时间、路线、队伍人数和队员技术情况介绍；安全措施、救援方案；法人代码证书、队员健康状况介绍、具有法人资格的单位公函、技术装备清单、后援单位和资金情况。

(4) 救援与保险规定

《西藏自治区登山条例》规定登山活动中发生事故，自治区登山管理机构、登山活动组织者、当地人民政府及其他有关方面应当采取措施积极营救，妥善处理善后事宜。

自治区登山管理机构应当为登山协作人员办理人身意外伤害保险。登山团队临时雇佣人员在雇佣期间发生人身意外伤害的，参照登山协作人员人身意外伤害保险标准予以补偿。

（5）登山管理

由国家登山管理部门批准到我区进行登山活动的登山团队，到西藏自治区后必须到西藏自治区登山协会报到并出示登山许可证和有关证件。

凡经批准到西藏自治区区域内进行登山活动的登山团队，必须如实呈报登山队的准备情况，如不具备本办法第八条规定的登山条件，不能进行登山活动。

凡到西藏自治区区域内进行登山活动的登山团队在西藏期间由西藏登山协会统一管理，登山团队发生的重大事故和登顶情况应及时报告西藏登山协会。

登山团队需严格按照批准的山峰、攀登路线进行登山活动，不得互相转让山峰和攀登路线，也不得变更山峰和攀登路线。登山团队特殊情况需从国外雇用高山协作人员者必须事先提出申请由西藏登山协会审批。

登山结束后，应向西藏登山协会写出书面报告。

（三）登山服务企业

目前西藏的登山企业众多，多为私营企业，下面以圣山登山探险服务有限公司为例说明企业的运作模式。

西藏圣山登山探险服务有限公司成立于2001年，是致力于登山运动推广、登山文化传播，提供高海拔攀登、技术攀登、徒步、探险、攀岩培训、攀冰培训等服务的公司。公司的业务包括：

1. 高山服务

西藏圣山公司有30多名专业的高山向导和协作，都有8000米以上的高山攀登经验，精通英语，其中有27人带领国内外登山爱好者多次成功登顶珠穆朗玛峰。在长期的工作实践中公司打造了攀登珠峰、章子峰、卓奥友、念青唐拉、启孜峰、徒步北坳等经典路线。

2. 攀岩、攀冰培训

西藏圣山探险有限公司为社会大众提供攀岩、攀冰培训，大部分教练员都在国外接受过先进的专业知识培训，具有丰富的攀岩、攀冰经验和理论知识。

3. 户外装备租赁

公司为游客提供世界名牌的户外用品租赁：帐篷、高山靴、上升器、下降器、雪仗、攀登专用绳、冰镐、雪锥、冰锥等。

4. 住宿餐饮服务

公司提供的住宿餐饮服务如图 4-8 所示。

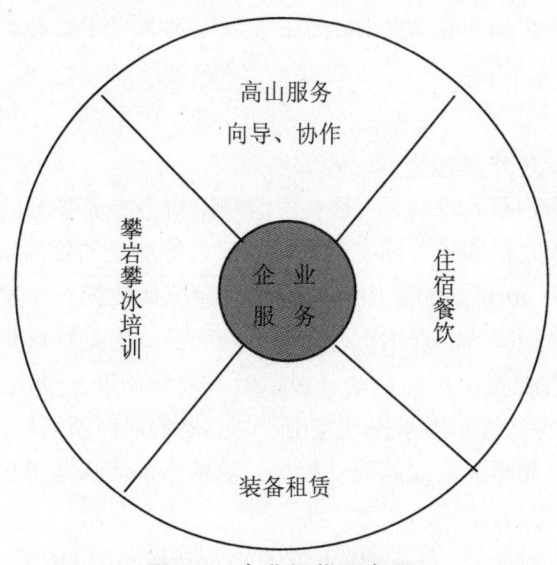

图 4-8 企业提供服务图

（四）登山培训学校

西藏登山综合培训学校（原奥索卡西藏登山学校）由西藏登山学会创立于 1999 年，西藏登山学校是我国大陆第一所专业登山运动学校，其前身是由西藏登山协会和奥索卡体育用品公司联合创办的高山服务人员培训中心。2002 年，西藏登山学校被列入国家 117 个援藏重点项目之一，国家拨款 500 万元，国家体育总局拨款 200 万元，加上奥索卡公司等社会资金的支持，占地 1.5 万平方米的新校舍落成了。教学楼、宿舍楼、接待楼，攀冰模拟道、抱石攀岩场地等基础设施一应俱全，还建立起了国内最大的人工攀登岩壁。

西藏登山学校用科学的教学理念与办学观代替了夏尔巴人从 19 世纪 30 年代以来口口相传的家族教学模式，短短的 10 年之间培养了一批登山技巧优秀、综合素质全面的高山向导。不夸张地说，西藏登山学校成立和发展的 10 年，正在超越夏尔巴人的百年高山协作历史。2004 年中国登山协会宣布，经国家体育总局批准，西藏登山学校为中国登山训练基地。西藏登山学校获得认可，打破了喜马拉雅山区的登山服务长期被尼泊尔夏尔巴人垄断的局面。近年来，西藏登山学校还协助举办了西藏历届登山大会，在国内不断传播着登山文化，培养了一代又一代的登山爱好者。此外，学校还接待了国内 20 多所大学登山团队的 500 多名登山队员，进一步推动了高校登山运动的健康发展。

（五）登山户外保险

我国的登山户外运动保险[①]是在中国登山协会专家领导的大力支持之下开发研制的，吸收借鉴了英国、美国、加拿大等地区的保险条款和保险承保经验，结合国内 50 年来的登山户外运动风险统计数据，开发成功的具有中国特色、符合中国国情的登山户外运动保险产品，主要特点有：

明确承保各类登山户外运动（包括但不限于拓展、登山、滑雪、攀岩、攀冰、高山探险等），还扩展承保在登山户外运动的同时所进行的其他运动（包括游泳、冲浪、轮滑、定向越野、帆船、漂流、洞穴探险等俱乐部可能组织的体育运动项目）。

借鉴国外先进经验，将各种登山户外运动按照不同的风险水平分为 5 级，开创了国内登山户外运动风险分级的先河。

---

① [EB/OL] http://www.ztbx.com/newcp/dshw.asp

表 4-3　登山及户外运动分类表

第一类	初级户外运动,包括户外旅游、远足徒步、健身登山、露营、非山地定向运动
第二类	登山户外运动（3500 米以下）,包括登山、人工场地攀岩与下降、山地穿越、山地定向运动,还包括骑马（普通培训、骑马游玩、盛装舞步）、划船、游泳、拓展运动、自行车旅行、人工场地轮滑、潜水（下潜深度不超过 5 米）
第三类	技术型户外运动（3500 米以下）,包括自然场地攀岩与下降、溯溪、场地滑雪、洞穴体验（由相关部门开发的固定路线）,还包括帆船、帆板、皮划艇、漂流、野外生存、山地越野轮滑、山地自行车越野、自驾车运动（3500 米以下）、短途无人区（沙漠、戈壁等）徒步穿越（三天以内）、潜水（下潜深度不超过 15 米）
第四类	高海拔户外运动（3500～6000 米）,包括登山探险、攀岩、攀冰、滑雪运动,还包括自行车运动（3500～6000 米）、自驾车运动（3500～6000 米）、长途无人区（沙漠、戈壁等）徒步穿越（四天及以上）、滑翔伞运动、潜水（下潜深度超过 15 米）、马术比赛（竞速赛、绕桶赛）
第五类	高山探险（6000 米以上）,包括攀登运动、高山滑雪、高山滑翔、极地探险,还包括洞穴探险（非固定路线）、蹦极、自由式潜水（下潜深度超过 15 米,无水下呼吸设备）

保障对象全面,险种系统化,不仅为登山爱好者提供人身意外保险,还为俱乐部提供责任保险。

意外险责任范围宽泛,不仅承保登山户外运动中的意外伤害、意外伤害医疗费用和救援费用,还可扩展承保在登山户外运动中频发的高原反应和冻伤。

责任险不仅承保俱乐部在组织户外活动时对活动参与者和第三方的民事赔偿责任,还可扩展承保在固定经营场所的日常经营活动中的民事赔偿责任,同时可附加承保商品、食品、饮料责任等其他责任。

(六) 西藏登山探险旅游运作模式

西藏登山旅游探险模式如图 4-9 所示。

早在 2003 年,西藏登山队就提出了大力开展商业登山问题的发展思路,即一个合并、两个开发、三个联合。

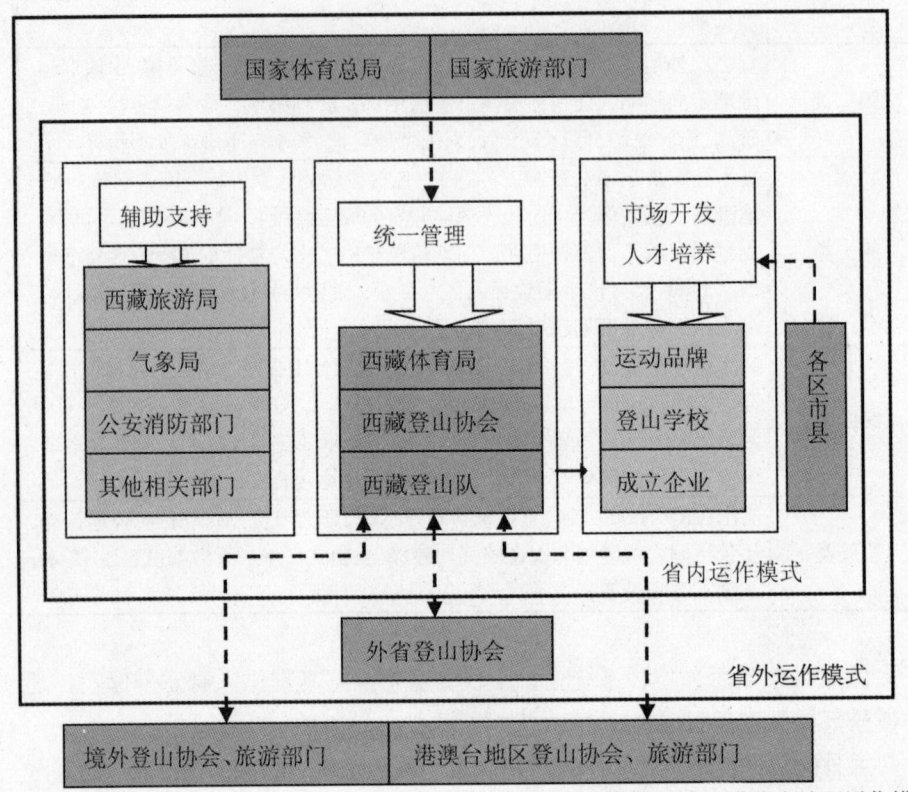

图 4-9 西藏登山探险旅游运作模式

"一个合并"即体制上实行合并,理顺登山队与西藏登山协会、登山学校三家单位的关系,在西藏体育局、登山协会一个窗口、一个部门、一支笔审批的统一领导下形成合力,并以西藏登山队为主成立西藏自治区登山探险旅游公司。

"两个开发"即在发挥国内外著名的西藏登山队及现职国际级登山运动健将品牌效益搞好商业登山市场开发的同时,要加紧培养高素质的登山后备人才,改变现职队员年龄偏大和文化水平低的状况。此外,通过对西藏山峰的资源调查,加紧对旅游线路上便于开展商业登山活动的山峰资源进行开发,以便于西藏的支柱产业——旅游业相互结合,促进西藏经济的跨越式发展。

"三个联合"即纵向联合:上与国家体育总局登山管理中心、国家旅游部门;下与各地区、市、县进行联合开发商业登山市场。横向联合:西藏登山协会与西藏旅游局、气象局(气象台)、公安消防部门、公安边防部门等相关部门联合做好登山的服务保障工作。与国(境)内外联合:国内与新疆、青海、四川等省区的登山协会联合,国(境)外与各国和我国香港、台湾等地的登山(山岳)协会及旅游部门进行联合开展商业登山活动。

(七) 西藏探险旅游的不足

1. 环境保护有待加强

随着登山运动的逐年升温,越来越多的废弃物给山峰原本脆弱的生态环境带来了不可忽视的影响。登山活动给山峰的自然环境带来威胁主要有两个方面:一方面是自然环境被污染,主要是登山人员的废弃物和粪便;另一方面是对植物的践踏、焚毁和对动物的驱赶、捕杀,加速了一些稀有物种的灭绝。

以珠穆朗玛峰为例,根据资料统计,从1921年到1999年,共有615吨废弃物被丢弃到了珠峰的冰川里。如果按照每名旅游者每天产生220~320克废弃物计算,那么每年产生的废弃物将达到24~67吨。所以有必要进一步加强管理,比如限制上下珠峰的人员总数,通过立法管理利用珠峰进行的商业活动等。

2. 资格审定有漏洞

从西藏登山的少数事故中可以发现,登山探险的游客存在虚报登山经历的情况,因而导致事故发生。这体现了在登山审批管理机制中依然存在一些漏洞,所以登山管理部门应就此提出最有效的改进措施,进一步从源头杜绝探险事故的发生。

3. 资源开发内容与宣传力度不够

总体来看,西藏拥有的探险旅游资源是丰富的,然而,由于目前对这一工作的宣传和开发不够,配套服务跟不上,远不能适应形势发展的需要,众多旅行社也只是把眼光盯在几条观光旅游路线上,大家争着来做这几条路线的生意,难免僧多粥少。而同时探险旅游项目的开发和宣传不够,宝贵的探险旅游资源却置在一旁，白白地浪费着，探险旅游项目大都局限于登山探险，而江河漂流、滑翔、热气球漂流、冰川探险、无人区探险等本可以搞起来的项目目前基本上是空白。基于这一原因，西藏的探险旅游留给国内外旅游者的印象就是登山探险。因此政府尽快着手对探险旅游的开发，给予政策和经济上的支持与帮助，鼓励各旅行社行动起来对探险旅游进行有效的开发。探险旅游业的发展势必会吸引更多的游客，将会进一步促进西藏旅游事业的发展和经济的进步。

二、探险天堂——新疆狩猎管理模式

新疆是我国边境线最长，邻国最多的省区，有15个对外开放的口岸，同100多个国家和地区建立了经贸关系，成为我国向西开放的桥头堡和西部大开发的前沿。中国最高、最热、最冷的地方都在新疆，中历最长的内陆河，最低的凹地，最大的沙漠也在新疆。

新疆同西藏类似，都是探险资源富集地，但新疆的探险旅游资源比西藏种类更多，这都得益于新疆复杂的地形与特殊的气候。在这里既有登山、沙漠穿越等专业性要求很高的硬探险项目，也有露营、骑马等休闲型软探险项目，新疆逐渐享有了我国探险胜地的美称。在本节将介绍新疆的狩猎探险。

新疆因其特殊的自然地理环境孕育了独特的动物类群，其中野生哺乳类140种52个亚种，鸟类400多种，爬行类43种，两栖类6种，鱼类8目20科57属，昆虫8000种。新疆有国家一级保护动物27种，二级保护动物82种，特别是有蹄类动物的种类和数量均位居我国甚至世界前列，种数多达19种。狩猎是原始人类生存方式的所需，以现代来讲，狩猎（不包括滥捕滥猎）已成为一种文化现象。全世界已有很多狩猎组织：在南非很多国家已把狩猎作为产业来发展；在美国通过狩猎每年收入已达20亿美元之多；在欧洲有个组织叫CIC，成员国已有176个，我国是最后一个加入的。狩猎活动已成为国际民间交流的一种形式，狩猎组织把友好、和平带给世界各国，互相交流传播先进文化，促进国际贸易，为经济合作牵线搭桥。

狩猎旅游作为一种新型的探险旅游方式，在一些发展较为成熟的国家已经取得了经济、社会和生态环境三方面的综合效益，初步实现了狩猎旅游可持续发展。我国狩猎旅游发展还处于初期阶段。据国家林业局有关资料披露，我国从 1985 年开始国际狩猎活动，其目的是统筹生态保护和当地社会经济发展的关系，逐步建立起保护与利用相互促进的和谐发展机制。由于狩猎旅游采取了保护野生动物资源的行政管理措施，规定了严格的猎期和猎取量，准猎证售价高昂，盗猎者则课以严厉惩罚，故这种有控制的狩猎活动不至于破坏天然狩猎场的生态平衡，狩猎旅游也得以持续不断地健康发展。

在中国的新疆狩猎资源非常丰富，可以说是位居全国第一。现在已有几个国内狩猎场和十三个国际狩猎场。狩猎动物以盘羊、北山羊、野牦牛、马鹿、鹅喉羚、狍、野猪的老年雄性个体为主，这部分个体不参与种群的繁殖，是种群的"多余者"和自然淘汰对象。

（一）相关法律法规

狩猎活动与生态环境息息相关，因此国家和地方有众多法律与之相关，主要的有《野生动物保护法》、《草原法》、《森林法》、《枪支管理法》、《新疆维吾尔自治区实施野生动物保护法办法》。这些法律与狩猎活动经营者的经营规章共同约束着狩猎活动的开展，对确保生态平衡、保护野生动物的重要保障。这些法规对确保狩猎活动的适度进行有着重要意义。

（二）企业化经营——新疆天山之夏狩猎俱乐部有限公司[①]

新疆狩猎公司是国家林业部批准的具有国际狩猎资质的一家公司，是取得了新疆维吾尔自治区计划经济委员会、自治区林业厅、自治区旅游局、自治区公安厅等主管部门批准文件后，经新疆野生动物保护协会牵头，由哈密国际狩猎场与哈密狩猎场以国际通行的俱乐部模式组建的股份合作制企业，总投资 1.6 亿元。公司负责经营全疆的国内狩猎业务，并获得自治区工商管理部门的批准登记注册。在自治区林业局野生动物主管部门的管理下开展狩猎活动。新疆狩猎公司的成立，目的是为了筹措野生动物保护资金、改善野生动物的生存环境，从而实现野生动物种群的良性发展。

几年来，新疆天山之夏狩猎俱乐部联合新疆各地的狩猎场，接待了来自英、美、法、德、丹麦等国的狩猎爱好者。使新疆狩猎产业的发展，在法律的约束下有规划、有步骤的进行，在规定的时间、地点对特定的狩猎动物有

[①] 新疆亚克西旅行网：http://www.xjyykx.com/xjsl/index.asp

计划的限量猎取。

随着狩猎活动的规范化发展。新疆天山之夏狩猎有限公司将会以品牌化优势，带动野生动物的保护与发展，通过科学治理、有效保护、合理开发，形成以利用促保护的良性循环态势，实现野生动物种群及其生存环境的持续发展。同时为国际、国内的狩猎爱好者提供一流的狩猎环境，通过有序合法的狩猎，架起国际间信息和资金流的通道，成为新疆旅游业的一大亮点和经济增长点。公司本着"以人为本，求真务实，科学治理，争创一流"的经营宗旨，为国际、国内的狩猎爱好者提供顶尖的狩猎环境，并通过有序合法的狩猎方式，开启国际间信息和资金流的通道，成为新疆旅游业的一大亮点和经济增长点。

(三) 狩猎原则

新疆狩猎公司推动了新疆狩猎产业的发展，使其在法律的约束下有规划、有步骤的进行，并在规定的时间、地点对特定的狩猎动物有计划的限量猎取。狩猎动物的猎取量是在调查统计的基础上，使用科学的方法推算确定，且狩猎对象仅局限于老年雄性个体，因为这种个体多处于衰老阶段，是不参加种群繁殖的淘汰对象，猎取老年雄性个体，可避免自然死亡所造成的资源浪费。计划狩猎不仅可适量减轻环境的压力，还为种群的发展提供更大的空间。

狩猎活动的原则是以保护为基础，以科学合理利用为手段，以发展野生动物保护事业为核心的原则。坚持合理调节种群数量，优化生态环境的原则，坚持消耗量小于增长量和管理与经营相结合的原则。坚持这些原则并通过合理方式，使我们可以更好地利用和保护野生动物资源，筹措野生动物保护基金、改善野生动物的生存环境，并且对野生动物给农牧民造成的农作物等各项损失也给予赔付，最终实现野生动物种群及生存环境的持续发展。不但为自治区经济发展发挥独特的优势，同时也将野生动物的保护领入良性循环的轨道，推动野生动物保护事业的良性发展，真正做到人与自然和谐相处。

延伸阅读

狩猎过程中对游客的要求

1. 为防止滥捕滥杀,每次狩猎都要在当地林业局野生动物保护办及林业公安部门工作人员监督下进行。

2. 狩猎过程中,要严格按照林业部门审批的狩猎动物的种类、数量实施。批一打一,多打者属违法行为。同时要遵循"打公不打母,打老不打小"的原则。

3. 狩猎活动中,发现目标,猎人、导猎员、安全员三人同行。其中,导猎员负责枪支的保管,安全员负责弹药的保管。开猎前,导猎员将枪交于猎人,安全员负责装弹,射击完毕,由安全员检查枪支。猎人要严格执行枪、弹分离的规定,不得强行要求将枪、弹交于猎人自己。

(四)狩猎管理框架

20多年来,各级林业部门在借鉴国际经验的基础上,不断探索改革,初步建立起限定狩猎区域、严控狩猎物种和数量、提升资源利用效益、合理分配狩猎收益、促进社区共管的管理框架(见图4-10)。

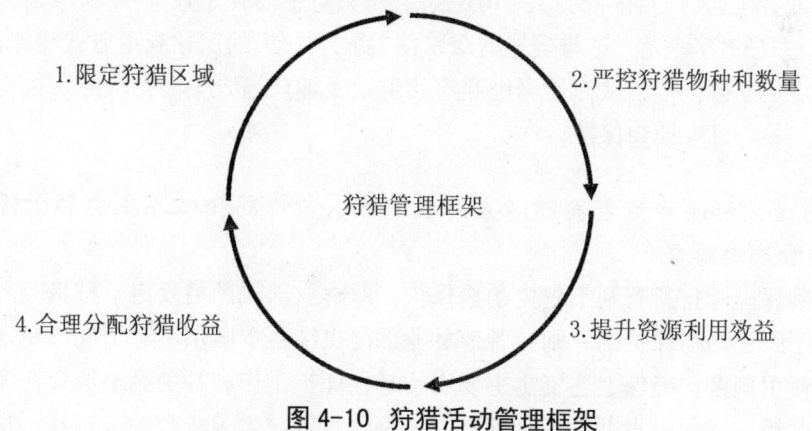

图4-10 狩猎活动管理框架

1. 严格依法限定国际狩猎场所

所有国际狩猎场所的确定，均须进行资源本底调查，成立经营管理队伍，采取安全保障措施，完善服务设施，并经有关部门的认可。到目前，我国经批准对外国人开放的国际狩猎场所共25处，均开展了资源本底调查，制定了资源监测、巡护、导猎、安全等工作制度。

2. 对狩猎野生动物种类和数量实行科学评估制度

对每年用于国际狩猎的野生动物种类和数量，国家林业局野生动植物保护司都要组织专门的科学评估和论证，要求国际狩猎的物种在国际上得到广泛认可，并且每种野生动物年狩猎数量是根据野生动物自然死亡率和调控野生种群的需要，还必须严格遵循"打公不打母、打老不打小"的国际惯例要求，确保其对野外资源不造成损害。现阶段，我国开展国际狩猎的野生动物主要有14种，年国际狩猎野生动物数量由最初的3头（只）逐步增长到2005年的123头（只），所猎野生动物个体均为年老的雄性个体，对缓解局部区域野生动物的食物压力，尤其是缓解年幼个体的食物压力，具有积极的生态意义。

3. 促使国际狩猎价格与国际接轨，极大提高资源利用效益

目前盘羊、羚牛、岩羊、鹿类国际狩猎价格达到数千或上万美元。截至2005年底，我国共接待国际猎人1101人次，狩猎野生动物总数1347头（只），狩猎收入3639万美元。这与当地群众以往"猎羊吃肉"的原始利用方式相比，其价值增长了数百倍，从而使当地政府和群众更加珍惜野生动物资源，也更加重视、关心野生动物保护。

4. 建立和逐步完善狩猎收益分配制度，确保狩猎收入主要用于保护和补偿周边群众

为确保国际狩猎有利于野生动物保护，原林业部就严格规定了狩猎收入主要用于野生动物保护的原则，各地林业部门也结合本区域实际情况，制定了收益使用制度，确保上述资金主要用于基层保护工作和补助当地群众，实现社区共管。以青海省都兰国际狩猎场为例，该区域岩羊总数约2万头，每年用于国际狩猎的数量仅几十头，狩猎收入约20万~30万美元，其中相当一部分补助给周边牧民，每户增加年收入在2000~3000元之间，由此使牧民

了解到野生动物的价值，改变了对野生动物的传统观念，自觉摒弃了任意猎杀的习俗，还主动为野生岩羊预留草场和抵制盗猎，形成了社区共管的良好局面。我国国际狩猎的野生动物大多分布于牧区，且相互交错、重叠，不兼顾牧民利益，就难以有效保护好野生动物。

（五）企业经营框架

1. 狩猎必备条件及证件

凡是具有良好身体素质热爱狩猎运动，并且遵纪守法，无刑事犯罪前科，有良好的社会声誉的中华人民共和国公民、通过合法有序的猎取年老野生动物个体调节野生动物种群结构，减轻环境负载，为野生动物的发展创造更大的空间而贡献自己一份力量，须按照国家相关部门的规定需要提供和办理下列证件后，方可进行合法的狩猎活动：

（1）狩猎证；
（2）猎捕证；
（3）边境居民通行证；
（4）持枪证；
（5）居民身份证；
（6）枪支运输许可证；
（7）陆生野生动物或其产品出省运输证明。

2. 狩猎活动安排管理

国内会员提前3日将准备狩猎的动物种类（亚种）、数量、时间告知狩猎俱乐部。

俱乐部制订接待方案及应急预案，开始办理持枪证、猎捕证和狩猎证，如会员需进行空猎，俱乐部还将申请空域并申报飞行计划，同时了解当地气象资料开始地勤准备工作。

俱乐部通知地州狩猎场准备狩猎活动方案：联系当地农牧民，安排宿营地，派出观察员对狩猎动物进行跟踪，预备野外装备、器材、食宿用品、马匹、车辆、制定出狩猎路线。

三、草原上的黄沙——内蒙古沙漠探险管理模式

我国库布其沙漠探险景区在国内沙漠旅游开展中有着较为先进的管理经验，对其他地区开展沙漠探险具有良好的借鉴作用（见图 4-11）。[①]

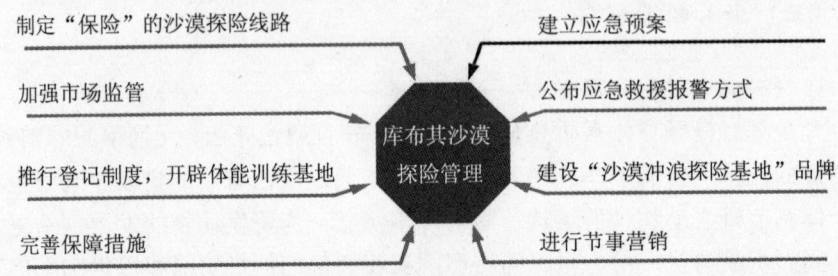

图 4-11 库布其沙漠探险管理经验

（一）制定"保险"的沙漠探险线路

为开发沙漠探险这一全新的特种旅游项目，同时避免再出现沙漠遇险事件，内蒙古自治区杭锦旗拟开辟两条"保险"的穿越库布其沙漠的探险旅游线路。两条线路的起点均设在夜明沙神光旅游度假村，一条自夜明沙到菩提济度寺，全长40公里，经过大沙段5公里；另一条从夜明沙到七星湖旅游区，全长38公里，经过特大沙段20公里，大沙段15公里。在两条线路途中，探险游客除了可以充分享受特大沙段和大沙段的刺激外，还可看到沙漠中众多的沙漠动物、沙生植物，游览响沙带、扎汉道图、大道图、菩提济度寺等景观。

（二）加强市场监管

对所有旅游运输车辆实施安全检查，对不符合安全要求的车辆予以停运；对坐游船、走索道、滑翔飞行等特殊旅游项目，设置安全防护设备和安全警示标牌，对相关设施进行全面检查，对工作人员进行培训，引导游客严格按

---

① [EB/OL]http://travel.gog.com.cn/system/2006/06/05/000981800.shtml
　[EB/OL]http://www.hjq.gov.cn/zwgk/xxgk/ml/content/2006-07/10/content_92406.htm
　[EB/OL]http://www.weathercn.com/lvyou/zixun_zw.jsp?id=253331&id_class=38
　[EB/OL]http://www.tourunion.com/info/htm/45586.htm
　[EB/OL]http://tieba.baidu.com/f?kz=620447951

照有关规定游玩。对合格经营库布齐沙漠探险及自驾车旅游活动的企业进行审查与公示,为游客提供选择参考。

(三) 推行登记制度,开辟体能训练基地

对探险游客进沙漠之前建立登记档案,为他们配备GPS定位仪、向导和骆驼,探险游客如果中途不适应可骑骆驼。在探险旅游线路的入口处建一处体能训练基地,探险旅客要在这里接受一周以上的训练。同时还在这里修建一处龙门和1.5公里导入线,让探险者有一个心理适应过程。

(四) 完善保障措施

制订一个水、电、路、通信设施齐全的方案。准备在沙漠中心建一个通信机站,使信号全部覆盖库布其沙漠。同时,在机站塔上建气象观测站、发电站,并在机站点设立补给站,为探险游客提供水、食品和药品。在此基础上,当地旅游部门还将在探险沿途设立中转站,便于掌握探险队伍行踪,及时对游客提供帮助。

(五) 建立应急预案

杭锦旗人民政府办公室于2006年7月20日印发了《杭锦旗库布齐沙漠探险旅游应急救援预案的通知》(杭政办发〔2006〕53号),成立杭锦旗库布齐沙漠探险旅游应急救援指挥部,主要职责是处置库布齐沙漠探险旅游游客遇险事故,开展应急救援的全面工作。指挥部下设办公室、现场搜救组、医疗救护组、宣传报道组、后勤保障组、通信保障组、气象观测组。每个小组都具体落实组长及负责人员,相关职责如图4-12所示。

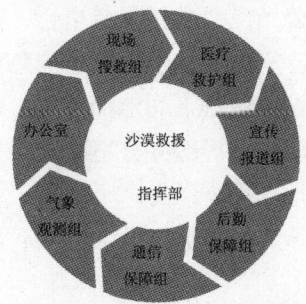

图4-12 库布齐沙漠探险旅游应急救援指挥部结构图

办公室:负责指挥部日常工作;负责协调指挥部各内设机构工作;负责

预案的启动和终止；负责救援状态下指挥部指令的上传下达；负责联系新闻媒体，组织新闻发布会。

现场搜救组：负责对险情进行评估，制定搜救方案；按照指挥部命令，迅速组织警力和医务人员，利用现有装备深入遇险地点展开救援；尽可能保护现场，为事故调查创造条件。

医疗救护组：现场设立医疗救护站，储备急救药品和救护车等医疗器械；派出经验丰富的医务人员参加现场搜救，对遇险游客进行急救。研究遇险游客病情，制定医疗抢救方案；负责对获救游客进行身体检查，将伤势严重的游客和救援人员送往医院救治。

宣传报道组：按照指挥部命令，及时通报险情；及时、准确地收集事故现场及各方面信息；负责整理并分析信息，按有关规定和程序发布相关信息；负责进行事故处置动态情况、新闻发布等宣传报道工作，及时通报险情，掌握一线救援资料。

后勤保障组：调度救援物资并负责储备和管理，必备的物资有卫星定位仪GPS、望远镜、对讲机、棉被和帐篷等，根据险情协调旅游景区调运沙地摩托和骆驼等沙地交通工具；搭建临时休息场所，确保现场救援工作人员的饮食供给。

通信保障组：负责做好指挥调度的通信联络工作；根据救援要求，架设通信设备、开辟临时台站，保障通信联络和指挥畅通。

气象观测组：准确观测天气变化，随时向指挥部提供各种气象信息。

（六）公布应急救援报警方式

通过新闻媒体向社会公布应急救援报警电话，同时要求各相关景区及杭锦宾馆在游客中心、总台、室外醒目位置设置应急救援电话告示牌。游客在设定的探险线路中遇险，设法通过下列电话报警。各地各有关部门和单位在接到游客遇险报警后，立即向指挥部办公室报告险情。指挥部办公室按照指挥部的指示启动本预案，指挥部下设的六个具体工作组应按照本预案规定的任务，迅速赶到现场履行职责，在统一组织指挥下开展救援工作。

（七）建设"沙漠冲浪探险基地"品牌

位于库布齐沙漠的七星湖沙漠风景区，全力打造沙漠冲浪探险基地。七星湖沙漠景区围绕沙漠生态观赏区、沙漠风光观赏区、沙漠篝火娱乐区、休闲食宿度假区、草原滨湖湿地观赏区、水上娱乐区、生态疗养区，以及独特的游乐项目，倾力打造沙漠冲浪探险基地。

（八）进行节事营销

2006年，首届大漠赛车文化节暨猛牛赛车俱乐部库布其赛车基地揭牌仪式在鄂尔多斯库布其神光响沙旅游区成功举办。2007年，越野e族库布其英雄会暨T3沙漠挑战赛在夜鸣沙旅游区成功举办，2007年国际沙漠论坛在库布其沙漠七星湖旅游区成功召开，并将七星湖旅游区定为国际沙漠论坛的永久性会址，经几大活动的广泛宣传，沙漠探险旅游和沙漠越野赛越来越受到广大游客和赛车手的广泛青睐，库布其沙漠旅游知名度和影响力大幅提升。

四、水中探秘——广东潜水管理模式

潜水在我国沿海、沿江、沿湖地区有一定的分布。我国的潜水活动多依托景区开展，具有潜水资质的个人依然很少，我国的潜水探险市场依然处于起步阶段，其发展潜力很大。在本节将介绍广东的潜水企业管理模式。

2009年3月10～12日，2009中国广州国际游泳及潜水展（China Swimming & Diving 2009）在中国进出口商品交易会琶洲展馆隆重举行。组委会根据中国游泳及潜水产业发展现状和中外市场需求，在继承和延伸上届展会成功因素及吸纳参展商提出的宝贵意见基础上，一如既往致力于为广大参展商提供一个拓展业务、技术交流、展示新产品、寻找合作伙伴的高品质、国际化的商贸平台，为全球游泳及潜水业提供更多的合作机会。国际性游泳与潜水展会在广州的召开说明广州的游泳与潜水行业已经走入了世界前列，潜水旅游在广州的蓬勃发展。

（一）潜水相关法规

(1)《中华人民共和国潜水员管理办法》，其目的在于加强潜水员管理工作，提高潜水员的职业素质，促进潜水技术的发展，适应潜水市场的需要。

(2)《全国潜水活动管理规定》，它是为了加强对全国潜水活动的管理，保障潜水爱好者在水下活动的安全，促进我国潜水活动健康有序的发展，根据《中华人民共和国体育法》等有关法律规则而制定。

（二）中国潜水运动协会

中国潜水运动协会[①]英文名称是 Chinese Underwater Association，缩写 CUA。该协会从 1959 年开始在全国开展、普及潜水运动，1986 年正式成立。是具有独立法人资格的全国性群众体育社会团体；由各省、市、自治区、直辖市潜水协会，潜水俱乐部，潜水公司、潜水学校以及爱好潜水活动的教练员、裁判员、运动员自愿结成；是中华全国体育总会的团体会员，是中国潜水运动的最高群众组织；是代表中国参加国际潜水组织的唯一合法组织。它为非营利性社会组织。

该协会的任务包括开展竞技潜水运动（蹼泳、水下橄榄球、水下曲棍球、水下射击、水下狩猎、水下摄影等）；开展大众休闲潜水活动；开展旅游潜水活动；开展潜水培训活动，签发国际潜水证书；开展潜水救援活动；保护海洋环境；促进该项目与国际与国际组织及各国和地区协会的友好联系与合作，促进国家繁荣富强（见图 4-13）。

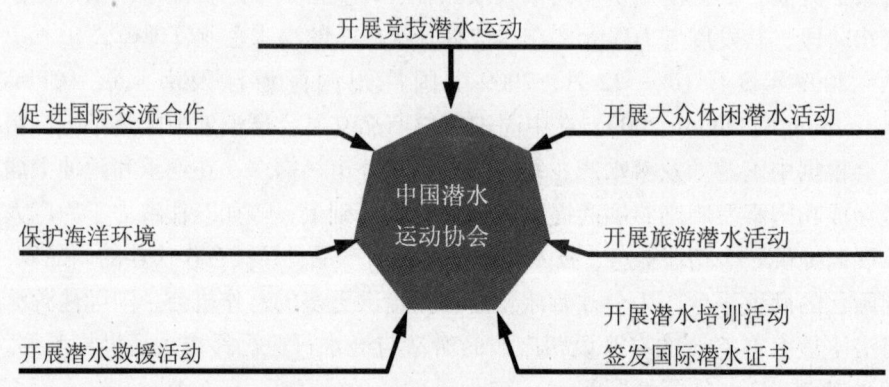

图 4-13 中国潜水运动协会职能

（三）学校教育

广州潜水学校创建于 1985 年，隶属于中华人民共和国交通部及广东省

---

① 中国潜水运动协会：www.diving.sport.org.cn

教育厅，是一所正规的全日制中等专业学校，也是中国唯一的一所潜水专业学校，面向全国统一招生。办校 20 年来，已为我国培养了 400 多名技术精湛、吃苦耐劳、不畏艰险的工程潜水技术人才，还短期培训了近 700 名工程潜水员和近 200 名休闲潜水星级潜水员。这些潜水技术人才在我国救助打捞、港口航务工程、石油、水利、水下考古等各系统发挥着骨干作用。广州潜水学校是国内第一个取得中华人民共和国民用潜水员培训资格的单位，是中国船级社的水下焊接和水下检测培训中心。

广州潜水学校是世界潜水联合会（CMAS）和中国潜水运动协会（CUA）的会员，学校有九名国际三星、二星 CMAS 水肺潜水（Scuba）教练和十多名工程潜水教练，其中多名教练曾到美国国际海洋工程学院学习空气潜水、混合气潜水和饱和潜水，学校是国内潜水教学能力最强的一个单位。现在，学校拥有先进、完善的潜水训练设施设备，还拥有体育馆、图书馆、先进的计算机实验室、语言实验室、物理、化学、电工实验室、绘图实验室和多媒体教学系统。

（四）企业与培训

目前广东省在中国潜水运动协会注册的潜水俱乐部和组织有：佛山市防汛抢险队、海南国际海洋俱乐部、广州海威（谭裕明）俱乐部、祁福新村度假俱乐部、广州市番禺区市桥南郊水星潜水店、广州潜水学校、广州帕迪潜水服务有限公司、广州乐融潜水俱乐部、广州市蹼泳队、广东省体育运动学校、广东省蹼泳队、广州龙德潜水服务有限公司。

以广州帕蒂潜水服务有限公司为例介绍企业的潜水活动[①]。

帕蒂潜水服务公司采用美国潜水教练专业协会（Professional Association of Diving Instructors，PADI）培训体系。PADI 是全球最大的潜水认证体系机构。公司设有包括潜伏、开放水域潜水员、救援潜水员等从低到高的 11 门培训课程。

潜水培训的限制性规定如下：

10～14 岁的青少年在开放水域潜水必须和有潜水执照的家长、监护人或 PADI 专业人士一起潜水，最大深度限制为 12 米。年满 15 岁时，青少年检定卡（证书）就可以升级为一般的开放水域潜水员检定卡（证书）。

---

① 广州帕蒂潜水服务有限公司：http://www.pdstar.com

此外对于患有某些不适合潜水的疾病的人群，也不能参加潜水，如曾经接受过中耳手术，或眼角膜手术，有肺部受伤病史，尤其是自发性气胸者等。

(五) 广东潜水管理模式

政府和行业对潜水教练及潜水技术人员有着明确的法律规定。而景区则是企业自行管理经营，对游客基本没有限制要求（见图4-14）。

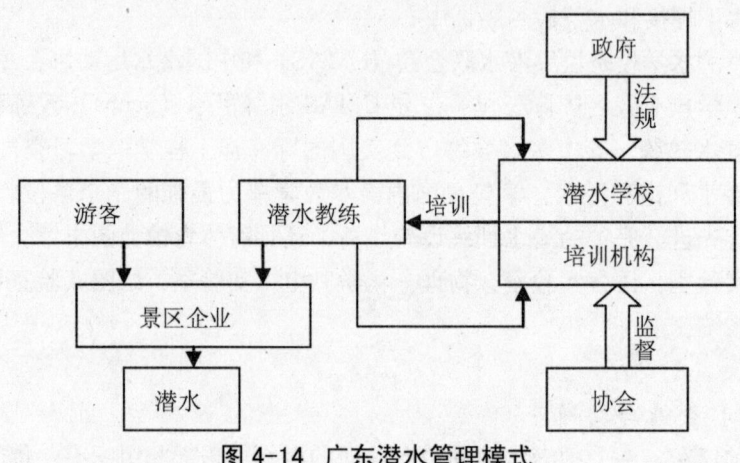

图4-14 广东潜水管理模式

(六) 目前存在的问题

1. 潜水教练级别认定不统一

如我国的潜水活动管理规定中教练的级别分为四个星级的管理级别，而国外有PADI培训体系。两种体系必定造成管理的不便，如何解决不同体系的对接，对完善潜水教练管理有重要意义。

2. 潜水活动多处在体验阶段，并没有真正培养一批潜水爱好者

目前，国内的潜水多局限于景区内游客付钱后有潜水教练进行短时间简单培训后便在教练陪同下进行体验式潜水，这些活动并无法形成一个对潜水器材以及培训业的真正市场需求。国内当前没有一个真正的大众潜水爱好者市场，这限制了潜水活动的进一步发展。

五、探洞之旅——广西大石围天坑开发

近年来,洞穴旅游在国内正逐渐升温,户外探险已经成为与名胜古迹观光和度假休闲游并行的旅游方式。同时我国也是世界上岩溶洞穴资源最为丰富的国家。目前,中国洞穴旅游景区已达400余处,数量位居全球第一。我国的西南部地区有着大面积的喀斯特地貌,有着丰富的洞穴资源,但洞穴探险旅游处于十分尴尬的境地。开发完善的洞穴旅游会失去探险的乐趣,但未开发的洞穴不可控的风险又过高。这里简要介绍广西乐业大石围天坑群国家地质公园的管理。

乐业大石围天坑群于2004年1月29日经国土资源部批准为国家地质公园,于2004年3月19日正式授匾。该地质公园位于乐业县百朗地下河系中上游,面积175平方公里,核心区域25平方公里。授匾一年来,乐业县先后投入500多万元建设了地质公园主标志碑、博物馆等,并筹措大量资金进行基础设施建设。

乐业是世界最大的天坑家族中塌陷型天坑的典型代表,有代表天坑发生、发展和成熟度不同的天坑。该地质公园内就有天坑28个,其中超大天坑2个、大型天坑7个、中小型天坑19个。大石围天坑坑底森林面积世界第一、深度世界第二、容积世界第三、综合旅游价值世界第一,其西绝壁是世界最高的绝壁之一,是世界超大型和塌陷天坑的典型代表,被誉为"世界天坑之都"、"世界天坑博物馆",大石围天坑群堪称"世界第一天坑群"。地质公园内有很好的灌木林、疏林及草本植被覆盖,局部地区还存在原始森林,生态环境基本未受到破坏,原始生态保存完好。

目前,乐业大石围天坑群已开发的有大石围天坑、穿洞天坑、白洞天坑等,这些大坑的开发,难度之大、工程量之大令人难以想象。

开发大石围洞穴探险游的思路有以下几点:首先,在大石围天坑侧面有一洞,名曰马蜂洞,斜插大石围天坑,只需打通40多米,就可通到离天坑底部地下原始森林约80米高度的地方,这样向上既可看到大石围天坑的险峻,向下又可清晰地看到地下原始森林的茂盛与神奇,该项目目前正在实施。其次,采用现代影像技术,在天坑底部、地下原始森林、地下洞、地下河及重要地段多角度、多方位安装摄像设备,将坑内画面同步传输地面,真实展

现坑内的奇景、奇物等。第三，对打算进入大石围天坑的探险者实行定量接待，在经过探险基地的严格培训后，方可随同探险队进入天坑底部，另须缴纳1000美元/人的费用。最后开放穿洞天坑或白洞天坑，满足旅游者的好奇需求。

六、雪原穿梭——黑龙江亚布力滑雪[①]

滑雪运动在我国有着广泛的分布，随着技术的发展，滑雪已经突破了地域限制，在国内各省基本都有滑雪场的存在。但国内主要的滑雪地分布在东北、西部、西南等高纬度、高海拔山区。这里简要介绍亚布力雪场。

（一）旅游滑雪

针对不同类型的滑雪者，亚布力滑雪旅游度假区现在已形成了初、中、高级雪道相结合的雪道体系。初级雪道位于灵芝湖畔，长500米，旁边配有大型拖牵式索道，适合从未滑过雪和有一些初步滑雪经验的旅游者。中、高级雪道建在海拔1374.8米的大锅盔山北麓，雪道全长3080米，平均宽50米，落差804米，完全符合国际雪联的标准。雪道旁配有日本进口吊椅式索道，每小时运力为300人，中、高级雪道适合有一定滑雪水平的旅游者。雪具出租店内有豪华板、普通板及儿童板总计1000余套。此外，滑雪场还开展了一系列雪上娱乐项目，如雪地摩托、雪上飞碟、雪地爬犁、马拉爬犁、空中溜索等。

（二）竞技滑雪

亚布力高山滑雪场建在大锅盔山和二锅盔山的北麓，滑雪道平均宽度为60米，总长度约为8千米，最大落差804米。该场地可以举办回转、大回转、超级大回转和滑降等项目的比赛。1995年通过国际滑雪联合会（FIS）的验收，并获得了该国际竞技滑雪权威机构颁发的证书。

越野和冬季两项场地建在山间和谷地中，有2.5千米、3.75千米、5千米、7.5千米、10千米场地，宽度为6米。另有一个25个靶位的靶场。该场地的核心地段是一个400米的标准田径场。该场地通过了国际雪联（FIS）和冬

[①] 黑龙江亚布力滑雪场：http://www.yabuliski.cn

季两项联合会（IBU）的认证，并颁了证书。

跳台场地是一个标准 K90 米级、K125 米级的场地。设有一条单人吊椅、一条双人吊椅索道，并配有运动员休息楼、裁判楼和办公楼。该场地也通过了国际雪联（FIS）的认证，并颁发了证书。

跳台场地位于场部西南 1 千米处，是一个标准 K90 米级、K125 米级的场地。设有一条单人吊椅、一条双人吊椅索道，并配有运动员休息楼、裁判楼和办公楼。该场地也通过了国际雪联（FIS）的认证，并颁发了证书。

"U"形单板滑雪场（单板场地），该场地完全依照国际雪联（FIS）的最新场地标准建造，并获得了该国际竞技滑雪权威机构的认证。

此外，亚布力滑雪场还设有室内训练馆。使用面积 1500 多平方米。有设施齐全的健身器械，可进行网球、篮球、排球、羽毛球、乒乓球、蹦床等项目的训练、比赛。

（三）极地科学考察训练基地

中国国家海洋局于 1984 年拨专款再次建南极冬训基地——南极宾馆。每年赴南极、北极科学考察的队员在此基地进行适应性训练：野外宿营、冰山脱险、攀岩求生、卫星定位训练、滑雪等。目前已接待了 26 批赴极地科学考察的科研和站务人员进行冬训，并取得丰硕成果。该基地除了接待极地冬训队员外，还是黑龙江省重要的青少年科普活动基地。

七、三夫户外探险俱乐部管理模式

（一）三夫俱乐部背景

1997 年张恒创建北京三夫旅游制品中心，1998 年经过体育主管部门批准后，成立三夫户外运动俱乐部（简称"三夫"），获得中国登山协会 A 级户外运动资质证书的俱乐部，三夫俱乐部总部设于北京。三夫俱乐部在全国范围内经营 12 家探险装备店，经营国内外 200 多个户外探险装备品牌，单品 5000 多种的户外用品。1999 年，三夫俱乐部建立网站：www.sanfo.com.cn，集探险旅游、户外运动、电子商务、教育培训、商务推广、论坛社区、探险知识等于一体。俱乐部定期在周末节假日组织户外探险活动。

（二）三夫俱乐部的发展历程

1. 探险体验管理的摸索阶段

三夫公司1998年3月成立，最初注册的名称是：北京三夫旅游制品中心，注册资金3万元。1998年7月，三夫俱乐部正式注册成立；1998年10月，三夫组织第一次户外探险旅游活动——司马台长城野营；1999年5月，三夫开通网站www.sanfo.com.cn。1999年到2000年北京的户外探险旅游市场虽然起步迅速，但基数很小，三夫俱乐部通过组织户外探险旅游活动，来带动户外探险装备的租售业务，通过探险体验来吸引高层次的会员的加入。2000年，三夫公司的营业收入已达100万元。三夫俱乐部初步确立了俱乐部体验式营销的经营管理模式，建立"网站－俱乐部－专营店"的经营管理结构，通过探险旅游来带动相关市场业务的发展。

2. 重新市场定位，战略选址扩张

三夫俱乐部通过市场调查，重新确定企业目标市场：俱乐部为白领探险旅游者提供探险旅游体验产品，因此，三夫进行战略选址，将专营店定于商务区。2001年4月，三夫公司搬迁到北三环中路马甸桥西南角，新店面积100多平方米。2002年3月，200多平方米的三夫国贸店开业。2003年3月，200多平方米的三夫马甸东店开业。随着三夫的战略扩张，越来越多的国内外探险装备品牌进入三夫，三夫的户外探险活动业务也扩张到新店商圈区域，依托"俱乐部—网站—专营店"的管理组织，成功地开创出注重"探险体验和安全保障"的管理模式。

同时，三夫俱乐部建立了专业领队制度，通过招聘具有专业户外探险活动技术的专业人才，来打造安全专业的户外探险旅游的品牌。三夫通过与中国登山协会合作，建立专业教练和登山领队的培训业务，来提高职工的户外探险技能和组织管理能力，为开展户外探险旅游活动，提供安全专业的技术保障。三夫在发展探险体验业务的同时，更加关注会员消费者的体验需求，开始进行探险技能培训和户外急救知识的培训活动，提高队员消费者的体验层次。

3. 连锁经营，跨区域发展

三夫俱乐部于2003年9月推出加盟连锁政策，在宁波、廊坊、郑州、长春、

乌鲁木齐、包头、呼和浩特、泰安、上海开设有10家加盟店。连锁经营给三夫的经营管理带来了更加宽阔的市场空间，为三夫的探险旅游业务和相关市场带来更大商业机遇。

三夫为开辟拓展培训市场，在北京的怀柔、密云及上海等地建立了几家培训基地，与当地的雪场等企业合作，开发户外拓展、探险旅游知识与培训产品。

（三）三夫俱乐部"探险体验和安全保障"的经营管理模式

根据三夫俱乐部的经营管理，设计出其经营管理模式图（见图4-15）。

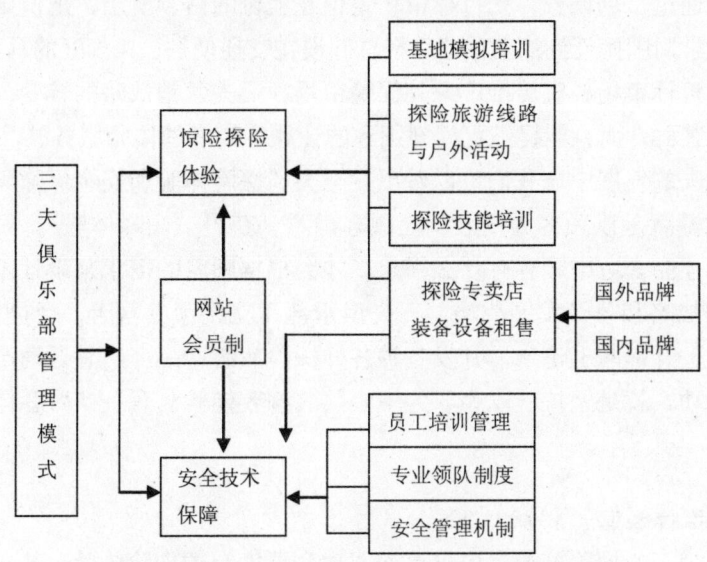

图4-15 "安全+惊险"经营管理模式模型

1. "俱乐部+网站+专营店"的体验管理运作模式

三夫俱乐部的商业化运作的关键是俱乐部、网站、专营店的建立。三夫认识到，在中国户外探险活动发展的初级阶段，单靠俱乐部组织的AA制户外探险旅游活动是不行的，必须抓住探险旅游个性化强、体验性强、刺激性强的特点，以及户外探险活动对探险技能和装备设备的高依赖性特点，建立探险旅游装备商店，通过提供更加便利和更深层次的旅游体验产品，来推动户外探险旅游的发展。通过户外探险装备租售活动，三夫扩大了体验产品的销售，更重要的是使越来越多的人走进大自然，重新认识自我，扩大了三夫探险旅游的市场。

随着探险旅游需求的增加，为使消费者交流探险体验经验和更好的开展业务，三夫俱乐部建立网站，开辟网络论坛，为探险旅游者近距离接触大自然和会员交流信息、相互学习、回顾探险体验感受，提供网络平台。

在三夫注重探险体验和安全保障的经营模式中，连锁专营店是俱乐部业务主体和核心利润的来源，而会员俱乐部和网站平台是俱乐部发展探险旅游的市场推广、聚集人气的管理手段，网络体验销售是又一个很好的销售渠道。

三夫通过市场调查，把目标市场定位在上班的白领阶层，把俱乐部的专营店从大学周围搬迁到商业中心，将总部设在交通便利、人气旺的马甸南村。三夫针对目标市场，宣传推广户外探险市场。三夫营销战略的转变，更加贴近目标顾客群，而且能提供更周到细致的让顾客满意的体验服务。

从三夫的发展中，我们可以看出：三夫"探险体验和安全保障"的管理模式的精髓就是以顾客为中心，让顾客满意、获得"高峰体验"。只有让顾客满意，才会去考虑顾客有什么需求，才会根据顾客的需求来设计、调整自己的营销战略和公司发展战略。三夫俱乐部建立连锁专营店，会员俱乐部，建起网站，开辟网上论坛，开发各种各样探险旅游产品、户外运动产品和各种培训活动，就是坚持"以顾客为中心"、"顾客体验满意"、"顾客体验需求优先"。

2. 品牌经营，保障体验

三夫为了给探险旅游者提供更深层次和更安全的探险体验，从一开始就把提供高质量的探险装备设备作为其体验产品的一部分。

三夫先后与韩国的 TRANGO、美国的 REI、COLEMAN 和 REGORY、法国的 FREETIME 等著名国际品牌合作，开展探险装备的代理零售业务，使奥索卡、始祖鸟、Montrail、Asolo 等国际一线品牌进入三夫的探险装备专营店。同时，三夫也与国内其他的户外品牌合作，一些国内品牌如 Kailas、天石、龙鸟、探路者等，也纷纷进驻三夫直营店。

三夫在与品牌供应商合作的同时，于 2003 年投资 100 万元建设的"阿尼玛卿"，产品线包括四季服装，内衣手套防潮垫等，采取贴牌生产。为中低档的探险消费者提供装备设备，很受顾客欢迎。三夫通过组织俱乐部探险旅游活动，贴近市场，发现需求，不断完善对阿尼玛卿的产品设计。

目前，三夫专营店经营100多个国内外品牌、近5000个品种的户外探险用品，成为真正意义上的户外探险装备零售店。三夫为户外探险旅游消费者提供了宽松的选择空间，上至高端的国际品牌，下至中低端的国内品牌，让消费者找到适合自己的产品，可以充分享受安全的有装备技术保障的探险体验。

3. 俱乐部经营管理的法宝——体验管理和体验营销

提到户外探险旅游俱乐部的经营问题，自然离不开"体验管理和体验营销"。

（1）三夫俱乐部努力做到让每位会员和探险旅游消费者都在探险旅游活动中感受到友情、快乐、满足、超越自我，体验到探险旅游、户外运动的魅力。

俱乐部不断推出登山、徒步穿越、溯溪、探洞、漂流、攀岩、速降、峡谷淘金、野营、篝火晚会、野外定向、抢滩登陆等个性化、参与性、体验性、刺激性强的探险旅游活动。同时三夫俱乐部坚持不懈地倡导运动、健康、环保的理念，有组织有计划的组织各项户外探险旅游活动项目，通过坚持不懈地投入人力、物力组织活动，不断强化以"会员为中心"的服务理念，关心每一位会员。

（2）开展俱乐部活动和产品租赁业务，为旅游者获得探险体验提供便利。俱乐部利用休息日、假日组织俱乐部会员去进行滑雪、滑冰、登山、攀岩、野营、徒步穿越等一系列户外探险、旅游休闲活动，在活动中，三夫提供相关的产品和服务，让会员尽情体验。

三夫采用推荐式销售和尝试性购买。三夫要求店员都必须接受产品、品牌知识的培训、野外装备培训，让店员能够根据客户的用途、预算推荐适合的产品品牌，成为户外探险方面的专业人士。同时，三夫极力营造宽松、自由、快乐的购物环境。在购买之前，顾客可以尝试各种产品。三夫规定，购后没有使用、不影响二次销售的产品，三个月内均可自由退换。这些体验性和人性化的措施，让客户会员更为放心的尝试和购买。

（3）定期组织探险知识、技能和教育培训。三夫俱乐部每周组织2～3次探险旅游活动，旅游消费实行AA制。通过网络和俱乐部，三夫在组织各种探险旅游知识技能、救助知识技能、保险知识等宣传教育培训活动。同时，三夫聘请中国探险协会和国外的探险专家来指导培训会员。三夫以网站和俱乐部为平台，不断推出创新型探险旅游活动，不断丰富和创新产品，极大地满足了会员的体验需求，提高了会员的忠诚度。几年来，三夫俱乐部的会员注册数量逐年增多，俱乐部市场影响力越来越大，被称为中国户外的"大哥"。目前，三夫俱乐部注册会员，北京有2万多人，全国注册会员有6万多人。

4. 严格管理、注重安全的技术保障体系

三夫在开展探险旅游的同时，建立专业领队制度，建立专业培训制度，注重对员工的探险技能和业务能力的培训。同时，三夫与中国探险协会和中国登山协会合作，培训探险和登山的专业领队人员，来提高员工的素质。

俱乐部开展的活动经过体育部门严格审批，所有户外设施、器材均经过中国登山协会及CE安全认证。活动通过专业精心的设计和反复论证实践，所有的活动线路通过科学的策划、勘定。俱乐部所有的教练和户外专业从业人员具有多年的户外活动经验、组织能力和敬业的职业精神。俱乐部建立了由"器材－线路－员工"为一体的安全技术保障体系。

（四）三夫俱乐部的体验盈利模式

在三夫的发展初期，俱乐部是微利或者是不盈利的，专营店的户外探险装备器材的零售租赁业务是俱乐部的核心利润来源。目前俱乐部的销售收入主要是装备租赁和会员卡销售，俱乐部有200多套装备可以提供租赁，会员卡的销售每年达到7000多张。但随着三夫品牌在市场中的提升，三夫开始通过俱乐部的一些项目盈利。

1. 拓展公司培训市场

近两年，三夫开始进入拓展培训市场，主要针对公司客户和个人家庭客户，每年接待公司、企业的团队客户，量身打造探险拓展培训项目，提高公司企业的团队凝聚力和合作意识。同时，三夫利用基地、俱乐部的场地资源，针对家庭、个人进行一些探险拓展训练和技能的培训。三夫还与其他公司合作，优势互补，进行经营。如在每年冬季，三夫与北京各个雪场合作，代理雪场业务，来组织俱乐部会员、公司会员的滑雪活动。

2. 吸引企业赞助，策划大型探险体验活动

三夫利用自己在市场中的地位，利用现有的网络销售平台、媒体平台

做一些大型的探险旅游活动,通过经营广告业务和公关业务,来吸引公司企业赞助。如,2005~2006 年,三夫成功策划第一届和第二届北京大学生越野锦标赛,同时组织了可可西里徒步穿越探险活动;2006 年 7 月,组织攀登 7500 米高的慕士塔格峰的登山探险。这些活动的成功,吸引企业的商业赞助,获得了相当的成功。

3. 与电视媒体合作,打造探险真人秀

三夫与北京电视台 6 频道《奔跑北京》合作,2005 年 8 月开播,通过组织真人秀活动,来打造城市生存、城市探险体验的真人秀。同时,参与制作经济话题节目《首都经济论坛》,每期节目邀请市民、政府、媒体、学者代表,来探讨探险旅游、户外运动。

4. 外包企业俱乐部

三夫通过外包企业俱乐部,为那些只注重产品、产品服务、维修等,而在售后服务、Callcenter、产品忠诚度的把握和维持做得不够好的领域,做外包服务。目前,三夫正与可口可乐公司合作,建立可口可乐用户俱乐部,通过组织各种户外探险旅游活动,让消费者加深对可口可乐企业的了解。

总之,三夫俱乐部的盈利模式是适合探险旅游消费者体验需求的、建立在户外探险、体育运动、休闲活动等基础上的多元化发展盈利模式。

(五)三夫俱乐部管理模式评析

三夫由一个小俱乐部发展成为拥有十几家连锁店、俱乐部、网站的大公司,关键是三夫摸索到了一条适合自己的经营管理模式——"以顾客体验为中心,诚信合作,安全专业管理",注重提供"绝对惊险"的探险体验、打造绝对安全的技术保障装备体系的经营管理模式。

三夫的成功表明:探险旅游俱乐部在激烈的市场竞争中,必须要有准确的市场定位,明确探险旅游行业发展的核心(惊险体验和安全保障),就能找到利基市场。同时,消费者的需求越来越个性化,新产品被替代的过程不断缩短,这些都为中小探险旅游俱乐部提供了机遇。中小旅游俱乐部只要能够按照细分后的子市场的需求特征和消费个性,把企业定位在消费者心目中所期望的位置上,在有绝对安全保障的技术体系的支撑下,提供个性化的能够产生惊险体验的产品,探险旅游俱乐部就能够在竞争中发挥"小而特"、"小而专"、"小而精"的竞争优势。

八、北京驰野探险旅游俱乐部经营管理模式

(一) 驰野探险旅游俱乐部背景

中国科学探险协会北京驰野探险俱乐部,隶属于湖南沐林集团,是中国第一家组织中外探险文化交流及科学休闲探险,从事人力资源开发及拓展培训,开展大型户外活动和极限运动的综合性专业机构。下设科学考察探险部、探险旅游部、拓展培训部、装备技术部和培训基地。公司自1999年成立以来,一直得到社会各界的热情关注和鼎力支持。公司的宗旨是"以真诚服务、精确保障",将驰野"营造成勇敢的学校、智慧的课堂、团结的乐园、高尚的会所"。

驰野作为中国第一家赞助北极科考建部并组织北极探险的专业机构,已成功组织首次中国企业家北极探险、中国少年首登北极活动、信报万名读者云佛滑雪运动、莲花山雪美人大奖赛;作为国内第一家开创野外探险、拓展训练的专业机构,已为GE、HP、辉瑞制药、阿斯利康、中国银行、中国联通、联想等数百家企业提供野外探险、拓展培训;培训人员达10万人次。作为中国第一家在海外立分支机构的探险公司(英国、新西兰),驰野已在国内设有上海、广州、重庆、深圳、南京等多家基地。

驰野探险旅游俱乐部,作为一家专业公司,在针对目标市场(公司会员和家庭会员、个人会员)进行科考探险、探险旅游、拓展培训等领域不断地打造自己的品牌。同时,在科学的管理基础上,为探险旅游者打造了一个既有专业技术,又有安全保障的个性化的多元化的探险旅游产品系统,为旅游者提供"安全、惊险、刺激"的探险旅游体验。

(二) 驰野俱乐部安全技术保障管理体系

驰野探险旅游俱乐部建立了一套由上到下的安全管理制度体系:

1. 安全原则

在探险拓展培训全部过程中,参加人员的人身安全始终是我们各项探险拓展培训的生命线。坚持"安全第一、预防为主"的工作方针,从根本上消除一切不安全的因素,杜绝安全事故的发生。

2. 安全目标

实现探险拓展培训的安全目标,我们定位在绝对安全。100%把安全意识培育成我们日常生活的一种方式、一种理念。

3. 安全保障构架

(1) 对参训人员进行安全意识的宣传教育;
(2) 建立完善的安全技术保障体系;
(3) 装备为国际权威认证的专业探险器械;
(4) 制定严格的《探险活动纪律》;
(5) 选派具有一定水准的由专家组成的专业培训师;
(6) 严格按照科学的操作方法确保培训每个细节的安全性、专业性;
(7) 严格要求参与探险旅游者购买保险。

4. 科学的安全管理新方法

(1) 高度警觉,精心根除一切不安全隐患;
(2) 严格执行培训组织纪律,杜绝任何不安全行为和隐患;
(3) 严密控制各种不利于安全的环境因素。

(三) 驰野探险旅游俱乐部的"专业+惊险"管理服务体系

1. 提供个性化多样化的探险旅游体验产品

驰野探险旅游俱乐部主要的探险旅游活动产品包括探险旅游、野外生存(丛林生存、沙漠生存、山谷生存、峡谷生存)、野外拓展、定向跃野、登山探险、漂流探险、滑雪运动、极地探险、冰川探险等个性化的探险旅游活动。

近年来,驰野俱乐部曾举行的大型户外探险旅游活动有北极探险旅游、海南热带雨林穿越、青藏高原探秘、库布齐沙漠探险。

2. 建立探险培训基地,打造真实性人造模拟探险体验场所

驰野在国内外建立了23个探险拓展培训基地,为会员提供真实性个性化探险体验和技能培训,提高探险旅游者的探险旅游和野外拓展技能。

主要探险旅游和拓展培训基地,有挪威北极探险旅游培训基地、马来西亚热带雨林探险旅游基地、塔克拉玛干沙漠穿越基地、罗布泊野外穿越基地、

海南尖峰岭野外探险拓展基地、三江并流大峡谷徒步穿越基地、库布齐沙漠穿越基地、十万大山腹地江河漂流探险基地、青藏高原高原探险旅游基地、三江源探险基地、上海佘山定向跃野探险基地、上海太阳岛野外拓展培训基地、褡裢京石滩海上拓展训练基地、北京蟒山野外拓展探险基地、怀柔野外拓展探险培训基地等。

3. 建立一支由专家组成的专业化的探险旅游管理队伍

驰野探险旅游俱乐部的董事长：伍跃时（中国探险协会副主席、湖南亚华种业股份有限公司总裁）；

首席顾问：高登义（中国科学探险协会主席、著名大气物理学家、中国科学大气物理研究所研究员、博士生导师、雅鲁藏布江大峡谷发现论证者之一、中国第一位在北极南极和珠峰地区进行过科学考察的著名科学家、中国伊力特沐林北极科学探险考察队队长）；

科学顾问：邹捍（挪威贝尔根大学博士、中国科学院大气物理研究所研究员、中国科学探险协会理事、中国伊力特沐林北极科学探险考察队副队长）；

技术顾问：陶宝祥（著名科学探险活动家、中国科学探险协会常务副秘书长、1999年澜沧江源头科考对队长、中国伊力特沐林北极科学探险考察队队员）；

外籍科学顾问：叶辛（挪威著名极地科学探险考察队副队长）；

俱乐部总经理：王建伍（探险活动家、中国科学探险协会外联部部长、首次中国企业家北极探险队队长、北京大学EMBA总裁研修班联络部部长、中国伊力特沐林北极科学探险考察队队员）。

4. 创新探险旅游产品，提供绝对惊险的探险旅游体验

（1）驰野俱乐部常年常规探险活动（采取商业推广的营销手段，吸引企业赞助参加）包括：搜狐驰野北极探险；新疆西藏地区：喀纳斯神奇之旅、青藏高原、青海湖探秘；海南地区：海南热带雨林穿越；其他地区：（内蒙古）穿越库布齐沙漠、（山东）泰山至尊行、炎帝祭祖桃源洞穿越之旅；驰野活动营：小鬼当家（中小学素质营）、草原探险营、"险中情"探险营（玫瑰营）、幸福老人（健康营）、"握手"探险营（企业野外拓展训练营）。

（2）驰野俱乐部建立惊险探险旅游新产品包括：西藏雅鲁藏布江大峡谷、新疆塔克拉玛干沙漠探险、新疆罗布泊穿越、海南原始热带雨林探险、海南

孤岛生存训练、徒步穿越三江并流大峡谷群、西双版纳民族风情探险及农耕种植体验、内蒙古穿越库布齐沙漠、广西十万大山腹地漂流探险、青藏高原探险、北极探险、黄河、长江、澜沧江、青海三江源探险及生态环保考察、南极探险、马来西亚热带雨林探险、加拿大落基山脉探险、美国科罗拉多大峡谷探险、南非探秘、瑞士滑雪等系列产品。

(3) 驰野建立起自己的探险旅游网站

驰野拥有自己的网站：www.cytx.com，同时与中青网合作，在线直播探险旅游"惊险体验"全过程。

（四）驰野探险旅游俱乐部"绝对惊险、绝对安全"的经营管理模式

从驰野的经营管理中，我们可以很清楚地看到，正是驰野建立了"绝对安全与绝对惊险"的管理模式（见图4-16），注重探险惊险体验与安全技术保障体系的构建，才使驰野取得了成功。

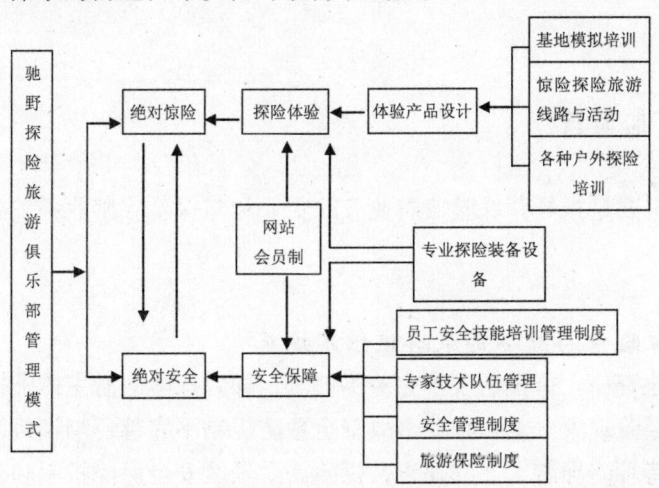

图 4-16 "绝对安全+绝对惊险"经营管理模式模型

第四节 我国探险旅游发展中存在的主要问题

一、国家宏观方面问题

探险旅游方面的法律法制不健全；缺乏探险旅游安全标准的研究与制定；探险旅游企业的执业资格认证制度、市场准入机制、审批监督机制没有建立起来，为社会上一些资证不全的所谓的俱乐部"超范围经营"、"变相开展商业活动"和"无政府管理活动"提供了便利；教育培训体系不完善，科普探险知识普及不够，缺乏专业探险旅游技能培训机构；国家相关管理部门对探险旅游的监控管理工作不到位、责任不明确；社会安全保障机制和应急救援体系不健全。

二、企业方面问题

企业方面，主要是指经营探险旅游业务的企业和与探险旅游业务关系密切的企业。

（一）经营探险旅游业务的旅游组织不规范

探险旅游执业资格、审批制度不完善不健全，导致探险旅游主体资格认证混乱、超范围经营现象严重；企业事故安全预防机制不完善；培训机制没有建立；高素质特种游导游人才的缺乏；探险旅游景区安全保障机制和救援体系不健全，对探险自助游的引导与规范措施不到位。

（二）探险旅游的保险险种和数量缺乏

保险公司缺乏相关风险控制技术，对探险旅游保险业务发展不重视或者根本不保；旅游保险产品结构与市场需求矛盾突出；保险销售渠道有限，销售方式单一；旅游保险保障与理赔机制不健全，旅游保险效用与法制保障不协调。

第四章　中国探险旅游发展现状与问题

(三) 救援组织和救援体系不完善

没有建立完善的社会安全保障和救援体系；救援队伍缺少专业的救援装备和交通工具；安保和救援基金机制不完善、资金来源渠道单一。

三、旅游者方面问题

(一) 探险旅游前准备不充分

缺乏对探险旅游目的地状况的准确认知；没有制定详尽的探险旅游计划；缺乏必要的野外探险技能和知识；缺乏必要的探险旅游装备设施；对探险旅游组织机构的选择存在盲目性。

(二) 旅游者风险意识、安全意识和保险意识缺乏

旅游者的安全意识差、对风险安全因素考虑不足或者不全面；旅游者的保险意识薄弱，一般抱有侥幸心理，大多旅游者都选择不购买保险，无法形成救援公司和保险公司的合作。

四、资源开发方面问题

(一) 政府管理缺位

地方政府在探险旅游资源的开发与管理方面缺位，不重视或者根本没有探险旅游发展规划，造成对全国探险旅游资源缺乏全面系统的普查和评价。我国对探险旅游资源的数量、质量、种类、范围、自然环境、开发利用价值等还没有进行全面科学的统计和分析，探险旅游的发展、探险旅游规划和开发缺少必要的依据。

(二) 探险旅游资源开发程度不够

探险旅游项目单一，具有中国特色的点线面的探险旅游网络体系还未真正形成。

(三) 旅游环境恶化

探险旅游资源大多位于生态脆弱、敏感的地区，大量的探险旅游活动更容易破坏这些地区的生态环境。

五、人才培养方面问题

目前，我国没有建立起一个科学、合理的教育培训体系，系统科学的培训机制不健全，社会合格的培训机构很少，导致探险专业人才缺乏，普通旅游者更是缺乏探险方面的知识和技能。

世界探险旅游业发达国家的经验表明：专业人员的培养是探险旅游业的先导。如法国，在登山、滑雪、漂流、攀岩、攀冰等专业的学生不但均应具备救护人员的文凭，还要掌握专业知识，并要求不少于65次探险旅行史，其中15次高山滑雪史、10次漂流史，同时要求有良好的技术、心理和生理素质。对学生年龄、课程（实习）的设置均有严格的规定。学生年龄不小于17岁，一般最大不超过25岁；15天的基础课程，10天的高山滑雪，6周的登山和1周的漂流；以后就是长达两年的实习，最后才能获得国家承认学历的探险向导文凭。

第五节 探险旅游的引导与管理必要性

一、发挥资源优势、提高资源利用效益，提升我国旅游业的国际竞争力

(一) 探险旅游资源丰富

我国拥有丰富的探险旅游资源：山多、河多、峡谷多、沙漠多、荒漠多、古迹多等，而且这些资源具有明显的独特性、稀缺性和垄断性。

我国拥有世界14座8000米以上山峰中的9座（其中8座与邻国共有）

及其他诸多美丽的雪山,其中被称为"地球之巅"的珠穆朗玛峰,其周围晶莹绮丽的冰塔林,构成独特的高原冰雪奇观,具有独一无二的探险、考察、登山旅游价值。我国的长江、黄河分别为世界第三、第六大河,黑龙江、澜沧江、怒江、雅鲁藏布江等都是亚洲水量最丰富的国际河流。我国著名的长江三峡与美国著名的科罗拉多大峡谷均以景观奇特、壮观而著称于世,而我国长江三峡景观中所积淀的文化内涵、丰富的人文景观远非科罗拉多大峡谷可比,堪称世界峡谷景观第一。我国的雅鲁藏布大峡谷是世界第一大峡谷,拥有多项世界之最:水能资源最丰富,生物多样性最丰富,世界热带山地气候分布的最北界,被称为"人类最后的秘境"。我国新疆的塔克拉玛干沙漠是世界第二大沙漠,是距离海洋最远的大陆腹地和充满着离奇神话的荒沙大漠。我国还拥有世界地理学家十分向往的"雅丹地貌"。绵延中国西北部的丝绸之路已经有两千多年的历史,沿丝绸之路留下了大量的文化遗迹:古城、古墓、长城、寺院和石窟。特别是从敦煌石窟和吐鲁番墓葬中发现的数万件文献,介绍了中国、中亚、南亚等许多国家民族的历史和文化艺术及中外往来情况,具有很高的科考价值,成为当今世界学术上的热点。

诸多的世界之最,奇特多姿的地质地貌,复杂多样的气候类型,举世罕见的自然奇观,稀有闻名的文物古迹,别具特色的民族风情,构成了中国探险旅游发展的强有力的资源优势。

(二) 拥有巨大的探险旅游国际和国内市场

随着人们生活水平的提高,户外休闲热的大幅升温,国际旅游市场正在从单纯的观光旅游向求知、寻奇、探险等方向发展。

我国探险旅游拥有一个巨大的潜在国际市场。我国的名山大川、大漠盆地等自古以来就是令东西方探险家神往的地方。目前逐步推出的一些探险旅游产品,如高山徒步旅游、沙漠探险、丝绸古道探险、草原探险、登山、科学考察等,在国际旅游市场上也有了一定的影响力和吸引力,形成了一批固定的国际客源。追求新奇刺激,热衷冒险,希望从事参与性旅游以及青睐具有独特文化色彩、带有地方神秘性的旅游资源是当前来华旅游者的共同需求。由此可见,我国拥有开拓和发展探险旅游业的市场,必将成为国际探险旅游大市场的重要组成架构。

在国内市场方面,改革开放促进了近现代国民性的改造和旅游性格的重塑，使中国旅游者在古今中西交汇的新背景下，开始有选择地、有创意地用西方的旅游精神补充自己，竭力将自己塑造成具有融汇西方特征和具有东方特色的开拓性、进取性和英勇无畏的旅游者形象，实则激活了潜藏在中国民族性格中的冒险因素，使中国民族性格产生了冒险、进取、外向的次生特征。从而表现为现当代不少中国旅游者都挣脱传统观念的束缚，开始勇敢地进行各种探险和冒险旅游活动。如黄河漂流队抢先漂流黄河等。另一方面，随着中国社会的转型，社会发展多元化，人们的生活方式更注重个性化。中国旅游发展大众化，大量的受过比较好的教育、有一定经验、更加成熟的旅游者，外出旅游，更加重视消除疲劳、调剂精神的积极旅游。过去那种单纯游山玩水的消遣观光将逐渐为多样化的旅游项目所代替，人们外出旅游强烈地希望结合个人兴趣与爱好，进行积极休息，能在旅游中得到特别感受，挑战自我，因而在选择旅游地时更愿意到从未去过的地方或别人很少去过的地方，如参加"罗布泊探险"、"雅鲁藏布大峡谷游"、"珠穆朗玛峰探险游"、"西藏高原旅游"等。基于地域、历史等方面原因，中国发展探险旅游的国内市场不及国际市场成熟，但市场的发展无疑是一种趋势和必然。

（三）探险旅游可促进旅游产品升级换代

探险旅游作为我国旅游业中一个新的旅游品种，首先在新疆出现。在过去十年间，我国西北、西南、东北地区的旅游部门也陆续开发出了一批探险旅游项目，如高山徒步、沙漠探险、丝绸古道探险、草原探险、汽车旅游、乘马匹及骆驼和骑自行车旅游、登山、民俗风情考察游、自然生态环境旅游、人文和科学考察旅游等，这些探险旅游项目的开办与运营，使我们在经营实践中对探险旅游有了比较完整和清晰的理论认识，摸索出了一些探险旅游线路的设计与规划，形成了探险旅游的团队从联络到导游的一系列操作方法，积累了较为丰富的经验，为今后发展探险旅游发展打下了一个初步的基础。

探险旅游属于新兴专业旅游，专业性技术性强，组织管理、安全管理、后勤保障要求严格。因此，开发探险旅游，能促进旅游企业专业化经营水平的提升，促进旅游产品的升级换代。

二、我国探险旅游发展不均衡、有效供需均不足

我国探险旅游发展的资源分布和市场发展不平衡，表现在东部沿海及经济发达地区探险旅游发展有市场缺资源，西部经济落后地区探险旅游发展有资源缺市场。如何使东部沿海及经济发达地区与西部经济落后地区的探险旅游发展形成互补，促进社会经济发展，需要引导和规范。另外我国探险旅游市场发展的有效供需均不足，需要引导。一是有效供给不足，这种不足既体现在数量上，更体现在质量上。目前市场上存在的产品和企业都是小作坊式的合伙企业，资金力量小，管理水平低，服务能力差。二是有效需求不足，探险旅游的价格高昂，广大普通旅游者望而却步，导致探险旅游有效市场规模狭窄。

我国探险旅游仍是由成长期向成熟期过渡的一种专项旅游产品，在我国具有丰富探险旅游资源和潜在巨大旅游市场的背景下，具有相当大的挖掘空间。各地应该依据经济学、地理学方法原则，客观全面地分析自身的条件，发挥优势，优势互补，因地制宜，制定出探险旅游发展规划，引导与促进探险旅游安全健康发展。

三、探险旅游死难事故多、安全管理缺位

（一）伤亡事故原因分析

在国内外研究的基础上，将探险旅游的潜在危险划分为环境、设备、组织者、游客四类。每一类具体的风险因子如下：

1. 环境因素

意想不到的天气、天气的骤然变化、洪水、温度骤变、野生动植物的袭击、山体滑坡、雪崩、太阳光的直射。

2. 设备因素

设备数量有限、设备自身安全隐患、设备安装错误、选用设备不当、设备不适合某些特殊旅游者、交通设施出现故障、机器故障。

3. 组织者因素

无经营探险旅游资格资质、无专业领队、过分相信旅游者的能力、领队与旅游者缺乏沟通、对潜在的风险认识不充分、缺乏完备的探险计划和应急预案、活动时间过于紧迫、对所带设备维修保养不当。

4. 游客因素

缺乏旅游经验、缺乏准备、对潜在危险认识不够、缺乏相关知识技能培训、在健康状况欠佳的情况下盲目行动、过分自信、不听从指挥、语言文化差异、旅游者之间缺乏沟通、炫耀。

2007年到2008年，通过邀请18位专家对上述进行因子进行危险度排名，结合访调研，网络检索等手段，得出了可供参考的定性危险度排名结果（见表4-4）。

表4-4 探险旅游危险因素排序

危险度	高			低
高 低	游客因素	环境因素	设备因素	组织者因素
	缺乏经验； 过分自信； 不听从指挥； 炫耀； 对潜在危险认识不够； 缺乏准备； 缺乏相关知识技能培训； 在健康状况欠佳情况下盲目行动； 旅游者缺乏沟通； 语言文化差异。	雪崩； 天气骤然变化； 洪水； 野生动植物袭击； 山体滑坡； 意想不到天气； 温度骤变； 太阳光的直射。	选用设备不当； 设备安装错误； 设备不适合某些特殊旅游者； 设备自身安全隐患； 设备数量有限； 机器故障； 交通设施出现故障。	无专业领队； 过分相信旅游者能力； 对潜在风险认识不充分； 缺乏完备的探险计划和应急预案； 活动时间过于紧迫； 无经营探险旅游资格资质； 对所带设备维修保养不当； 领队与旅游者缺乏沟通。

（二）死亡事故统计

由于我国没有针对探险旅游事故的统计制度，因此缺乏全面数据。目前只有登山协会对每年的死亡事故进行统计。现利用其提供的死亡事故数据对事故原因进行统计分析。

根据探险旅游发展死亡事故情况，特别是以登山探险旅游为例，我们将中国探险旅游死难史分为两个阶段，第一阶段为1957~2000年，共计13起33人遇难。此期间的山难事件基本上发生在海拔3500米以上（青藏地区为5000米以上）的高山探险活动中，而且很少有民间登山活动，遇难者基本上是专业登山探险员。

第二阶段为2001~2007年，在登山探险旅游和户外探险旅游中发生死亡事故共计84起，死亡104人（注，为区别登山探险，户外探险通常是指在海拔3500米以下、青藏地区为5000米以下进行的登山及其他户外活动）。自2001年起，由于中国户外运动蓬勃发展，遇难人数呈较快上升趋势，目前已超过了高山探险中的遇难人数，成为山难的主要部分。同时，登山活动也逐步平民化，高山探险中的遇难人员也基本上是非专业运动员，为业余登山爱好者。

登山探险死亡事故的原因统计图如下（见图4-17）：

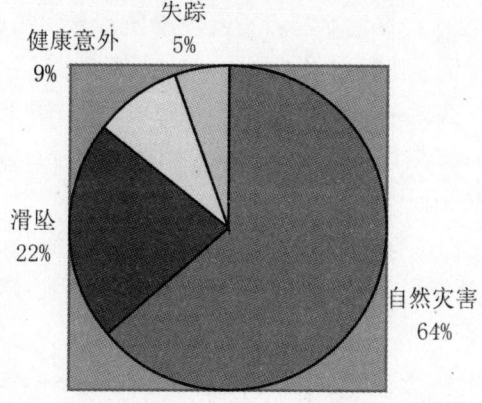

图4-17 2001～2007年登山探险死亡原因

其中自然灾害包括：雪崩、山体崩塌、暴风雪、恶劣天气等；健康意外包括：高山病、心脏病、失温等。

图4-17显示，登山探险中造成死亡的原因依次是自然灾害64%，滑坠22%，健康意外9%，失踪5%。自然灾害与滑坠事故比例达86%。

户外探险死亡事故的原因统计如下（见图4-18）：

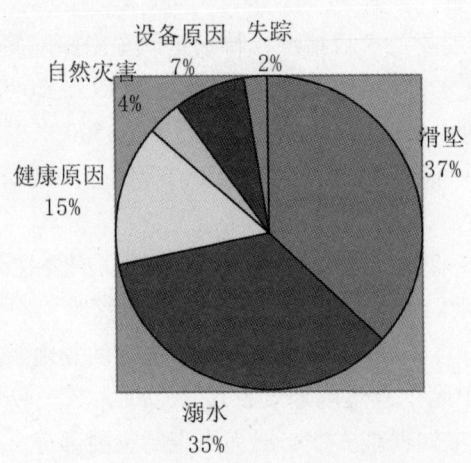

图 4-18 2001～2007 年户外运动死亡原因

其中滑坠事故包括：发生冰雪岩石陡坡滑坠、悬崖拓展架等高处坠落、探洞时高处坠落、滑倒撞击硬物等；溺水包括：落水、过河沉溺、海浪卷走、漂流翻船、山洪等；健康意外：因猝死、心脏病、高山病、体力衰竭、失温、中暑、莫名死亡等；自然灾害包括：雪崩、山体滑坡等；设备原因包括：保护装置失灵、缺少防护设备等。

图 4-18 显示，户外探险导致死亡的原因依次是滑坠 37%，溺水 35%，健康原因 15%，设备原因 7%，自然灾害 4%，失踪 2%。滑坠、溺水和健康原因造成的事故达 87%。

通过对 2005~2007 年 3 年的 63 起死亡探险旅游事故统计得出。我国主要探险旅游项目危险度排序如下（见表 4-5）：

表 4-5 我国主要探险旅游项目危险度排序

危险度	高				低
项目	登山	徒步	攀岩	漂流	洞穴

在这 63 起事故中，其中明确为个人自发活动遇难的事故比例达 53%，由于正规组织方失误造成的事故仅为 1.6%。其余 45.4% 不能明确活动的组

织类型（见图 4-19）。

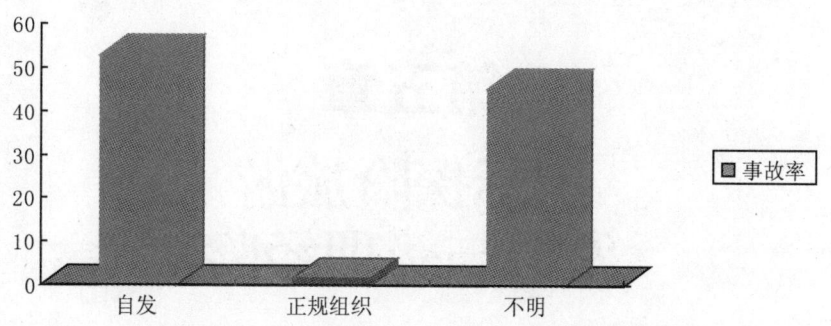

图 4-19 探险旅游组织形式与死亡事故率

（三）事故原因分析

通过对登山探险的统计可以看出，登山探险中不可控的自然因素是事故的最重要原因。滑坠为主要事故原因，这与活动的地形是明显相关的。

户外探险的统计结果显示，滑坠事故、溺水、健康问题是户外探险事故的三大主要原因，其中滑坠与溺水造成的死亡事故占 72%。健康原因占死亡原因的 15%。户外探险出现溺水造成的伤亡事故比例很高，这说明在水体附近开展活动时易于发生危险。

通过对登山探险与户外探险的对比说明户外探险参加者更容易发生原本能够避免的危险，他们的主观因素是导致遇险遇难事件的重要原因。相对专业的登山探险中，类似原因造成的危险比例较少。

户外探险中有 7% 的死亡事故是由设备原因造成的，而登山探险中则不存在这个原因。由此说明户外探险中仍有一部分人使用的设备不合格或不会使用设备，因此户外探险参加者中有一部分人对设备及其使用的重要性认识不够。

由图 4-19 可以看出自助探险游客更容易发生事故，而正规旅游组织开展的活动很少发生伤亡事故。

第五章
国际探险旅游发展与管理经验

第一节　国际探险旅游组织典型案例——IAATO

第二节　国际探险旅游企业典型案例——180°探险旅游俱乐部

第三节　国际知名探险旅游地管理模式

第四节　主要探险旅游发达国家管理案例

第五节　国外专项探险旅游的管理

第一节 国际探险旅游组织典型案例——IAATO

一、国际南极旅游经营者协会（IAATO）简介

1991年8月，探险者协会、海上旅游轮船公司、林德巴尔德轮船旅游公司、动力旅游、国际探险联合会等7家大型南极旅游公司在美国奥林匹亚联合注册成立"国际南极旅游经营者协会"（International Association of Antarctica Tour Operators），协会总部位于罗得岛普罗维登斯，旨在推动环保教育和公众对南极科学事业的支持，"提倡、推动、实施安全的和对南极环境负责的南极旅游"。该组织是带有一定管理性质的国际行业协会，属非政府组织，成立后立即在南极旅游行业中聚集了大量人气。1992年该组织成员增加至13个，范围遍及美国、德国、英国、澳大利亚、加拿大、新西兰、日本、智利以及荷兰。协会制定了针对南极旅游公司的《南极旅游从业者活动指南》和针对游客的《南极游客活动指南》，非常详细地制定了活动规则。例如"不要惊扰、骚扰或者干扰野生动植物"一项列出了许多细节：不得触摸动物、与海豹保持至少15英尺的距离、给动物让路、减少噪声、不得饲喂动物等。

二、管理模式总结

1. 协会宗旨清晰具体

协会全权代表负责组织和指导到南极、南极条约缔约国、国际保护区和公共区域旅游的南极旅游经营者，提倡、推动、实施安全的和对南极环境负责的南极旅游。

2. 会员制管理

协会将会员分为会员、准会员、委员会会员、委员会准会员和委员会附

属会员,作出不同的权利和义务规定。

3. 管理机构科学有效

选举将举行年度会议。资信良好的会员有资格投票参选委员会的职位和其他办事处的资格。每一个合格的会员将有一票表决权。由会员代表在年度会议上选举组成执行委员会。该委员会的组成成员,在适当的名义作出决定,并须经年度会议批准。委员会应反映出同样尽可能成员的地域代表性,以及业务活动的多样性。由2/3的履约情况良好的会员投票选出执行委员会主席。此外根据需要,常设包括会员、外勤业务、海事、附例、鉴定和财务的各委员会,由会员代表组成,由2/3的良好声誉会员多数票选出各委员会主席。

4. 财务制度健全

执行主任负责征缴,收集和管理所有费用。执行主任连同执行委员会和财政委员会将负责管理财务,预算限制内作出支付和提出建议的年度预算,将在年会的批准。各种费用,不得转让和退还。并记录会员账户超支的问题。一份详细的资产负债表和损益表将提供给会员四个月内财务年度结束后。对预算和财务事项的详细决定将采取与提交给财务委员会成员在年度会议审查和两个批准的良好声誉2/3的会员。未列入预算的采购或费用高达2万美元,可通过行政和财务委员会。两万美元以上的开支必须通过2/3的良好声誉的会员。

5. 运营步骤分类设计

组织者和他们的活动可分为以下类别:201~500名乘客上岸的组织者船只;承载500名以上游客的邮轮禁止上岸;陆地经营的组织者;上空飞行的组织者;空中游弋组织者;承载12名及以下游客的帆船或摩托艇经营者。

6. 安全、环保要求明确全面

在南极地区的活动,必须遵照《南极条约》及有关的其他条约、规定(统称为南极条约体系),《南极条约》的宗旨是把南极建成一个和平利用与科研的特殊区域。1991年签订的"环保议定书"规定将南极及其相关的生态系统设定为一自然保护区,同时规定了环保的原则、处理程序及遵守的义务。各缔约国一致同意按照其各国的法律体系,尽力遵守和维护"环保议定书"的规定。"环保议定书"的各项规定均适用于旅游和其他非政府性活动以及政府性活动,以确保各种活动不致影响南极环境或科学考察活动。《南极游客须知》的目的是确保所有前往南极者确知,进而遵守"环保议定书"中的各种规定（见表 5-1）。

表 5-1 南极游客须知

项目	要求
保持南极原始的风貌	南极是地球上一片最大的、原始的荒芜之地,这里是尚未受到大批人类干扰的一片净土,请您保持它的原貌。 不可随意随地弃置垃圾,禁止燃烧任何物品。 不可污染湖泊、河流和溪水及放置任何金属物品于海中,请弃置于适当地点。 不要在石头或任何建筑物上刻写名字及涂鸦。 不可带走任何在南极的动植物,人造物品。包括：遗骨、蛋、化石、石头或建筑物内的任何容器、物件、研究与考察仪器、设备等。 不可任意破坏有人居住或无人居住的建筑物及紧急避难所。
注意安全	您所准备的衣物及装备,应能应付南极地区善变的天气及防范不可预知的危险和可能隐藏的危机。 要知道自己的能力在南极的特殊环境中,可能会遇到的问题及危险,要有心理准备并能应变。 在陆地上及海上观赏野生动物时,要保持安全的距离。 要留意和遵照领队的指示,不可以擅自离开自己的团队。 没有适当的装备及经验,不要进入冰川区或大片的冰原当中,因为极可能会隐藏着危险,例如：薄冰下会覆盖着冰洞、冰缝。 不要冀望救援,必须增加自给自足的能力,合乎规格的必备设备,还要有周全的计划和受过专业训练的人员,危险性才可能降低。 不要进入紧急避难所（除非有紧急状况发生）,如果你使用过避难所的食物及设备等,请在事后告知最近的考察站,或政府主管机构。 请遵守限制吸烟的规定,并注意防火,特别是在建筑物周围,因为南极属于干燥地区,极易发生火灾。
尊重科学研究	不要干扰或破坏科研设备、器材或设施。 探访南极科研场所及有关相应设备之前,必须获得特许,在到达前 24～72 小时应再确认,并遵守有关规定。 不要干扰或移动任何科研器材及标杆,不可影响实验研究场所,研究人员的帐篷及补给品。

尊重保护区	南极有许多地区划分为特别保护区,因为其具有重要的科学、生态、美学、历史及其他价值。除了获得国家主管机构的特别许可,不可进入保护区。如果在历史遗迹,纪念碑或其他特别地区活动,须注意其特别的限制规定。 必须确知特别保护区域的地点及禁止进入的路线和活动。 注意其限制规定。 不要移动或破坏其历史遗迹、纪念碑、人造物及其他相关物件。
保护南极的野生动物	必须遵守国家主管机构的规定,禁止伤害或干扰南极地区的野生动植物。 禁止使用飞机、船或相关运输工具,干扰在陆地上、空中或海中的各种生物。 不可喂食、触摸鸟类和海豹或接近、摄影,而改变它们的生态行为,尤其是当它们正在孵蛋或换毛的时候。 不可损伤植物,例如:不步行、行驶或登陆在青苔覆盖的土地或斜坡上。 不可使用枪械或炸药、尽量保持最小声音,避免惊吓野生动物的生态作息。 不可携带任何动植物到南极地区,例如:猫、狗、花草等。

第二节 国际探险旅游企业典型案例——
180°探险旅游俱乐部

一、180°探险旅游俱乐部的背景

180°探险旅游俱乐部是一家以南非为基地,辐射非洲撒哈拉地区,主营探险旅游的专业公司。2000年8月由布拉德·皮尔斯和埃克斯维尔·斯吉普创立。布拉德·皮尔斯和埃克维尔·斯吉普都是商业经营和探险运动方面的专家。布拉德·皮尔斯还是一个具有丰富专业和经验的注册会计师,由于在户外运动和探险旅游方面,曾经多次参加非洲撒哈拉沙漠骆驼穿越挑战赛。2000年比赛后,他和埃克维尔·斯吉普合作,开始投资经营户外运动和探险旅游,他们在南非购买了一定数目的户外运动(包括独木舟运动、冲浪运动、山地自行车探险和潜水探险运动等)的经营权,开始经营户外探险旅游运动项目。埃克斯维尔·斯吉普(Xavier Scheeper)是一个资深的工程师,也是酷爱户外探险运动且具有丰富的探险经验。他参加了2000年在东加和萨摩亚的沙漠骆驼穿越纪念赛,并且获得了冠军。

180°探险旅游俱乐部的宗旨和任务：180°探险旅游俱乐部是一个专注于在美丽壮观的非洲野外，为旅游者提供独一无二的探险旅游经历体验的探险公司。通过具有丰富探险经验和探险技术的员工的专业的管理和组织，在探险领域中有高质量的服务和安全保障措施，公司保证提供给顾客一个从来没有经历过的、终生难忘的探险体验。

二、180°探险旅游俱乐部注重体验与安全的经营管理

（一）成功的专业技术与安全管理模式

180°探险旅游俱乐部最初设在南非东纳塔尔省的最大都市德尔班。俱乐部最初主要是经营探险旅游和户外运动项目。为了尽快打开市场，布拉德·皮尔斯和埃克维尔·斯吉普在公司的人力资源管理上，雇用有经验、有技术的员工，特别是通过利用一些曾经在大的探险公司（如 Unilever 和 Price Water House Coopers）工作过的有丰富探险经验技术和安全管理经验的员工来组织开展探险业务；同时俱乐部与当地的探险旅游提供商进行合作经营，利用提供商的探险基地和成熟线路，有针对性地经营开发一些特色探险旅游产品。产品主要包括探险活动、娱乐活动、刺激性旅行、团队拓展训练和个人拓展等。

管理上注重技术与安全，是180°探险旅游俱乐部早期经营成功的关键，也为俱乐部的长远发展奠定了基础。

（二）体验产品的多元化经营管理

随着在纳塔尔省的经营成功，俱乐部开始进行区域性扩张，迅速把业务扩展到更有盈利性的约翰内斯堡和普勒多利亚地区的市场。同时，俱乐部在南非一些地方建立连锁零售店。

俱乐部研究顾客的体验需求，开发出新的适应市场需求的新探险体验产品。把产品从纯粹的重点集中在公司探险旅游市场，扩展到探险运动竞赛市场和探险装备设备零售市场。

2001年，布拉德·皮尔斯调整俱乐部的发展战略，实行国际化经营。2001年4月，俱乐部把50%的股份以50万英镑的价格转让给英国翠鸟饭店集团。俱乐部利用翠鸟集团在坦桑尼亚和南非等非洲国家的旅游饭店网络，为探险旅游提供更深层次的探险旅游体验产品，使俱乐部走上探险旅游、旅

游饭店、零售经营等旅游多元化的发展道路。

现在,180°探险旅游俱乐部在南非的德尔班、约翰内斯堡、开普敦、纳塔尔、豪登以及西部省份等地发展建立了六个大的探险旅游分中心,建立了俱乐部连锁零售店,进行探险旅游的发展和推广,以及探险服务装备器材的租售和教育培训等项目的经营和拓展。

三、180°探险旅游俱乐部的组织管理结构

180°探险旅游俱乐部逐渐形成了"一车五马六轮"的注重技术与安全管理的组织管理结构(见图5-1)。"一车"是指俱乐部的最高经营管理决策层,由俱乐部和翠鸟饭店管理集团组成,是俱乐部这驾马车的驾驶者和管理者,主要负责俱乐部探险业务方面的技术和安全战略管理。"六轮"是俱乐部六个探险旅游分销连锁中心,分别是约翰内斯堡、豪登省、德尔班、纳塔尔、开普敦、西部省份,主要负责具体区域的探险业务的技术和安全的实施,负责开发组织探险旅游体验产品。"五马"是俱乐部五个探险俱乐部团队。主要负责探险旅游业务的执行与实施,负责具体探险旅游产品的技术和安全管理的实施与检验。

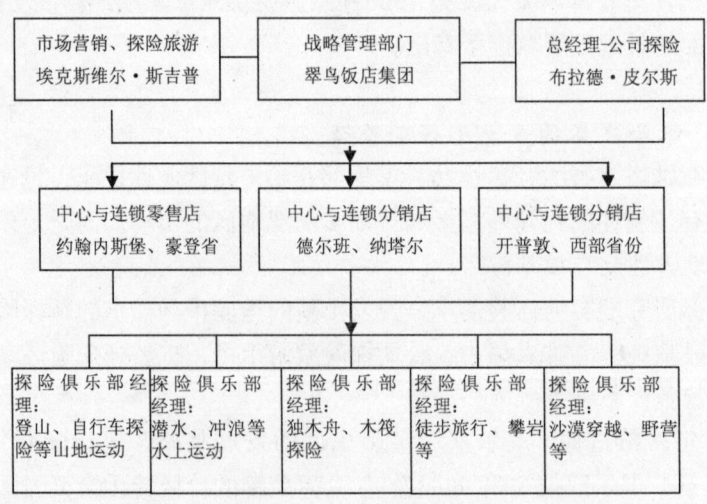

图5-1 俱乐部的体验与安全管理组织结构

第五章 国际探险旅游发展与管理经验

四、180°探险旅游俱乐部的惊险探险体验产品市场结构

随着的探险旅游的发展,180°探险旅游俱乐部逐渐形成了注重开发惊险体验的个性化探险旅游产品系列,同时也注重开发相对的国内外系列探险旅游市场(见表5-2)。

表5-2 俱乐部的惊险探险体验产品市场结构

产品名称	南非国内市场	英国和其他国外入境探险旅游市场
针对公司市场的探险旅游产品: 1. 团队拓展 2. 刺激性旅行 3. 旅游目的地管理 4. 探险娱乐 5. 游艇旅游 6. 运动项目管理	1. 在所有探险旅游产品的中发展是最成功的 2. 不断发展与户外运动和探险旅游相关的技能和实践的公司团队培训和教育市场	期望吸引国际公司的探险旅游市场
探险旅游: 1. 登山运动、山地自行车探险 2. 潜水、冲浪探险 3. 独木舟和木筏探险 4. 徒步探险和攀岩运动 5. 荒漠、沙漠穿越和野营	1. 建立连锁分销系统,强力推销 2. 重点是在南非、坦桑尼亚和桑吉巴等国家和地区发展	1. 在2001年下半年开始 2. 利用翠鸟在英联邦的市场网络、俱乐部开始从英国和其他国家来开拓入境探险旅游市场
探险竞赛: 1. 探险运动竞赛 2. 科考探险	在风光迤逦、异国情调的旅游目的地,如坦桑尼亚、桑吉巴等,发展探险运动比赛项目	在国内探险竞赛经营成功,并创新,将极大地推动国际入境探险旅游市场的发展

五、180°探险旅游俱乐部的"惊险与安全"的管理模式

180°探险旅游俱乐部建立了"惊险+安全"的管理模式(见图5-2)。

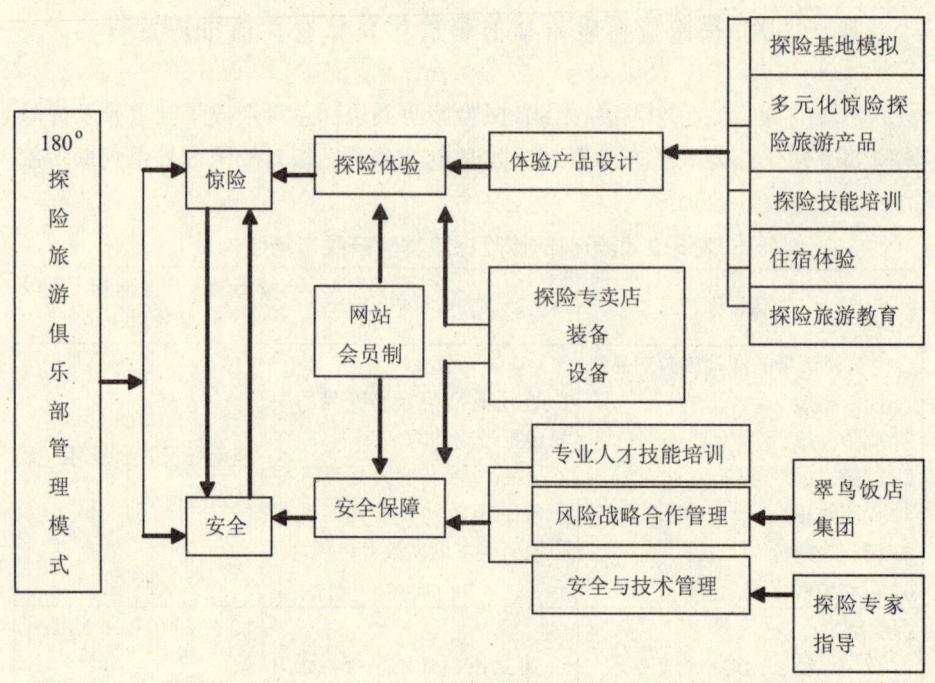

图 5-2 "安全 + 惊险"经营管理模式模型

(一)"一车五马六轮"的管理架构

180°探险旅游俱乐部在不断的探索中,逐渐形成了"建立大的探险旅游服务中心、满足探险旅游者的所有需求"的经营管理思想。俱乐部也逐渐形成了注重安全与体验的"一车五马六轮"的管理结构(参见图 5-1)。

(二)注重探险安全与技术的经营管理

1. 建立了一支有丰富专业探险技术经验的专家队伍

俱乐部的总经理都是探险旅游方面的专家,具有丰富的探险旅游的经验和技术。在他们的管理下,更注重专业技术人才的引进,通过从大的探险公司挖掘与引进,俱乐部逐渐打造了一支具有探险专业技术水准和安全管理操作经验的员工队伍。

2. 开发更深层次的惊险体验的探险旅游产品

在专业技术指导和成熟的安全管理的基础上,俱乐部开始从游客的探险体验需求出发,从俱乐部的发展战略上来逐渐扩大俱乐部的体验产品线。

(1) 多元化经营管理。俱乐部首先改变早期重点集中战略,把业务从探险旅游和户外运动的市场,逐渐扩展到探险竞赛、探险旅游、教育培训、租售装备的市场。与英国翠鸟饭店集团合作,进入旅游饭店业市场,把俱乐部探险旅游业务扩展到国际市场。

(2) 俱乐部成立了探险旅游网络中心,为国内外探险旅游消费者,提供探险服务、运动竞赛、教育培训、旅游服务、教育培训、餐饮住宿、票据代理等与探险旅游相关的所有服务的一站式的渠道平台。

(3) 俱乐部打造零售链。俱乐部在南非各地建立探险旅游装备连锁商店。连锁店一方面发展探险旅游代理商和零售商,发展探险旅游业务,出售俱乐部的各种探险旅游产品;一方面通过租售、代理探险旅游相关的器材装备设备等,为探险旅游者提供租售服务。

(4) 俱乐部建造人造探险旅游基地和景区,在技术与安全的管理上,尽量为旅游者提供真实的"测试(Testing)"体验惊险探险经历,为旅游者提供惊喜刺激。

(5) 俱乐部同时也进入探险旅游教育培训市场。探险旅游中心增加对探险旅游领队的指导、培训项目,为南部非洲地区的探险旅游产业的健康发展,建立探险旅游产业发展标准。

"180º探险旅游俱乐部从一个小的俱乐部成功地发展成为一个集探险旅游产品多样化、市国际化经营、连锁化经营管理、业务多元化的一个大的探险旅游批发商,最重要是俱乐部有一批具有奉献精神的注重技术与安全管理的管理者和员工,他们在任何地方都是探险旅游的爱好者和专家。"俱乐部总经理布拉德·皮尔斯说。180º探险旅游俱乐部的成功,从根本上来说,是由于俱乐部建立"安全与惊险"的管理模式,打造了一支由专家、专业人士组成的管理队伍,建立了注重专业技术指导与安全保障的"绝对安全"的管理制度,开发出系列能为游客带来持续的"绝对惊险"的探险旅游产品。

第三节 国际知名探险旅游地管理模式

一、加拿大滑雪胜地——惠斯勒

（一）探险旅游发展概况

惠斯勒（Whistler）位于加拿大不列颠哥伦比亚省境内，温哥华以北约120公里，是北美洲最大面积的滑雪胜地。惠斯勒被黑梳山和惠斯勒山所环绕，是一座美丽的山中度假村，因其中有许多欧式建筑，因此惠斯勒又有"小瑞士"的美名。1966年2月，加里波第电梯公司（Garibaldi Lift Company）在惠斯勒山西边开发了滑雪区。1980年，在黑梳山和惠斯勒山的山脚下，惠斯勒村（Whistler Village）建造完成，同年12月，通往这2座雄伟高山滑雪场的设备，也全新正式启用。

惠斯勒山和黑梳山这两座滑雪胜地，因拥有得天独厚的自然条件和世界顶级的服务设施，使它们晋升到"世界最佳滑雪场"的行列。惠斯勒自1992年至1995年，连续四年获滑雪杂志雪国（Snow Country）选为"北美第一滑雪胜地"及被选为"最佳度假胜地设计"等称誉。它也是2010年冬季奥林匹克运动会的滑雪场地之一。1996年的统计数字显示，共有超过170万的滑雪人士曾到此胜地享受滑雪之乐。

（二）探险旅游产品

1. 惠斯勒山滑雪场

（1）多样的滑雪道。惠斯勒山滑雪场于1966年启用，占地3657英亩，标高1530公尺，共有超过100个滑雪道，是加拿大滑雪道最多的滑雪场。其中有25%的专业滑雪道、55%为中级滑雪者设计的滑雪道，20%适合初学者所用的滑雪道，3种可供选择，变化很多。

（2）高速缆车。1988年，惠斯勒山启用了10人高速缆车，运载逐年增加的滑雪人潮。1996年，惠斯勒山另设了一条能供6人乘坐的高速缆车载运上山路线。滑雪客可以利用红色快线（Big Red Express）、绿色快线（Emerald Express）和和谐快线（Harmony Express）三条快速缆车游遍大部分的滑道。

（3）急速滑行的刺激。搭快速缆车可到达惠斯勒的精华区——和谐与交响乐团区（Harmony & Symphony Zone，即初级与高级区）它把初、中、高三个等级的滑道调配在一起。中高级玩家若想在和谐区（即初级区）的单黑钻石滑道玩得尽兴，一定要上山顶快速缆车，然后直接向惠斯勒碗形区域（Whistler Bowl）报到！在 Whistler Bowl 下半部的树林区内,有着大片的"馒头",上面还有一堆堆的松雪！穿梭在这片松雪的树林中,享受雪板冲撞上"馒头"时双腿所承受的巨大震力，充满了刺激与乐趣。

（4）其他雪地户外活动。即使暂时不想滑雪，这里也有十分诱人的雪地户外活动：雪橇、雪地摩托车、踩雪鞋等。

（5）滑雪期长。惠斯勒的滑雪期很长，每年 11 月开始至翌年 5 月终结，有时会延至 8 月还可以作夏季滑雪。

2. 黑梳山滑雪场

（1）冰河滑降。黑梳山的滑雪场占地 3344 英亩，1980 年开放启用，标高 1609 公尺，排名北美第一，在山顶上有霍斯特（Horst Man）及黑梳（Black Comb）两个冰河,熟练者可以体验在冰河上滑降的快感。在 Horst Man 冰河，夏天也可以享受滑雪的乐趣。滑雪道较惠斯勒山宽广，但多斜坡地，较不适合初学者。

（2）高速缆车。1994 年，黑梳山安装了可让 8 人乘坐的快带缆车，以便利游客快速至山上两个不同的滑雪场。

（3）冬夏皆宜。由于黑梳山山顶终年积雪，想要享受滑雪乐趣，不见得一定要等到冬季，夏季到山上冰河滑雪也是一大享受，是个四季皆宜的滑雪胜地。

（三）经营模式

1. 专业化、多样化的滑雪乐园——主体系统

（1）符合不同类型游客的专业滑道。惠斯勒山滑雪场共有超过 100 个滑雪道，其中有 25% 的专业滑雪道、55% 为中级滑雪者设计的滑雪道，20%

适合初学者所用的滑雪道，梳山的滑雪道较惠斯勒山宽广，但多斜坡地，较不适合初学者。

(2) 高速安全缆车。惠斯勒山和黑梳山都安装方便游客上山的缆车，并且安有控制上山人数的指示系统，游客既可以欣赏山上美景，又可以享受在山上安全滑雪的快乐。

2. 内容丰富多彩的休闲度假村——支撑系统

惠斯勒度假村（Whistler Resort）包含惠斯勒村（Whistler Village）和上村（Upper Village）两大主要部分，以及周边的湖泊、公园等。目前惠斯勒村的总人口约有8600人，但每年度假旺季，却会涌进上万人潮。

(1) 住宿设施。度假村中约有115家各类型度假饭店，90家餐厅，200家各类商店。上村（Upper Village）最迷人的风景，莫过于盖在山腰上，背靠黑梳山，宛若一座城堡的惠斯勒城堡度假饭店（Chateau Whistler Resort）。惠斯勒的城堡饭店和维多利亚的女皇饭店、温哥华饭店，属同等级的高级度假饭店，饭店大厅非常豪华、宽敞。

(2) 就餐与购物。惠斯勒村中圆形的小广场旁拥有90多家餐馆和露天咖啡馆，既有精美的餐饮，也有普通的酒店饮食，游客在这儿可以选择任何价位和口味的食物。

惠斯勒村的特色是不准开车进入，全部的街道都是行人步道。这里店铺林立，甚至可以满足世界上最为贪心的购物狂的需要。从最新时装到户外服饰，哪怕是一种很小的饰品，都应有尽有。除了游客自身以外，游客还可以为任何其他人找到适合的东西。游客可沿着广场周围的圆石散步，有许多以运动用品为主的商店，运动休闲服、雪衣、滑板、雪橇、球鞋等应有尽有。此外，也有不少艺廊和精品店，展示惠斯勒或加拿大当地艺术家的作品。

(3) 夏天的户外活动。惠斯勒不仅仅是滑雪胜地，其夏天的活动也很精彩，一系列的夏季庆典让惠斯勒村到处洋溢着迷人的夏日风情。每年的6~9月间，惠斯勒就像是举行庆典一般，天天都有精彩的节目：街头艺人、小丑、乐师以及露天音乐会将游客的情绪带到最高潮。自1996年举办以来，夏季度假的人潮每年都在增加。游客如果不想天天待在喧闹的度假村中，不妨安排些其他户外活动，到邻近山区的湖泊钓鱼、爬山健行、骑单车、打高尔夫都是夏季热门的户外运动。在惠斯勒，夏天的户外活动基本上比冬天要更多元化。

第五章 国际探险旅游发展与管理经验

高尔夫（Golf）：除了具有国际级的滑雪场外，惠斯勒度假村中还有四个合乎国际标准的世界级高尔夫球场。由于球场设计出自名家之手，许多职业或业余高尔夫高手，都非常喜欢前来惠斯勒一展身手。

钓鱼（Fishing）及其他水上活动：在惠斯勒有五个华美的湖泊，分别是迷失湖（Lost Lake）、阿尔塔湖（Alta Lake）、阿尔法湖（Alpha Lake）、妮塔湖（Nita Lake）以及翠湖（Green Lake），其中迷失湖和阿尔塔湖十分适合游泳、划独木舟或驾驶风帆等其他水上活动。

健行（Hiking）：在惠斯勒村附近有许多健行步道，如果想要到鲜有人迹的高山中，享受登山健行的乐趣，你可请私人导游，无论是2个小时的健行，还是在山上过夜，这些专业导游都会奉陪到底。游客既可享受清新的空气，又锻炼了脚力，此外还可登高眺望层峦叠嶂的山脉，一览众山。

夏日滑雪（Summer Skiing）：黑梳山顶终年积雪，如果想体验夏季滑雪的滋味，可以到黑梳山顶享受在冰河上滑行的乐趣。

缆车观景（Alpine Sightseeing）：夏季，游客可搭乘往惠斯勒山或黑梳山的快速缆车，体会居高临下的感受，随着缆车一路攀升，可以看见山下美景。山上的小径是散步的好地方，选择在山上野餐，则别有一番风味。

单车（Biking）：在惠斯勒度假村中，有许多蜿蜒的小径，这些道路由惠斯勒山往上，经过高尔夫球场、湖泊、溪流，沿途风景优美，是骑单车的最好去处。

度假村完备的服务设施，为前来滑雪的冬季游客免除了后顾之忧，其丰富多彩的夏季活动又为平衡了惠斯勒淡旺季带来的影响，丰富了游客的活动，延长了游客在惠斯勒滞留的时间，为惠斯勒整个旅游的发展奠定了坚实的基础。

（四）市场营销

1. 宣传渠道

随着网络技术的发展，人们获取信息的渠道也延伸到了网络。惠斯勒滑雪场在网上开辟了自己的官方网站，游客可以点击它的网址（http://www.tourismwhistler.com/ 和 http://www.whistlerblackcomb.com/index.htm）获取所需要的各种信息。同时国内很多户外运动的论坛也对这一世界著名的滑雪

175

胜地做了介绍。例如 http://www.skiequipment.com.cn/bbs/list.asp?boardid=13、http://www.skiequipment.com.cn/bbs/dispbbs.asp?boardid=13&id=151 等等，借助"小瑞士"打出的名气，杂志、报纸等传统信息媒介又为惠斯勒吸引了不少滑雪爱好者。

2. 极具特色的价格体系（淡旺季＋停留天数＋年龄段）
(1) 滑雪场一般季节票价如表 5-3 所示。

表 5-3　滑雪场票价

	1 天	3 天	5 天
成人	57 加元	168 加元	275 加元
18 岁以下	48 加元	143 加元	234 加元
12 岁以下	28 加元	82 加元	135 加元

如表 5-3 所示，淡旺季＋停留天数＋年龄段的门票价格体系为游客调整滑雪计划提供了良好的依据，提高了游客出游的可能性。

(2) 时效不同的缆车票。滑雪场根据游客不同的停留时间，特别把上山的缆车标价分为 1~5 天的有效票价，一来可以缓解旺季山上过多的人流可能引起的滑雪隐患，对游客进行了分流，另一方面又可以让远道而来的游客能充分享受滑雪带来的快乐。

自费乘坐观光缆车登山饱览惠斯勒滑雪胜地的英姿（成人约 $25/ 儿童 $10，6 岁以下小童免费）。或可参加滑雪班（自费，约 $143，包用具）或雪地电单车团（视季节而定），滑雪吊车（自费，成人 $76，儿童 7～12 岁 $40），在雪山上一展身手。

(3) 不同档次的住宿。游客到了惠斯勒，可以选择不同档次的住宿方式。游客可以根据自己的预算适当调整旅游计划。这里可以选择度假饭店（Hotls）、出租公寓（Condominius）和民宿酒店（Bed & Breakfast，B&B）。

（五）政府政策——便捷的交通

1. 海天（Sea to Sky）公路

由温哥华前往惠斯勒开车约 2 个小时，沿途海天一色、风景优美的公路景致，被当地人称为"Sea to Sky"，指的是天海相连的意思。自温哥华市区起程，走1号公路往西，连接99号公路，进入山区后路变窄，弯路也增多。由于公路一边靠海，一边靠山，一路上不仅能观赏到美丽的西北海岸，更能欣赏卑诗省自然景观的壮阔，不论海之湄或山之巅，皆引人入胜，让人流连忘返。

2. 火车

可选择购买火车套票从北温哥华出发。沿豪湾水道（Howe Sound Waterway）在山间穿梭，浏览风景。到了惠斯勒后，火车站便会有穿梭巴士送游客到惠斯勒市中心去。从温哥华搭火车前往惠斯勒，每天只有1个班次往返，票价约加币22元。惠斯勒火车站在靠近市郊的地方，下车后可搭乘免费接泊公车前往度假村。

3. 飞机

由温哥华机场每天有班车往返机场和惠斯勒之间，费用约加币45元。此外，温哥华各大旅行社都有举办豪华巴士团或内陆飞机团接载旅客往返惠斯勒和温哥华。

（六）安全措施

1. 滑雪竞技培训学校

惠斯勒黑梳滑雪与雪板竞技培训学校开设了滑雪与雪板竞技方面的课程，适合各年龄段和各能力层次的学员。成人课程涉及面较广，既有日常门诊知识，也有数天的露营等等；少儿学校提供儿童专用的设施，采用鼓励、让孩子享受成功和友谊等方式激发他们的记忆力和学习兴趣。总之，培训学校有经验丰富的滑雪与雪板竞技专家为学员讲述大山的走势、缆车线路优先性，帮助他们提高各种相关技巧并授予破解神秘大山的秘密武器。

2. 游客人数控制指示灯

从惠斯勒村中可搭缆车抵达惠斯勒山和黑梳山，缆车站有一面镶着灯泡的看板，这是滑雪旺季来临时，为限制滑雪场游客人数所用的。只要山上游人多，山下缆车站的灯泡就会亮着红灯，想上山的游客得等一下，直至变成绿灯就可上山。指示灯的设置在很大程度上避免了旺季滑雪场游客人数超多对雪场带来的压力,另一方面也从根本上杜绝了因游客过多引发滑雪事故的可能性。

(七) 其他创新之举

滑雪场把上山的缆车标价分为1~5天的有效票价,以适应许多滑雪迷在山上滞留时间的不同需求。

惠斯勒滑雪场从游客人数控制指示灯到全年的旅游活动,都是这里的特色,使惠斯勒成为全球最佳的"滑雪乐园"和世界闻名的理想度假胜地做出了不可或缺的贡献。

二、新西兰南岛昆斯敦

(一) 简介

新西兰南岛被人称为冒险家的乐园,那里有阳光充沛的纳尔逊,有雪山连绵的福斯冰河,更有湖光山色的皇后镇……无尽的天空,无涯的海岸,无论是茂盛的雨林、清澈的湖泊,还是绿草如茵的山坡、水清沙白的海滩,无不显示出清新美妙和自然纯正的风韵。

昆斯敦(Queenstown)又称皇后镇、女王城、昆士城,位于奥塔戈区中部,瓦尔蒂普湖畔。昆斯敦虽人口稀少,却是新西兰著名的观光重镇,湖光山色,风景怡人。城内旅游设施完备,交通畅通,是钓鱼、滑水、泛舟的好地方,并有各式商店,销售地道的工艺品、首饰精品及各国免税店。在昆斯敦,你既可以生气勃勃地参加各式各样的活动,也可以悠闲轻松地深醉在美不胜收的风景里。一家权威的旅行杂志将它评为世界上最佳的25个城市之一。昆斯敦附近的瓦卡蒂普湖、米尔福德桑德峡湾都是著名的观光探险圣地。

(二) 昆斯敦探险旅游产品

1. 昆斯敦主要旅游景点

昆斯敦能够成为旅客天堂,是因为够险够刺激,如滑翔伞、激流橡皮艇、小型飞机、旋转飞船、骑马等,全球第一个蹦极跳(Kawarau Suspension Bridge)就开展于此。

第五章 国际探险旅游发展与管理经验

离昆斯敦 20 分钟车程的小镇箭镇，是历史上的淘金小镇，建筑古雅，还有当年华侨淘金的遗迹。旅客还可搭乘蒸汽船（TSS Earnslaw）悠闲在瓦卡蒂普湖（Lake Wakatipu）上，或者乘蒸汽船前往对岸瓦尔特山主峰西侧的高原牧场，品尝田园风味的茶点、观赏剪羊毛秀、体验牧羊犬赶羊或是亲自感受挤羊奶的新鲜感。如果是冬天来这里，皇后镇的山便是由洁白的雪花所铺成的滑雪道。皇后镇附近共有四座举世闻名的滑雪场，大量的降雪既可以滑雪，也可以滑板滑雪，也可以玩耍。大自然的真实带给人的震撼力是在任何人造滑雪场都无法感受到的。科罗奈特山滑雪场（Coronet Peak）和利马卡布尔斯滑雪场（The Remarkables）设备较新，后发气氛良好，在为数众多的滑雪场中人气很旺，因而皇后镇也被称为是新西兰国内最好的滑雪休闲地区。

在昆斯敦西北靠海边，是著名的米尔福德桑德峡湾（Milford Sound），在悬崖峭壁夹峙之间所形成的深邃狭窄的海域。米尔福德桑德峡湾占地 120 万顷，展现壮阔又美丽的自然风景。瀑布从数百尺的高空落进布满原始森林的山谷，峡湾险峻的陡坡优雅地伸入海中，罕见的鸟类与海中生物在这个近乎完美的世界生活着，因此峡湾国家公园号称"世界第八大奇观"。游客可以乘坐游览船畅游蜿蜒曲折的米佛峡湾，往返约两小时。航程和长江三峡有几分类似之处，但不同的是，游船行在蔚蓝清澈的海水上，两边山峦青翠，而山顶却长年积雪。旅游途中峰回路转，步移景换，时而飞瀑泻玉，时而云山雾罩。更令人惊喜连连的是，偶尔会有海豚顽皮地跳起嬉戏，礁石上则是懒洋洋躺着的海狮享受着日光浴。除了乘坐游船，这里的游乐活动还包括垂钓、高尔夫、四轮驱动越野车（4WD）、摩托车、狩猎、洞穴探险、原始森林探险等。

2. 昆斯敦探险旅游产品的特点

（1）充分利用现有的资源。大自然的恩赐，给予新西兰以多样的地形、繁茂的植被、丰富的野生动物、绵长的海岸线、宜人的气候，使得新西兰被公认为世界地理教室。而昆斯敦拥有丰富的自然资源——雪山、草地、峡谷、森林、海岸、湖泊等，因而是国内地势最险峻美丽而又最富刺激性的地区，被誉为"新西兰最著名的户外活动天堂"。昆斯敦能充分利用其自然资源优势来发展它的探险旅游。

(2) 探险旅游活动多样。丰富的自然资源给昆斯敦提供了多种多样的探险旅游活动。像我们熟悉的滑冰、滑雪、登山、漂流、骑马等，还有各种各样的极限运动，如蹦极、乘热气球、跳伞、洞穴探险、溪降、乘喷射快艇、潜水等最新潮的探险旅游活动。

(3) 探险旅游俱乐部繁多。昆斯敦的旅游景点大都集中在郊外，而市内旅游咨询中心林立，户外运动俱乐部繁多，为探险旅游者提供向导，提供装备，提供培训，方便了远道而来的旅游者。

(4) 大众参与。昆斯敦能成为新西兰著名的户外活动天堂，不仅仅因为它拥有得天独厚的自然地理条件，还因为它拥有众多的追求者。昆斯敦当地的许多居民都很热衷于探险，有许多探险旅游项目，当场居民就可以成为很好的向导。

(三) 经营模式

1. 政府设立官方旅游信息服务中心

在新西兰，游客不是通过旅行社获得信息的。新西兰的旅游服务机构同样是很完善的，只不过它的信息中心是官方的，是国家或地方政府设立的。这些信息服务中心一般会为游客的安排作预订，并且所有的费用都可以在服务中心结算，为游客省却了许多麻烦。

2. 以俱乐部作为探险旅游景区的接待机构

昆斯敦市内有许多户外运动俱乐部，旅游景点却集中在郊外。俱乐部成了旅游景点的接待机构。游客所从事的探险旅游活动是从俱乐部开始的。俱乐部可以为旅游者提供装备，提供向导和教练，提供培训，使旅游者的探险活动顺利进行。

(四) 市场营销

1. 凭借自然优势被宣传

昆斯敦作为"新西兰最著名的户外活动天堂"，凭借它独特的自然条件吸引了众多国家的电视台、报纸、杂志等媒介利用其作节目，有力地宣传了昆斯敦的旅游，特别包括探险旅游。

2. 主动向其他国家宣传

以探险旅游资源丰富著称的昆斯敦自然成为各国旅游机构发展国外旅游的目的地之一。昆斯敦不仅向各国宣传其探险旅游产品，而且借助各国的旅游机构（如我国的旅行社）宣传它的观光探险旅游产品。

3. 事件营销

昆斯敦探险旅游活动多样，并且俱乐部繁多，为探险活动的发展提供了充足的条件。因此昆斯敦经常举办一些探险赛事，吸引了众多的探险爱好者和旅游爱好者。

(五) 政府政策

新西兰政府为旅游者提供了许多方便和政策。

1. 金融消费方面的政策

在新西兰消费，都是直接以 ATM 卡扣款，所以没有银行户头是非常麻烦的。外国人可以在新西兰银行开户，银行通常会有专门人员为客户解释各种户头的利率和提款规定。开户时携带护照即可，不需要印鉴，而以个人的签名作为识别凭证。

2. 官方信息服务中心

新西兰像其他一些西方国家一样有着较为完善的旅游服务机构，在主要的城镇和旅游景点，很容易找到国家或地方政府设立的专为游客服务的官方信息服务中心。全国超过 90 家的服务中心的接待大厅是当地主要的对外窗口。

3. 建立发达的通信网络

新西兰建有发达的通信网络，包括电话、互联网、邮政等。不但方便当地居民，而且为旅游者提供了便利。

（六）安全措施

1. 意外赔偿

新西兰给游客提供个人意外赔偿计划的保障。如果游客发生意外事故，无论什么原因，都可以获得赔偿，不过赔偿范围只包括个人的医药费、住院费，不含其他旅行额外支出。建议游客一旦发生意外，一定要在当地医院治疗，并开出证明，即可获得赔偿。

2. 设施设备

昆斯敦的许多旅游景点都做了非常好的安全保障措施，特别是探险旅游景点。每项探险旅游活动都有专家进行指导，一些旅游项目活动前还对旅游者进行培训或为旅游者提供教练，保证旅游者活动的安全性。俱乐部或景区提供的设施设备也是非常有保证的。

3. 专业人员指导

数目繁多的俱乐部可以为旅游者提供装备，提供向导和教练，提供培训，使旅游者的探险活动有了专业人士的指导和陪同，极大地保证了探险旅游者的安全。

（七）其他创新

可以说新西兰到处充满了奇遇，充满了冒险，它的每一个地方都有自己的特点。昆斯敦的探险旅游产品是多种多样的，同时又是一个不断变化的。

1. 生态旅游等与探险旅游相结合，寓教于险

昆斯敦是新西兰著名的观光重镇，在怡人的风景中蕴藏着刺激。游客在此可获得多种体验，要静有静，要动有动。除了体验极度刺激的冒险活动外，昆斯敦还有许多寓教于险的旅游活动，如将生态旅游与探险旅游相结合，在探寻大自然奥秘的同时认识大自然、了解大自然、保护大自然；再如探寻历史遗迹、了解历史。还有一些专为家庭提供的探险旅游活动，如冒险场所、教育活动、体育活动等。

2. 探险赛事

新西兰产生了多项探险项目,昆斯敦也是遍地探险旅游场所。世界上第一个"蹦极跳"就产生在昆斯敦,并且至今仍保持着最高纪录。昆斯敦可以进行多种探险旅游活动,这也决定了这里的探险赛事也会比一般的旅游地多,正规的、非正规的,任何时候你都会赶上这样的比赛。如果够胆量,还可以去挑战"蹦极跳"的最高纪录。

3. 探险寻古

新西兰本身就是冒险家探险的产物。拒记载显示,1642年2月13日,荷兰人塔斯曼第一次踏入新西兰。目前尚有争议的是,有人指出是中国人首先发现了澳洲,有专家考证,1000多年前,南岛就有一个40002户规模的中国城,不管如何,也都多多少少地证明了中国人在新西兰南岛最早的足迹。

在新西兰,你除了去原始森林、去洞穴探险,你还可以沿着当年探险家的足迹去寻找古老的新西兰的痕迹。在探险中去发现,去感受。

4. 自驾车旅游与探险旅游相结合

在新西兰旅游,自驾车旅游是非常发达的,租车自助旅行是一个良好的出行选择。在新兰租车一般很便宜,而且非常方便,还可以在甲地租车、乙地还车。通常机场都有国际知名的连锁租车机构,市区里也到处可以看得到租车的车行。在昆斯敦也有这样的车行,其中就有号称新西兰最大的租车公司 ACE 分部,极大地方便了旅游者的出行,特别是探险旅游者的出行。对于旅游者不熟悉的交通路况和驾照等问题可直接询问汽车协会(Automobile Association),免费电话为 0800-500-543。

第四节 主要探险旅游发达国家管理案例

综合探险旅游发达国家的先进经验,除了政府规制与协会监管,其在企业运作、教育培训、风险管理、保险救援等方面都有完善可行的管理方式,共同构成国外探险旅游繁荣发展的先决条件,对探险旅游发展正处于起步阶段的国内而言，有良好的借鉴性（见图5-3）。

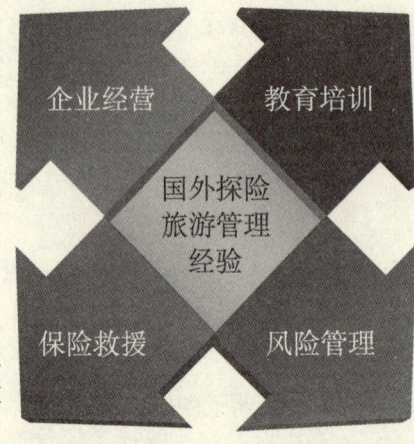

- 加拿大市场经营准入认证
- 澳大利亚探险旅游专营旅行社
- 加拿大企业安全保障流程

- 加拿大汤姆逊大学探险教育体系
- 英国Reaseheath学院探险课程
- 美国户外高等教育
- 新西兰探险从业人员资格认证体系

- 新西兰与澳大利亚意外事故保险和救援体系

- 澳大利亚与新西兰标准化风险管理流程

图5-3 发达国家探险旅游管理经验

一、企业经营

（一）加拿大市场经营准入认证

加拿大对企业经营探险旅游活动设置了准入规定，依照加拿大《荒野旅游许可法》的规定，企业至少要满足三个基本要求。首先企业要缴纳最低100万美元的责任险；其次是必须加入员工赔偿计划；最后，企业员工必须拥有基本急救证书。

企业如果需要延续经营权，除满足上述三个基本要求外，企业需按时缴纳年费，并且需开展无环境影响的荒野旅游，并妥善处理废弃物，且提交活动报告与设备租赁报告。

同时，根据商业法的规定，企业在申请荒野旅游认证时，经营者必须出示其公司的经营注册证明。如果在经营中使用车辆将游客运送到户外，则经营者还必须有车辆登记、驾照以及相关保险。

企业在开展探险旅游活动时必须遵守环境法的相关规定，如遵守环境法对活动中垂钓、打猎、陷阱、枪械的规定；当游客要进行科考活动时，其必须取得科考探险许可证。该规定对搜索和救援也做出了规定。如游客出行前要了解目的地情况可能发生的危险;在开始活动前游客应完成行程检查表并登记后才可出发;如果目的地是偏远地区,则建议其携带无线电设备与定位仪。

(二) 澳大利亚探险旅游专营旅行社

1. 澳大利亚专营旅行社概况

澳大利亚探险旅游专营旅行社的经营的范围不一,有主营一类项目的:例如潜水、蹦极;也有兼营多项探险旅游项目的,但总体而言市场细分和定位很明确,呈现出高度专业化的倾向。

BB's探险旅行社(BB's Adventures)特别针对独身旅行者和背包族推出一项新的从墨尔本到维多利亚高山区的小团旅游路线。在2到3天的旅游路线中,游客们可以一览沿途叹为观止的迷人景色,也可以尽情体验各种冒险活动,当然还可以品尝到当地美酒佳肴,享受一次其乐无穷而又别具一格的旅行体验。该行程中包含了骑马、高山自行车以及在冬季推出的滑雪等项目,也包括步行丛林探险路线:走过飞流直下的瀑布,途经蓄养家畜的小屋、古老的采矿村庄和风景如画的河堤。为期一天的行程安排从曼斯菲尔德出发,沿途经过气候凉爽的高山区酒庄,活动项目有酒庄之旅和美味午餐。住宿之地就在BB's旗下坐落在贾米森(Jamieson)安静小镇上的双子河小屋(Twin River Cabins),游客们每晚都可以享受到传统的澳大利亚营火晚会和丰盛的晚餐。

探险环游澳大利亚(Adventure Tours Australia)旅行社向那些注意旅行预算的游客提供以小团队自然探险为主的旅游线路,让游客能饱览每个地区的风景,野生动植物和原始文化。该公司还向那些不希望选择大众线路,或是希望获得更为宽松舒适旅行体验的游客提供露营旅游,包办住宿自助游,驾车游和旅游就餐服务在内的多项服务。目前经营北领土旅游线路(包括卡喀杜、乌奴奴/艾雅斯岩和凯萨琳山谷)、南澳大利亚州线路(袋鼠岛、费莲达山脉和库柏派蒂)、塔斯曼尼亚旅游线路(摇篮山、酒杯湾和亚瑟港)、西澳大利亚州线路(班古鲁 Bungle Bungles、卡瑞吉尼国家公园 Karijini National Park 和埃克斯茅斯 Exmouth)以及北昆士兰州线路(考验角 Cape Tribulation、阿瑟顿 Tablelands 和大堡礁)。

2. 澳大利亚旅行社专营探险旅游的条件分析

澳大利亚有着丰富的探险旅游资源,是优良的探险旅游开展地。

(1) 优越的气候。澳大利亚有将近 1/3 的国土在南回归线以北,属于热带,而其他地区属于亚热带和温带。大陆四周有海洋环绕,气温比较适中。该国气候较为干燥,一年中常常有干燥或相对干燥的时期,晴朗的天空和明媚的阳光为探险旅游活动提供了良好的条件。

(2) 风光秀丽的优质海岸和沙滩。该国的海岸线,包括大陆和塔斯马尼亚岛,长达 36735 公里。其中许多地段有气候适宜、景色极佳的海岸和沙滩。如东北部世界著名的大堡礁、黄金海岸和阳光海岸,这里可以开展游泳、潜水、冲浪、滑水等多种运动和活动。

(3) 奇异、特有的野生动植物。由于澳大利亚大陆在地质史上早就与其他大陆分离,因此形成了许多特有的野生生物。

(4) 奇特悠久的土著文化。澳大利亚的土著人长期以来生活在这块土地上,形成了不同的部落,各个部落有自己的语言及独特的文化艺术和风俗习惯,他们的舞蹈、音乐和习俗都充满了乡土气息,对旅游者具有很强的吸引力。

3. 澳大利亚探险旅游专营旅行社的特点总结

(1) 以中小型旅行社为主。由于大旅行社的产品组合丰富,中小型旅行社在专业化方面具有独特的优势,可以集中精力研发新产品和线路。

(2) 目标市场定位明确,是探险旅游者的天堂。

(3) 个性化定制线路:在网页上可以任意选择组合,例如活动天数、住宿档次、人数、价格标准、游玩地、参与活动类型,是一种"裁缝式"的 DIY 形式。

(4) 营销方式多种多样。除了通过最常见的平面媒体、电视、广告等,旅行社还会通过在网页上播放以往活动的 DVD,进行最美照片评选等活动来扩大影响力。

(5) 安全控制保障。订立企业最低行为标准规范,建立企业工作标准流程,并有专人专项安全监督检查。

4. 纳拉伯旅行者旅行社案例详细介绍①

公司简介：主营穿越纳拉伯平原的探险旅游线路。

导游：必须具有进行长期旅行的所有专业技能，同时他们必须确保每个旅客得到应有的关注。同时，导游必须能够与乘客分享他们的经验——那就是，纳拉伯旅行者是一个提供个性化导游服务的旅行社。

线路：阿德莱德到珀斯。穿越南部弗林德斯山脉和到艾尔半岛。参观后穿过纳拉伯到埃斯佩兰斯和西南部的西澳大利亚州。

线路图：见图 5-4。

图 5-4 阿德莱德到珀斯行程图

旅游亮点：骑骆驼跋涉和布什塔克午餐、与海狮和海豚游泳、原住民文化中心、洞穴体验、玛格丽特河漂流。

时间安排：上午 7 点从阿德莱德从车站出发。乘客提前 48 小时与纳拉伯旅行者队联系，以便旅行社在出发前 15 分钟将游客接至出发地。

价格与条款：价格从 1350 澳元到 1450 澳元，有青年旅舍／游牧民族

---

① 资料来源：http://www.thetraveller.net.au

/贵宾/金卡折扣。

包含项目：长途空调旅游车，最多20名乘客；所有餐饮。

两夜丛林野营（无设施）：一晚在农场住宿，其他夜里在有关营地住宿，有淋浴设备和厕所。住宿升级可提供三晚单间或者双人间的标准，每人额外补215澳元。

可选体验项目：与海狮和海豚游泳。

付款方式：（提供了在线的安全预订表，预订方式多样）预订至少交纳20澳元定金，可通过信用卡或支票支付。其余的款项旅行当天支付。如果通过纳拉伯旅行者网站支付，余额将在改天支付，在离开Coodlie公园农场时提供收据。此外还可通过任何澳洲旅行代理商或海外旅行代理商预订。

预订和取消的条件：价格以澳元表示。纳拉伯旅行者旅行社有权取消或修订导游和旅游价格。为确保旅游的运作，纳拉伯旅行者旅行社有权在必要时改变车辆或行程。如果提供了不同的行程概不退款。有些活动是由独立运营商开展的，纳拉伯旅行者旅行社对此不承担责任。

免责声明：企业不承担任何由于伤害，疾病，损失，损害或延误而造成损失的责任。纳拉伯旅行者旅行社强烈建议乘客购买旅行保险。

旅行保险：提供在线预订与代购，在旅行社购买可以节省5%。

(三) 加拿大企业安全保障流程

加拿大为了确保企业员工与探险游客的安全，制订企业安全保障计划，对员工的行为规定必须有书面说明。

1. 制定健康与安全计划

每个工作场所都要有健康安全计划。

健康与安全计划的重要内容包括：

- 计划必须是书面形式的；
- 提供管理、监督、员工责任的一般指导，以营造一个安全与健康的工作环境；
- 为负责该计划的人提供指导；
- 健康与安全政策和程序的沟通；
- 建立沟通渠道，鼓励员工报告他们对健康与安全的关注点。

2. 健康与安全计划的关键步骤（见图 5-5）

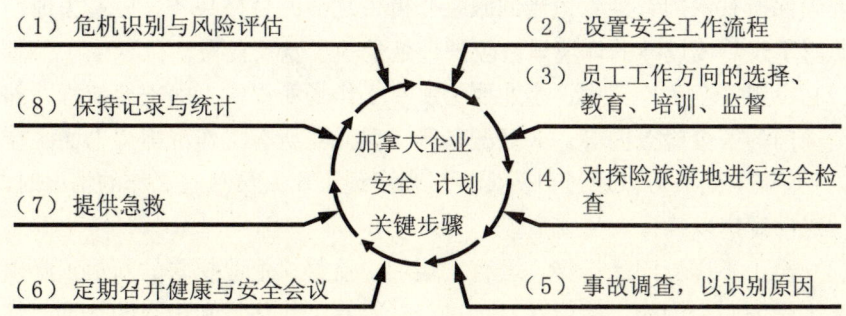

图 5-5 加拿大企业安全计划关键步骤

（1）危机识别与风险评估。探险旅游活动开展过程中造成伤害事故的主要原因有跌落、外物袭击、机械运输、肌体损伤、化学品伤害、缺少防护。

为了减少跌落事故，企业应规定员工使用合适的跌落防护与阻止技术，在陡峭地要捆绑绳索，攀登时使用锁扣，徒步时携带防跌落设备，悬崖附近以及湿滑地段慎重行动。

为减少外物袭击事故，企业应告知其工作人员和游客在可能发生外物袭击的情况下谨慎行事，快速通过有落石和落冰的区域，不要在攀岩者下方站立，攀岩时使用绳索保护，避免在有落石和落冰的区域攀登等。

为减少机械运输造成的事故，企业要确保其运输车辆不超载，在规定线路上行驶时使用合适的无线电频率、选择可以最大限度节省行驶时间的露营地、尽可能雇用专业司机，让年轻司机参加防御性驾驶课程、培训员工正确使用雪地车、机动船与水上交通工具。

为减少肌体损伤，企业应告知其工作人员及游客在活动中避免用力过度、做高度重复运动或者笨拙、静态姿势，不要使用不良的工具、设备，避免长期暴露在低温中，减少活动参加中的大幅摆动。同时企业要尽量避免在活动安排中出现上述情况，并对员工进行相关的控制特定危险因素的培训和教育。

为减少化学品伤害事故，企业的化学品应存放适当，并张贴警示标志，并规定员工在其使用所需化学品前，要详细阅读药品的标签以及材料安全数据表等。

为减少由于缺少防护而造成员工和探险旅游者的伤害,在活动开展前,企业要确保所有参加者穿着适当的服装并携带足够的合格装备。应避免他们长期暴露于过热或过冷的环境里。应携带足量的水以及食物。

(2) 设置安全工作流程。企业要为所有工作场所提供书面安全流程,如规定活动前的安全检查内容,人员配备等。但并非所有工作都需要书面工作流程,一些安全细节可以通过口头传授。当出现工作人员独立工作的情况时,应做针对性规定以确保人员安全。

(3) 员工工作方向的选择、教育、培训、监督。企业招聘的新员工必须明确其工作方向和内容,并对其员工进行针对其工作环境和内容的培训,培训应包括在职培训与受雇前接受的培训。

(4) 对探险旅游地进行安全检查,以识别、消除和避免危险。定期对探险旅游地进行安全检查。检查应书面规定检查的时间、人员、方法以及检查内容。对有危害和不安全的工作流程进行补救,对危害进行分类排序,并由专人负责修正,并将发现的问题与其工作人员进行沟通,以避免工作人员带领游客开展探险活动时发生事故。

(5) 事故调查,以识别原因。发生探险旅游事故后,企业应对事故涉及的人员、地点、发生时间、直接与促发原因等进行详细调查和记录,并研究如何避免类似事故的发生。

(6) 定期召开健康与安全会议,以便工作人员与安全检查员指出健康与安全关注点。企业定期与员工召开会议以讨论、发现和解决在探险旅游活动中的游客及员工发现的安全问题。

(7) 提供急救。企业必须确保探险旅游活动开展地有必要的急救设施和求救装备,如急救箱,卫星电话等,并确保每位工作人员熟悉急救方法并持有有效的急救证书,同时应培训工作人员使用求救装备。

(8) 保持记录与统计,以识别类似问题并确保原有问题被更正。企业应设置事故报告、险些造成事故的报告、危害报告、培训记录、急救治疗记录、设备日志、维修记录、事故频度与程度统计。并将这些报告与数据上报管理部门,以更好地规范和管理该行业的健康发展。

第五章 国际探险旅游发展与管理经验

二、教育培训

(一) 加拿大汤姆逊大学探险教育体系

1. 教学目标

致力于创造特殊的教育经历以促进学生的发展,为全球商业化探险行业提供服务。探险研究系目前提供六种不同的学习计划,从 8 个月的证书至 4 年的学士学位。每个计划都让学生获得在生态和探险旅游行业就业所需的知识和资格(见表 5-6)。

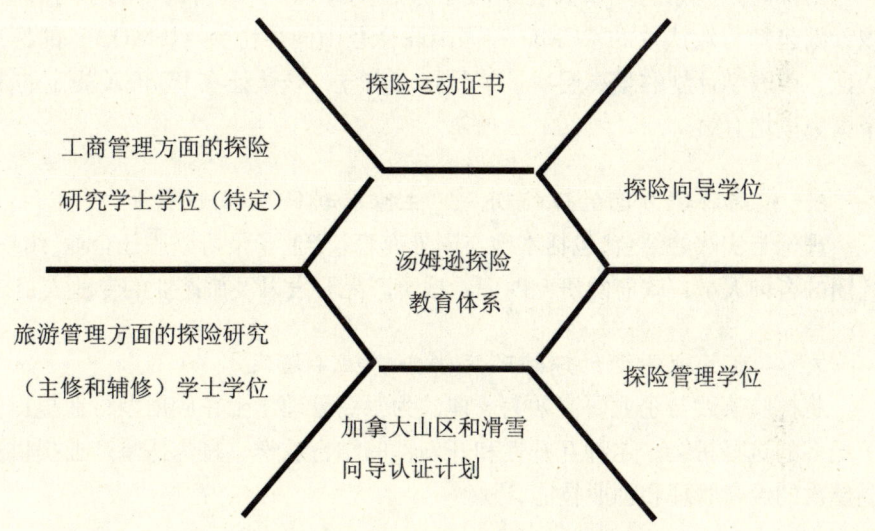

图 5-6 加拿大汤姆逊大学探险教育体系

资料来源:根据 http://www.tru.ca/tourism/adventure.html 资料整理

2. 探险运动证书

利用大量户外活动课程和压缩的,模块化的课堂课程教学介绍体育探险和探险行业。对入门级的学生以及希望在探险有关的领域探索自己职业兴趣的学生,是一种理想的计划。

3. 探险向导学位

学校提供的最有名的向导培训计划，吸引了世界各地的关注学习，并为加拿大的激流、海洋、登山和滑雪设立了培训标准。

4. 探险管理学位

为学生提供了广泛的背景知识和理解探险活动管理的能力，并有机会掌握熟练的个人探险运动的技能。如果学员想继续他们的学业，该学位可作为旅游管理专业学士学位前两年的课程。

5. 加拿大山区和滑雪向导认证计划

由探险研究系与加拿大登山向导协会（ACMG）联合制订的学习计划。该计划包括行业认可的 ACMG 和国际联合登山向导协会（IFMGA）的标准认证。该教学计划的最高层次训练是登山向导，该认证在 IFMGA 规定的 19 个国家里均有效。

6. 旅游管理方面的探险研究（主修和辅修）学士学位

理论与实践的结合，包括本地与国外教育。毕业学员可以胜任企业、组织、社团的咨询人员；政府的研究助理；旅游产品开发以及旅游业的专业人员。

7. 工商管理方面的探险研究学士学位（待定）

将探险实践与企业研究融为一体，为工商管理学士在应用型行业里提供了更多的选择机会。这种互补性和开创性的结合教学，将为探险产业提供更高层次的经营管理和创业技能。

（二）美国的户外探险教育

美国的高等教育系统凭着横跨所有领域的优秀课程设置而走在世界的前列，美国颁授的学位以其杰出而广受国际认可。在四年制大学和二年制社区学院中，户外教育及其相关的专业和课程设置很多，涵盖了户外研究、户外娱乐、公园与旅游、户外领队研究、户外探险教育、野外生存娱乐等领域。不仅培养规格层次多，课程设置门类广，还交叉融合，各有特色。

据美国全国娱乐与公园协会（http://www.nrpa.org）收录的资料显示：在北美（含美国和加拿大）有 381 所大学或学院（含加拿大 26 所）开设

了与娱乐或休闲服务相关的专业或方向，其中，含"休闲（Recreation）"关键词的专业或方向约 120 个，含"户外研究（Outdoor Studies）"、户外领队研究（Outdoor Leadership Studies）"、"户外探险教育（Outdoor Adventure Education）"、"户外体验教育（Outdoor Experience Education）"、"野外生存娱乐（Field Survival Entertainment）"、"户外休闲、公园与旅游（Outdoor Recreation，Park&Tourism）"、"户外工作管理（Outdoor Pursuits Administration）"等关键词的有 10 余个，这些院系有不少开设了与户外教育相关的专业或课程（见表 5-4）。

表 5-4 美国户外探险高等教育的专业设置举例

大学或学院院（系）	可颁授的学位、文凭或证书
普利茅斯大学（Plymouth University）健康与人类行为系的户外休闲研究	探险教育科学学士、探险教育辅修文凭、文学·领队和学习高级研究生证书（Arts•Leadership and Learning）、教育硕士、领队文学博士（Doctor of Arts in Transformational Leadership）
阿拉斯加·帕西菲克大学（Alaska Pacific University）环境科学系	户外研究文学学士、户外研究与环境文学硕士、户外娱乐研究辅修文凭
沃恩·威尔逊学院（Warren Wilson College）教育学院	户外领队研究文学学士、户外领队研究辅修文凭
奥罗拉大学乔治·威廉分校（Aurora University, George Williams）体验领队学院	娱乐管理科学学士、娱乐管理科学硕士（户外休闲管理方向）
联合学院（Unity College）户外娱乐·环境教育与公园管理系	探险教育领队科学学士、探险疗养科学学士
科罗拉多山岭学院提布尔莱茵分校（Colorado Mountain College, Timberline）户外休闲系	户外娱乐准科学学位（Assoscate of Science）、户外教育毕业证书、户外休闲领队通识研究准学位（Associate of General Studies）

（三）新西兰的探险从业人员资格认证体系

新西兰国家资格认证委员会（NZQA）成立于 1990 年，隶属于新西兰教育部，对各行各业的资格进行认证。针对课程与学历间缺乏联系的情况，建立了国家资格体系（National Qualification Framework 简称 NQF）。根据学习难易程度的不同，NQF 分为十个等级（Level）每门课程都有不同的 Level，Level 不同相应的学分也不同。Level 1～3 主要针对高级中等教育和基础贸易训练的评价，Level 4~6 是对高级贸易、技术和商业资格进行评价，Level 7 以上则是对大学学士学位和研究生学位的认定，难度由低到高，分级管理，其中探险旅游被确定为第 4 级别。新西兰的探险旅游资格证书职业教育与培训的认证具有如下特点：

建立一个多层面的学历系统（Level Qualification System）。它以学习者（不管工人还是学生）的学习成果与能力为基础，提供一个可以从证书到文凭，从初级学位到高级学位不断晋升的阶梯。

建立一个质量保证体系（Quality Assurance System），用以鉴定探险旅游职业教育与培训提供者、公立与私立机构以及工作场所的教育能力是否达标。

建立一个职业信息和咨询体系（Career Information and Advice, Internet-based System），向所有学习者提供有关探险旅游职业、培训和证书的要求说明，创造培训和就业机会，并编入和探险旅游相关的职业数据库。

建立一个前期学习认可体系（Recognition of Prior Learning System），使职工能够在工作实践中获得相关的探险旅游认可，并获取技术和知识证书。

建立一个企业参与培训的结构体系（Involvement of Industry System and Structure）。作为合作伙伴，企业尤其是工作场所的参与，有助于证书的开发，以及学习者必要的技术与能力的鉴别，确保探险旅游职业培训的实效性与评估的准确性。

三、风险管理

AS/NZS 4360 1999 是澳大利亚和新西兰联合开发的风险管理标准，第一版于 1995 年发布。在 AS/NZS 4360 1999 中，风险管理分为建立环境、风险识别、风险分析、风险评价、风险处置、监控与检查、通信和咨询七个步骤。图 5-7 为风险管理流程。

第五章 国际探险旅游发展与管理经验

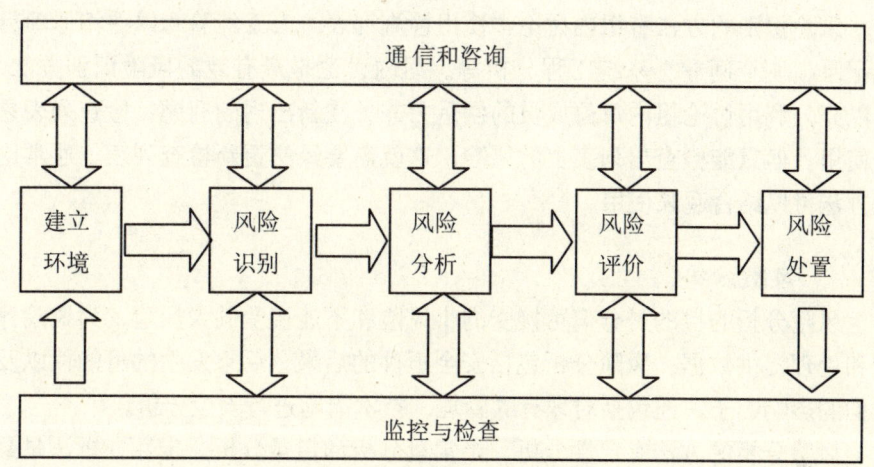

图 5-7 风险管理流程图

1. 建立环境

建立环境是风险管理的第一步，它提供了风险评估的环境。这一步的主要任务如下：

确定风险管理的策略、目标、范围、管理小组及职责等。

分析识别风险影响者。风险影响者包括企业内部的雇员、管理者、志愿者等，企业外部的商业伙伴、保密机构、政府机构、环境组织、消费者、新闻媒体等。

开发风险评价准则。内容包括风险承受能力和风险处置方式，受技术、经济、法律、社会、可操作性等因素的影响，它们依赖于企业的风险管理策略、目标等。尽管风险评价准则在建立风险管理环境时开发，但它们可以在风险识别和风险分析方法选定进一步开发和提炼。

定义风险识别过程中的关键元素。把信息安全项目在逻辑结构上分解成一系列的元素，对每一个元素进行风险分析就比较容易了。在信息安全项目分解时一定要全面，要包含所有的重要问题，以保证重大风险不被忽略。

2. 风险识别

对第一步定义的每一关键元素都要系统地检查，以识别什么发生了（产生全面的安全事件列表）和它们是怎样发生的（找出安全事件发生的原因）。

风险识别的方法有组内讨论、使用检查列表、人工经验和以往相似项目的记录、调查问卷、系统工程分析等。组内讨论是最有效的风险识别方法，可以充分利用讨论组内每位成员的创造力并关注新出现的问题；检查列表易于使用，但只能检查出列表上的风险，这就需要经常更新检查列表。通常这些方法可以结合起来使用。

3. 风险分析

风险分析的目的是分离可接受的小风险和不能接受的大风险，为风险评价和处理提供数据。风险分析包括安全事件的后果、后果发生的可能性以及它们的影响因子，还包括对现有的管理、技术措施进行安全分析。

风险分析的方法有定性分析、半定量分析和定量分析。定性分析法是最常用的方法。我们下面减数风险的定性分析法。可能性表示安全事件发生的概率，可分为不常发生（Rare）、不太可能发生（Unlikely）、可能发生（Possible）、很可能发生（Likely）和几乎肯定发生（Almost Certain）五种情况，后果可以根据对性能、代价及进度等关键因素的潜在影响来考虑，在程度上可分为可忽略（Insignificant）、小（Minor）、中等（Moderate）、大（Major）及灾难（Catastrophic）五种。风险可以通过表5-5计算。

表5-5 定性风险分析矩阵——风险分级

可能性	后果				
	可忽略	小	中等	大	灾难
几乎肯定发生	H	H	E	E	E
很可能发生	M	H	H	E	E
可能发生	L	M	H	E	E
不太可能发生	L	L	M	H	E
不常发生	L	L	M	H	H

E（Extreme Risk）：极大风险，需要立即处置。

H（High Risk）：高风险，应引起高层管理者的注意。

M（Moderate Risk）：中等风险，需指定专人负责管理。

L（Low Risk）：低风险，常规管理即可。

4. 风险评价

风险评价是把第三步分析出来的风险与第一步开发的风险评价准则进行比较,以判断特定的风险是否可接受或需要采取其他措施处置。风险评价的结果为具有不同等级的风险列表。如果风险为低风险或可接受的风险,则可以进行最小程度的处理,但应该对低风险和可接受的风险进行监控及定期检查,以保证这些风险仍然是可接受的;如果风险不是低风险和可接受的风险,则要采取降低风险或转嫁风险等风险处置措施。在评价风险时需综合考虑风险管理的目标、风险管理的代价或不对风险进行处置所带来的后果等问题。

5. 风险处置

风险处置的目的为对识别出来的风险采取什么措施以及谁负责进行处理。风险处置需要根据可行性、代价、风险管理的目标选择最恰当、最实际的方法,来把风险降低到可容忍的程度。风险处置的方法有:

回避风险:消极退却。

降低风险:减小安全事件发生的可能性,降低安全事件产生的后果。

转嫁风险:责任外包或保险。

接受风险:承担风险评价准则中规定的企业能够容忍的风险。

风险处置应制定风险处置计划,包括落实责任、进度表、预算、预期的处置结果等,还应包括一种机制,用来评估实现风险处置方法的性能准则、个人责任及其他目标。

6. 监控与检查

随着环境的变化及新技术的采用,原来评估的风险可能会过时,因此随着时间的推移,对上面五步输出的结果需要定期检查。对风险连续的监控与检查可以保证新风险的检测和管理、风险处置计划的实现、管理者和风险影响者对情况的及时了解等。有关风险的定期信息可帮助识别风险的发生趋势、可能遇到的麻烦及出现的其他变化。

风险注册数据库是监控风险的主要管理工具,数据库的字段包含风险等级列表、有关的风险处置计划、每一风险的个人责任等。对风险注册数据库必须定期更新,以保证把新出现的风险添加进去,把过时的风险从数据库中删除。

7. 通信和咨询

通信和咨询在风险管理过程的每一步都很重要。为企业内外的风险影响者在风险管理过程的早期开发一个通信计划非常必要，计划阐述的问题主要是对风险本身的理解及风险处置措施的选取等。有效的内外通信及咨询可以保证风险管理的顺利实施。

四、保险救援

新西兰没有政府投资的公共医疗系统，然而，在新西兰期间发生的所有意外探险旅游者都可获得有意外事故赔偿公司（Accident Compensation Corporation，简称为 ACC）提供的医疗服务。

新西兰是世界上第一个建立涵盖事故造成伤害和残疾的全面的、非过错保险体系的国家。事故赔偿计划在 1974 年生效，1996 年修改的法律确立了由社会负责因事故造成的伤害的治疗、康复和扶助的原则。ACC 的责任是：研究设计防止事故发生的计划，并评估和执行这样的计划；一旦发生事故，要及时有效地进行干预，以确保受伤害者能得到及时的治疗；帮助受伤者尽快康复，使其能过上正常的生活和尽早回到工作中去。

意外事故保险是一种强制性保险，一旦发生意外事故，保险公司负责向受害人提供事故赔偿和康复服务。保险金由制定的部门支付。汽油税和机动车执照费用于车祸事故的赔偿。雇员缴纳的保险金用于对工余时间发生在家里、运动场所的非车祸造成的伤害保险。1994 年，一共支出了 17 亿新元的保险费用，其中 70% 是用于在家里或在进行体育活动和娱乐时发生事故的赔偿。

另外新西兰还有专门从事水上旅游活动安全的全国性组织——新西兰水上安全协会（Water Safety New Zealand）。它的职责是保证水上活动的安全，其中包括海滩、湖泊、河流和出海活动的安全。新西兰水上安全协会是由新西兰彩票公司补助委员会资助建立的，它代表了志愿的和专业的从事水上运动和娱乐的全国性组织的利益。

澳大利亚许多机构为到偏远、荒凉地区进行探险旅游的游客提供空中救援服务，其中重要的服务机构包括"皇家飞行医生服务队"和"北部地区空中医疗服务队"。

第五章 国际探险旅游发展与管理经验

"皇家飞行医生服务队"在除维多利亚以外的其他各州都设有分部,其中心协调机构设在新南威尔士州的悉尼。这个机构是由长老会的内陆传教团的牧师约翰·弗林创立的,最初称"飞行医生服务队",于1954年改用现名。目前他拥有约40架飞机,服务区域达715万平方公里,在全国设有17个医疗基地。它提供全天候服务,值班人员处于随时待命状态。如果有人遭遇意外情况或生病,便可向该服务队发出求救信号。值班医生根据情况,或通过无线电发出诊断处方,或派医生乘飞机出诊,必要时将病人接回医院治疗。它每年飞行的里程约为1200万公里,救治的病人约20万人次,它所需的4300万澳元经费来自政府拨款和私人捐赠。目前皇家飞行医生服务队被视为世界上历史最悠久、规模最大、经验最丰富的空中急救中心,它的高效已为许多国家所效仿。

"北部地区空中医疗服务队"由联邦卫生部直接管理,它在达尔文、戈夫和爱丽丝泉设有服务店。它是由克莱顿·芬顿于20世纪30年代创立的,第二次世界大战期间由澳大利亚皇家飞行队接管,后划归联邦卫生部管辖。

第五节　国外专项探险旅游的管理

一、蹦极探险旅游管理

同陆地专项探险旅游与水体专项探险旅游相比,无论是在国内还是国外,空中探险旅游的开展的项目都相对较少,这主要与其对技术难度的要求与高昂价格有一定关系。开展较为普遍的是蹦极项目,蹦极的地点可以包括桥面、直升机、废弃桥梁、铁路高架桥,专门创建的平台和体育场的屋顶等。

世界首家开展商业蹦极旅游的公司是哈克特蹦极公司（AJ Hackett）[①],该公司位于新西兰皇后镇的卡瓦劳桥（KAWARAU）蹦极中心。这个号称"世界蹦极之家"的蹦极中心,早在1988年就开始正式对外营业。经过20年的发展,蹦极运动已在世界各地非常风靡,而卡瓦劳桥作为发源地,在商业运作上已经非常成熟,在人们完成挑战自我的一跃之后,可以得到自己的照片、

---

① [EB/OL]http://www.bungy.co.nz/index.php/pi_pageid/2

视频光盘以及 T 恤留作纪念。自 2008 年开始，卡瓦劳桥蹦极中心的现场视频甚至可以在网络上进行直播，挑战者可以让自己不在现场的朋友，通过网络直播见证自己勇敢的一跳。

目前，五大洲均有阿伦·约翰·哈克特公司的蹦极跳台，它们大多建在著名的旅游景点，如马来西亚的吉隆坡塔（Menara KL Tower）、澳大利亚的凯恩斯（Cairns）热带雨林和印度尼西亚的巴厘岛库塔海滩（Kuta Beach），高空平台的高度在 40 至 200 多米之间。

哈克特蹦极公司认为，安全管理是开展蹦极探险旅游的第一要务，它的理念是"为了给客户提供最好的体验，就要有效地把感知风险和整体安全相结合"，因此最好的人员、培训、设备和程序是保证安全的几大要素。公司有一系列彻底全面的任务分析和检查程序，以确保能达到高标准的安全系数哈克特蹦极公司企业安全管理模式如图 5-8 所示。

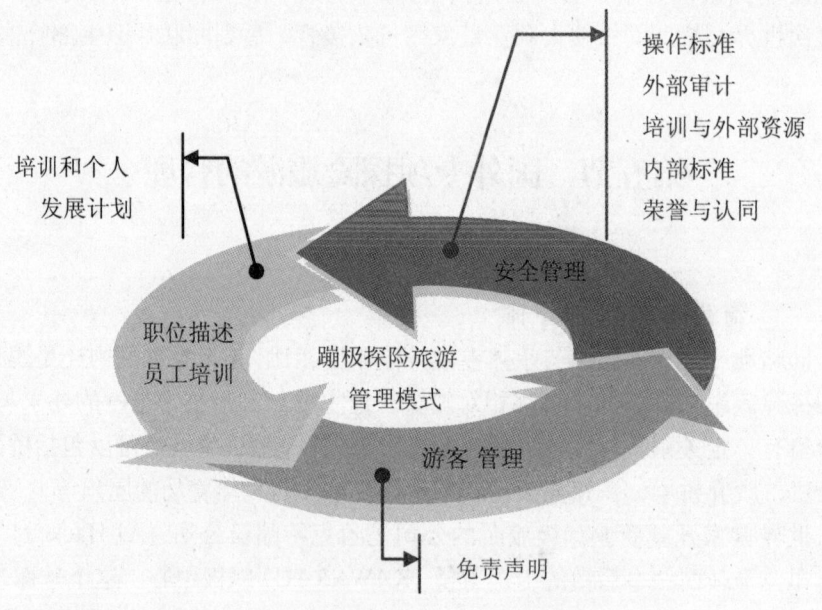

图 5-8 哈克特蹦极公司企业安全管理模式图

1. 操作标准

哈克特蹦极公司是蹦极运动的先驱，它们很快意识到了建立操作标准的必要性，并在当时同其他商业合作者建立了一套书面标准，即"澳大利亚和新西兰标准管理局商业蹦极跳中标准"。该标准每 2 年进行一次审查更改或更新，以防止新情况或变化的发生。

2. 外部审计

公司受两个机构审计，一个是拥有国际审计资格的检验局（Bureau Veritas），另一家是事故赔偿公司（Accident Compensation Corporation）。

检验局主要对设备与过程进行审计。它们关注维护与设备。

每个业务所需的设备都要经过广泛的测试，并被给予一个合适的工作寿命。它们在使用期限、使用次数内的使用状况可能不如之前的好，性能可能会下降到强于预期安全操作负荷三倍的临界标准。使用中的设备也要通过使用寿命的记录来进行审计，工作人员也对此进行记录以用来和建议使用时间与情况来比较。

事故赔偿公司进行全面的工作场所安全管理实践审计。这是一个系统审计，用以审计公司在消除、分离和减少工作场所危险的手段。该审计每 2 年一次，在 2 次审计中的那一年要进行年终回顾。它还包含对就职、培训、卫生监测、管理与员工参与、康复、承包商责任、危机应对以及事故调查的审计。

哈克特蹦极公司获得最高绩效等级（三级），是少数达到这个级别的旅游企业之一。

3. 培训与外部资源

公司通过一系列培训机构进行健康安全培训。工作人员在梅西大学学习理论，向联合工会（Combined Trade Union）认证和培训的人员学习实践。

每年，哈克特蹦极公司都会输送几个工作人员到国家认可的健康与安全代表培训机构（Health and Safety Representative Training）接受培训，这使工作人员不断提高技能来维持最高标准。

新西兰消防处已帮助该公司在卡瓦劳蹦极网站建立全面的疏散计划。沃玛尔德则提供灭火器和消防安全的建议。

其他培训机构还有健康与安全代表培训机构（Health and Safety Representative Training）、新西兰消防处（The New Zealand Fire Service）。所有的安全和业务设备均购买自信誉良好、业界认可的供应商。

4. 内部标准

与外部检查相对，公司同时执行全面的内部安全检查，对设备和维护进行定期天、周、月、季度、半年和年度检查。

公司内部设有健康安全委员会，健康安全委员会成员由其中各部分员工组成，他们的职责是把安全作为第一关注点，来构建一个通畅的沟通渠道，即任何员工都可以在安全问题方面找到合适的负责人，来保证整体局势的协调和解决。

5. 荣誉与认同

惊险刺激的经历、高质量的产品以及普遍认可的安全记录，让公司的声誉受到广泛承认，使其荣获新西兰 Qualmark 星级标准奖、S Mark 奖以及其他一些新西兰的旅游奖。近期公司还因对安全的承诺和安全方面的专门技术在新西兰中小企业研究中受到表彰。这些荣誉对公司的管理既是一种肯定，同时也提供一种舆论的监督作用。

6. 免责声明

哈克特蹦极公司还对参与蹦极的人规定了条件和条款，以 QUEENSTOWN 的蹦极点为例，参与者需要填写一份免责声明（见表 5-6），其中包括：

表 5-6 QUEENSTOWN 免责声明的内容

重量限制：
卡瓦劳大桥蹦极：至少 35kg
岩礁蹦极：大于 35kg 小于 127kg
岩礁天空摆动：大于 35kg 小于 107kg
尼维斯高空弹跳：大于 45kg 小于 127kg。

年龄限制：
除了尼维斯高空弹跳需要至少 13 岁才能参与，其他项目都要至少 10 岁以上才有资格参加。另外 10~16 岁的蹦极者还需要有父母或者监护人一起签署免责声明。

疾病限制：
建议如下情况，在参与前咨询相关工作人员，并且要准确诚实申报自己的情况、怀孕、心脏病、高血压、骨症、脆弱的皮肤、脱位、糖尿病、癫痫、神经紊乱、残疾人以及身体损害。

衣着要求：
所有蹦极者在尼维斯高空弹跳项目中必须要穿上紧脚的鞋子。

---

7. 职位描述与员工培训

对员工在驾驶车辆、卡瓦劳桥操作木筏或者是在四个蹦极甲板上进行轮岗培训。另外还有一只专门的摄影团队，负责记录游客的精彩一瞬，要求具有较高的专业技能。而对前线销售的人员，要求必须能正确处理游客的需求并且提供卓越的客户服务，其中有部分蹦极向导将向游客介绍蹦极的历史和蹦极背后的窍门和秘密，销售团队则售卖一系列各种时髦的蹦极及卡瓦劳的商品和服饰，还有一个自由落体酒吧，为游客提供美食和葡萄酒的休闲服务。

在所有部门中，均提供培训和个人发展计划。作为一个新员工，要参与一个 FBI（Fabulous Bungy Induction）精彩蹦极入职仪式，另外是一个月的 SaS 销售与服务课程（Sales and Service Course），之后的培训对员工来说都是一个提升内外素质的机会。

二、登山探险旅游管理

登山运动是体育运动的一类。运动员徒手或使用专门装备攀登各种不同地形的山峰或山岭，可分为金字塔形兵站式登山、阿尔卑斯式登山和技术登山等数种，始于 18 世纪 80 年代。而随着发展，逐渐演变成一种不登顶峰的旅行游览活动。背负必要的登山食品和装备结组进入山区，观赏奇峰险岭，进行摄影和采集标本等活动悄然兴起，登山运动已经不再是专业运动员的世界，登山旅游方兴未艾，越来越体现出平民化的特色。

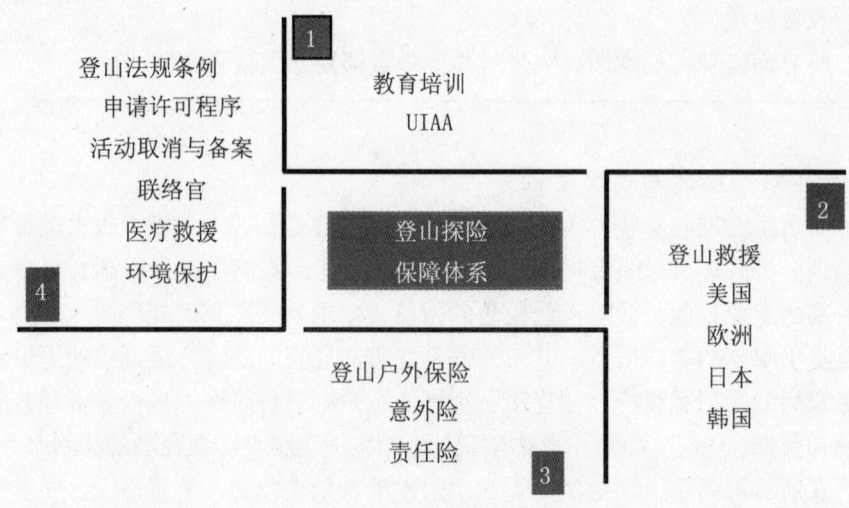

图 5-9 登山探险保障体系

（一）教育培训

UIAA（Union International Alpine Associations）国际登山组织联盟业余培训标准模式如图 5-9 所示。

以登山为例，登山运动发达国家的培训。国际上流行的培训体系主要有两类：一类是业余体系，以国际登联标准和英国标准为代表，包含高山、攀岩、山地户外运动和登山滑雪等项目的培训标准，对象是业余性质的志愿者；二是职业体系，即职业高山向导培训体系，项目与业余基本相同，具有严密的组织管理和严格的考核，对象是职业人员。

UIAA 业余培训标准模式自 1992 年建立以来，有 33 个国家和地区已经获得或正在申请加入 UIAA 这套体系。这套体系专门针对非职业人员，是一个总的标准模式，各国可根据国情建立自己的体系，经过 UIAA 认证即可成为这个体系的分子。这套体系为各国从社会角度推动登山运动的发展和统一化起到积极作用。

其中包括：

UIAA 安全标准：http://www.theuiaa.org/uiaa_safety_labels.php

UIAA 环境标准：http://www.theuiaa.org/upload_area/files/1/ UIAA_Environmental_objectives_and_guidelines.pdf

UIAA 培训标准：http://www.theuiaa.org/upload_area/files/1/ training_standards.pdf

UIAA 旅行指南标准：http://www.theuiaa.org/upload_area/files/1/ UIAA_guidebook_standards_guidelines.pdf

而职业高山向导联合会（UIAGM/IFGMA），目前有 20 个成员国，具有一套严格的职业标准，各国参照的主要标准，推动了登山运动的国际化和国际交流。

http://www.3608.com/OutDoor/Knowledge/o_k_667.html

（二）登山救援

由于高山探险和野外活动经常发生意外，欧美等发达国家已有较成熟的登山救援体系[①]。

1. 美国

美国救援协会为全国性组织成立于 1950 年，各州都有它的分会，救援协会所有成员全是志愿者。美国各州的救援协会均设有多个救援中心。每个救援中心有数十名志愿者。在业务上救援中心归地方警察局领导。求救的电话号码也是 911。救援中心一般由两个部门组成，一个是事务部，它的主要任务是寻求社会资金的赞助；另一个部门为技术部，主要负责到事故地点进行救援。每个救援中心每天都有一人值班，遇有求救时值班员一般要通知 25 名左右的志愿者，要求至少有 10 人到达现场参加救援。

美国的救援协会是全社会安全保障体系的一部分，并得到政府的"优惠"政策——救援协会、救援中心的办公地点由政府提供；救援协会购置车辆、器材等享受免税；救援志愿者参加培训和救援工作时，他所就职的部门须无条件支持，不扣薪水；援助工作与军队、警察、保险、医疗等部门密切合作，救援中广泛使用的直升机由军队提供，救援狗由警方提供。

美国登山救援协会的资金来源于两部分，一部分是户外运动如钓鱼、打猎、滑雪、徒步穿越等许可证中的部分费用，另一部分是社会赞助。例如美

---

① [EB/OL]http://www.8264.com/1441_2.html

国科罗拉多州的每个救援助中心都有一台指挥车、两台雪地救援助车、三台救援小型卡车，这些车辆都来自社会捐赠。

2. 欧洲

欧洲很多国家的救援体系与美国相似，是由志愿者组成的救援队伍，与军队、警察、保险、医疗等部门合作实施救援工作。而较有特点的是在登山活动频繁的阿尔卑斯山地区，法国的救援中心在海拔 4000 米左右设有通信联络和救援站，要求登山者携带或租用通信联络器材，并且每隔 20 分钟就会有一班直升飞机巡逻一番，以便及时发现意外事件并施以救助。

3. 日韩

日本和韩国是登山和户外运动很盛行的国家，在日本和韩国，救援组织称为"山难对策委员会"。但是由于日、韩境内少有高山，救援工作更多的是面向旅游区域和户外活动者。而日、韩的一些大的旅游山区，要求出入这里的人登记，以便及时发现迷失或发生意外的情况。

发达国家都有自己的救援公司，旅游者在旅行前，需求者可以在保险公司购买紧急救援的险种，获得紧急救援卡。救援卡上有游客个人的基本信息，包括身体状况、血型、是否有病史、是否有过敏的药物等。如发生紧急情况，遇险者拨打救援公司的电话，报出游客的紧急救援卡卡号，救援公司就可以在电脑上看到游客的详细资料，并通过全球定位系统锁定游客遇险的位置。由救援公司最近的一个救援点实施就地救援，出动直升机或救护车，费用由保险公司承担。若没有保险的话，则由游客自己承担费用。目前除国际 SOS 外，安盛救援、优普环球援助两家国际救援集团也进入了国内市场。国内已有 20 多家保险公司与国际 SOS 救援中心建立了合作关系，投保人在购买保险产品的同时，就可享受到国际国内的救援服务。

(三) 登山法规条例

——巴基斯坦登山规则条例（Mountaineering Rules and Regulations）[①]

巴基斯坦北方地区耸立着包括世界第二高峰乔戈里峰在内的许多世界著

---

① [EB/OL]http://www.alpineclub.org.pk/mtg_rulesreg.php
[EB/OL]http://travel.163.com/06/0731/10/2NBRSCNM0006202H_4.html

名的山峰，5座海拔在8000米以上的山峰（全世界只有14座），有29座海拔在7500米以上的山峰，有121座海拔在7000米以上的山峰，是全球登山运动员和登山爱好者的运动天堂。

巴基斯坦规定海拔6000米以下的山地地区为适合旅行的地区，并详细划分为禁止旅行地区、限制旅行地区和开放旅行地区（详情参阅巴基斯坦旅游局的《徒步须知(TREKKING RULES AND REGULATIONS)》）。吉尔拉德、巴尔蒂斯坦地区的部分河谷被归入限制旅行地区。在巴基斯坦登山需要到旅游主管部门领取登山许可证，限制旅行地区在接到申请的14天之内给予答复，开放旅行地区在接到申请的24小时之后发放。

巴基斯坦的登山管理条例包括申请许可、活动通报、工具规定、医疗救援、环境保护条款等多方面的详细规定，现列举其中的一些代表性条款：

1. 申请许可程序

规定国外登山探险队须首先向巴基斯坦领事馆提供申请，同时向旅游部提交一份带照片的收据复件。需提前一年提交计划申请，旅游司按先后顺序对申请进行审批，额满为止。申请表需填写完整，否则将不予受理。同时，规定还对队员的构成进行了严格的审核，以确保在同一季节里，一个人不可再次登山。在申请过程中，申请方至少要列出三到四座备选山峰，攀登8000米以上高峰，要有并且有文体旅游部秘书长的授权，其中还包含了对旅游司审批时间及特有权利的规定。

2. 活动的取消与备案管理

条例规定政府一方有权无理由取消所有申请。同时也对申请方取消活动做出了规定。探险队抵达拉瓦尔品第或伊斯兰堡时应该与旅游司负责安排联络官、购买保险、口粮以及组建队伍的负责人见面。在完成了上述事宜后，登山队负责人应要求进行正式通报（周五和节假日外至少给24小时的通报时间）。活动的筹备工作将需要在拉瓦尔品第或伊斯兰堡逗留约四五天时间。在探险队归来后需要向旅游司相关负责人取消通报（除周五与节假日外24小时取消通报的时间），未通报的探险队不得进入山区，未取消通报的探险队不得离境。

3. 配置联络官

其中规定了联络官的各种权利和义务，这对起监督和规范团队行动具有很重要的意义。

4. 医疗救援

如果医生或者急救专家认为有必要将生病或受伤的队员从山区疏散到一个地区的总部（如吉尔吉特，锡卡都或奇特拉尔）医院，登山队需要支付疏散时直升机或者其他的费用。如联络官发现有队员病情严重但没有疏散计划，应要求登山队队长对病号进行疏散。如果队长不同意联络官的意见，他应向联络官提交书面原因解释，同时这个书面解释也必须得到登山队医生或者急救专家的同意。

5. 环境保护

登山队不论其大小都要支付200美元或等值的巴基斯坦币作为环保基金。同时登山队应向巴基斯坦国际银行或授权分行上缴1000美元或等值巴基斯坦币的返还基金。活动结束后，如队员对环境造成破坏则从中相应扣除，否则全额退还。登山队离开须保持营地清洁、不得破坏登山地的动植物资源，返回时，联络官需就此提供书面证明。如果联络官出具假证明，则根据联络官的相关规定，该事项将被通报其授权机构，其注册资格将被取消，且四年内不得再次被认证为向导。如有违反上述规则的，登山队或其全部队员在四年内将不能获批进入巴基斯坦登山。同时他们也可能被其他相关法律起诉，这些规定都对环境保护起到了积极的作用。

（四）登山保险

英国 Snowcard/Activcard[①]公司自1990年以后便向登山者提供户外专项保险。保险包括紧急医疗和撤离费用，但其中最重要的是搜索和救援。其提供的具体"搜索和救援"不仅限于一般保险提供的救护车，而且包括确保直升机救援或其他地面救援。该公司根据活动项目的差异，提供了包括徒步、山地自行车、高难度远足、攀岩、登山和洞穴探险项目。

该公司提供了个性化登山保险的定制服务：

首先，探险游客可以根据活动时间进行选择。公司根据探险旅游时间将保险划分成了：单次探险旅游险（3~60天）、多次探险旅游险（31天里包

---

① [EB/OL] http://www.snowcard.co.uk

含多个假期的情况)、长期探险旅游保险(2~18个月)。

其次,探险游客可以根据活动的危险度选择自己将要参加的活动的等级,公司将活动划分为了0到6七个等级。每个等级包含的活动都进行了详细的介绍。

第三,游客可以自由选择保险所涵盖的范围。公司提供了四个保险业务组合。业务A:包含医疗、救援、撤离与责任险;业务B:除包含业务A的内容外还包括了个人财产险,以及自由选择是否涵盖活动取消与推迟险;业务C:除包含业务A的内容外还包括活动取消险,以及自由选择是否涵盖个人财产险;业务D:包含所有保险内容。

第四,在选择完保险内容后,游客可以选择自己要登山的地点,在欧洲或是世界其他地方。

第五,探险游客需要给出具体的登山探险时间。

最后,要对投保的人数进行选择。

三、滑雪探险旅游管理[①]

在欧美国家,滑雪不但是一种运动,而且变成了一种生活方式。由于开展滑雪的时间较长,滑雪在欧洲、北美甚至日本和韩国非常普及,上至七旬老人,下至三岁幼童,一到冬天都要去滑雪场度假。

欧洲最好的滑雪场集中在阿尔卑斯山一带和北欧国家,阿尔卑斯山得天独厚的雪资源使法国、瑞士、奥地利、德国、意大利等国大受其益,每年的滑雪旅游收入很可观。以法国为例:每个冬季接待700万人次的滑雪者,其中140万人次的外国人;收入为50亿美元,其中10亿美元为外汇。

北美的滑雪场主要分布在美国东部和中西部,尤以科罗拉多州为多,加拿大的落基山脉也是雪场集中的山区。

亚洲滑雪场开发得最好的当数日本和韩国,日本从20世纪60年代开始,韩国从70年代开始开发滑雪产业。印度、伊朗、叙利亚、黎巴嫩等国也有滑雪场。

---

① [EB/OL]http://www.special.dbw.cn/system/2005/12/01/050199787.shtml
　[EB/OL]http://www.lvyou114.com/zhuti/0_news/47.html

南半球的阿根廷、智利、澳大利亚、新西兰、南非也有相当规模的滑雪场。国外滑雪季节一般从感恩节开始，一直到来年四月复活节，有3~4个月之久，有的滑雪场由于海拔较高（海拔4000米以上）甚至可以终年滑雪。

欧美和日本等发达国家的现代滑雪旅游分别有上百年和数十年历史，每到雪季来临之前的9月或10月，所有跟滑雪有关的商家、旅行社、雪具店、度假村及滑雪场都开始大做促销，除传统媒体外，互联网更是最重要的工具。有规模的滑雪场都有自己的网站，并且与更大的全美滑雪网（www.skinet.com）或全球性网站（www.goski.net）进行链接。

在www.skinet.com有全美滑雪场的介绍、各地雪情最新报告（滑雪者最关心的雪道雪的厚度，包括山顶和山脚）、最新滑雪器具推介、雪具商店、滑雪教学、精彩滑雪图片、全球800家滑雪场在线查询和预订、个人滑雪经历、论坛、聊天等等。而www.goski.net则主要介绍世界各国（欧洲、北美、南美、日本、韩国、澳洲）的滑雪场情况，可惜没有中国的滑雪场介绍。

雪场设施好服务好、信息畅通、消费者具备支付能力、选择余地很大，使得滑雪场、中介商、滑雪者都能受益。滑雪产业涉及的关联产业很多——民航业、旅馆业、制造业（滑雪器材、造雪机、压雪机等、上山机械如索道）、服装业（滑雪服装），因而滑雪作为一个产业已被许多国家所重视。

四、攀岩探险旅游管理

加拿大对攀岩活动有着规范的管理章程。以加拿大攀岩活动检查清单范例（checklist）为例，其中包括了对活动的事前准备、设备、运输、天气、课程教学以及安全工作实践六个方面的检查（见图5-10），对确保活动安全有重要的监督作用，是国内值得借鉴的保障安全的重要方法。

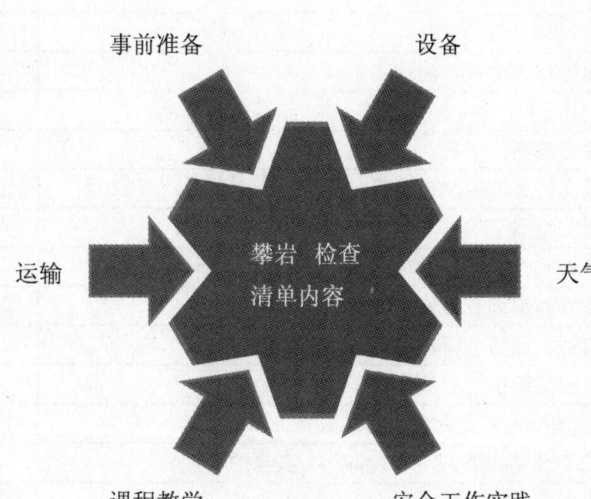

图 5-10 加拿大攀岩活动检查清单内容

事前准备	是	否
1. 是否完成了旅行计划?		
2. 旅行计划是否备案?		
3. 是否完成了紧急响应计划?		
4. 紧急响应计划是否备案?		
5. 每个课程是否都组织向导讨论了危险与安全?		
设备	是	否
6. 每门课程前所有软件（绳，织带，吊索，和吊带）都检查了吗?		
7. 每门课程前所有硬件（绳扣、下滑器、头盔、架子）都检查了吗?		
8. 课程上使用的设备是否有使用日志?		
9. 是否保留有设备维护日志?		
10. 课程结束后是否识别出了需要维修的设备?		
11. 设备适合课程使用吗?		
12. 课程使用的设备受到良好维护了吗?		
13. 配有急救箱吗?		
课程教学	是	否
14. 教学是在获批的场地开展的吗?		

续表

课程教学	是	否
15. 事前对该场地进行过检查和清理吗？		
16. 充分利用固定物了吗？		
17. 所有安全确保员都到位了吗？		
18. 现场有实施适当的人群控制措施吗？		
19. 悬崖边上使用安全线了吗？		
20. 有措施预防落石吗？		
21. 所有员工在攀岩时都绑有绳索吗？		
22. 是否采取了合适的预防、保护、阻止跌落的措施？		
23. 员工是否有足够的保护性着装？		
24. 是否使用了安全的绳结和系统？		
25. 员工是否穿戴了必要的个人防护装备（头盔与护具）？		
26. 员工会正确使用个人防护装备吗？		
运输	是	否
27. 车辆停靠合适吗？		
28. 司机有相应驾照吗？		
29. 司机驾驶安全吗？		
天气	是	否
30. 天气情况适合开展课程教育吗？		
安全工作实践	是	否
31. 员工知道如何处理有暴力行为的游客吗？		
32. 员工知道单独作业的程序吗？		
33. 员工知道去哪、如何求助急救或疏散营救吗？		

五、印度水陆空探险专项管理

印度的最低安全标准（Basic Minimum Standards for Adventure Tourism Activities）如图5-11所示[①]。

---

① [EB/OL] http://www.incredibleindia.org/pdf/Basic_Minimum_Standards_for_Adventure_Tourism_Activities.pdf

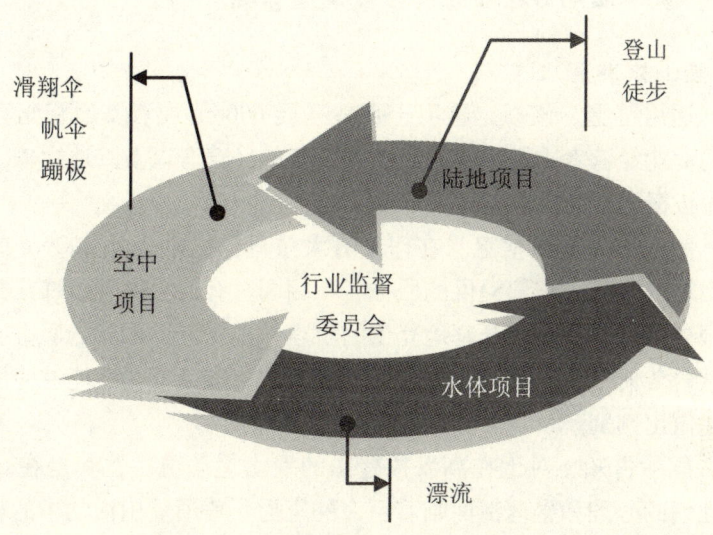

图 5-11 印度最低安全标准内容图

印度有专门针对探险项目的行业监督委员会,它是经印度旅游部牵头,由几个活动的运营商和设备经销商组成的,委员会的主席由印度旅游部委派,其成员必须是有实际探险活动经验的专家,且必须达到领队或者向导的级别。其中两名成员由印度探险旅游经营协会(ATOAI)委派;一名成员由国家水上运动协会(NIWS)与印度专业皮划艇协会(IAPRO)同时委派;一名成员由印度滑翔伞联盟委派(Parachuting Federation of India);一名成员由印度登山基金会委派(Indian Mountaineering Foundation)。

该委员会的职责包括:在与探险行业协会协商的情况下,可以指派检查员;调查任何对探险旅游经营者的投诉;提高安全规章与指导方针水准;开展培训活动或者进修课程,对任何影响印度探险活动正常进行的活动进行协调。

该项最低安全标准中将探险旅游活动按照陆地、水体、空中三种类型进行分别规定。陆地活动包括登山与徒步;水体活动主要针对漂流;空中活动包括帆伞、滑翔伞、蹦极。

(一) 基于陆地的探险旅游活动最低标准

1. 登山旅游管理

(1) 适用范围。该规定适用于那些开展6000m或者其他相当高度的登山活动的商业经营者、提供特殊限制的设备的经营者以及基地运输、基地服务、高海拔搬运工的供应商。

(2) 为登山者提供信息。在印度有大量机构提供攀登6000m或其他相当高度山峰的服务。它们提供的服务各不相同,有的提供至顶峰或几乎登顶的全面服务,有的则对离开基地登山的游客只提供最低限度的服务。但是目前很难从宣传册中看出它们所提供服务的差别。该最低标准能够协助客户对上述问题做出判别。

(3) 危险告知。对于在高海拔登山的登山运动员,尤其是在6000m以上时,他们的心理和生理都面临着巨大的压力,普通登山活动中的相互协助在这种情况下可能无法进行。对于那些缺乏经验、需要依靠专业向导来安全上下6000多米的高峰的新手来说,这个事实至关重要。他们必须被告知在高海拔登山运动中必须拥有一定程度的自己应对危险能力。

(4) 登山指导概要。在该条例中,对印度陆地探险经营的注册、领队以及向导资质、后勤、医疗、保障设备、宣传的真实性、物流、设备、环保等进行了规定。如所有经营者必须在印度探险之旅经营商协会(Adventure Tour Operators Association of India)以及旅游部(Ministry of Tourism)注册。再如客户必须如实向活动主办方提交其带有照片和文档经验说明以及病历,以此来确保活动主办方能对潜在客户能进行细致评价。这些规定都是为了保障探险活动能够安全顺利的进行。

2. 徒步旅游管理

与登山管理类似,该法规也对徒步活动从领队向导的资质、后勤、医疗、宣传的真实性、评估游客病史、设备等方面进行了规定。如山峰上的定向及搬运工以及给养必须满足徒步的需求,并且达到宣传的服务水平;向客户提供的信息中必须包含所有活动中涉及的真实危险与困难,并避免推销不可能的活动。关于领队成员的个人资料必须包含在内;事前提供的信息应该包括有活动组织者提供的定向、搬运和设备,以及详细的有关客户自备的服装、设备的明确声明。

(二)基于水体的探险旅游活动最低标准

印度的商业漂流旅游管理,主要从以下方面对漂流活动做了规定:

1. 注册

任何经营漂流或商业激流漂流旅行的公司必须与印度专业划桨漂流用品商协会(Indian Association of Professional Rafting Outfitters)/印度探险旅游经营商协会(Adventure Tour Operators Association of India)和旅游部(Ministry of Tourism)注册。

2. 人员配备

所有针对游客的漂流活动在进行时,每艘漂流船要至少有1名合格的向导。一位资深的向导或领队必须在场并全程监督活动,且陪同向导年龄不得低于18岁;会游泳并拥有有效的急救和心肺复苏资格证或其他等效资格证。

3. 向导培训课程

向导培训课程应包含以下两方面内容:

(1)技能——漂流技巧,船员培训与管理,突发事件应对与营救技能。

(2)知识——设备、安全及紧急应变程序、急流理论、领导、信号、环境保护。

4. 重视经验

对向导具有以下四方面的要求:

(1)必须在过去2年中,至少10次在与他们打算做向导的漂流活动处于同一级别或更高级别的激流皮筏漂流活动中作为向导。

(2)必须对他们打算做向导的新的漂流线路进行熟悉。

(3)保持一个日志记录每个活动,并由旅行活动领队签字作为经验证明。

(4)必须有良好的印度语和英语沟通能力。

5. 对领队的特殊要求

(1) 至少取得了 2 年的领队资格。

(2) 拥有高超的领队知识与技能。

(3) 全面掌握行程计划、急流营救技能、应急程序以及先进的急救知识。

(4) 必须在过去 2 年中，至少 20 次在与他们打算做领队的漂流活动处于同一级别或更高级别的激流皮筏漂流活动中作为领队。

(5) 必须对他们打算做领队的新的漂流线路进行熟悉并了解其疏散线路。

(6) 必须有良好的印度语和英语沟通能力。

6. 单只皮筏漂流

国际上一些漂流的恶性事故发生在只有一艘皮筏的情况下。应至少确保有二艘皮筏、皮艇或者一艘皮筏一艘救生筏。对于静水皮艇漂流（最高级别二级）这个规定不做强行规定。对与最低二级或者三级的皮筏漂流该规定一直生效。安全的皮筏必须至少达到四级急流的强制要求。

7. 工具箱

所有的活动都必须配备有完善的急救包（必须至少有三角绷带，消毒垫，纱布绷带辊，压力绷带，急救胶纸，夹板，剪刀），修理工具（必须包含约 0.5 米的修复材料，足够数额的烟道和加速器，砂纸或粗磨工具和防水维修绷带）。必须至少有一个备用桨。有绕筏一周的安全线，一条弓线和船尾线。所有皮筏必须有一个扔袋和捞沙桶（以防皮筏没有自排水功能）。

8. 个人水上设备

所有漂流人员在活动中必须穿着救生衣，该规定同样适用于领队成员。救生衣必须有足够的浮力、必须是带有背带能保证舒适的适当的型号，并且救生衣必须穿着正确。不能使用膨胀式与锁扣式救生衣。向导必须确保在出发前及大的降落前救生衣状态良好。头盔要适当扣紧。皮筏必须状况良好，没有漏气或者连接处的损坏。要定期对挡板、连接处进行漏气检查以确保每个接缝都是密闭的。商业漂流中要使用最短 14~16 英尺的船。建议使用自排水功能的漂流船。

9. 安全须知

向导与领队必须确保在每一个活动开始前所有的安全细节都要体现在安全须知中。

10. 熟悉线路

在每个季节或者新的河道上开展商业活动前,都要进行 1 到 2 次的线路熟悉工作。在河流汛期不得开展商业活动。

此外为了确保安全,该标准还规定了对于参加漂流的各种限制,如年龄、是否会游泳、是否饮酒等。

该条例对向导和安全员进行了专门的规定。外籍向导在工作前必须了解印度安全规章(India Safety Regulations)。他必须履行必要的标准,并在开展商业活动前熟习河道和设备情况。他必须有有效的急救证书。一位高级向导必须在上述三条河流中的任何一条上有过至少连续三个季节的漂流经验,而且每个季节漂流时间不得少于 60 天。他必须拥有所有必需的急救和心肺复苏(CPR)救护的资格,同时必须有无安全事故纪录。一位高级向导必须有在至少三条不同河流上的漂流经验。一名皮筏安全员必须受过全面训练并对所有的安全规范,河流救援和急救 / 心肺复苏(CPR)的认证都有相当经验。在参与商业活动前,其必须有至少 30 天的漂流经验。

(三) 基于空中的探险旅游活动最低标准

空中项目对技能要求最高。它们的风险因素也最高,并且一旦出现差错,其损失基本无法挽回。因此,需要严格遵从安全指南的要求。

通常需要采取如下原则:第一、空中活动所使用的器材必须包含说明书、认证机构以及期限(保存期限及使用年限),而器材制造商必须持有生产特殊空中项目器材的有效许可证。第二、教师与参与者的资质非常重要。仅有一个最初的证书或资质是不够的。需要定期的持续的开展有关安全与技能的测评。

1. 滑翔伞旅游管理

(1) 基础规定。在基础规定中,包括了滑翔伞的起飞、着陆、救援、天气情况等。如当在山中起飞时,参与者必须有安全与开阔的起飞点。起飞道路上不能有任何障碍物，不可以有庄稼或者石头等可能伤害到参与者的东西。禁止将悬崖设置为起飞点。参与者必须有空旷开阔的着陆点。着陆点不能有大树、建筑、电线等障碍物。在站点上必须有具备资质的救援机构（有相关事故处理知识）；必须安排有附近的医院来开展急救。必须严格监视风力情况，当器材处在安全风力使用条件下时，才能开展活动。

（2）设备及附件。在这部分规定中，包含了滑翔伞的设备认证、活动着装、设备使用记录和年检等内容。如滑翔伞的伞翼必须有APCUL、DHV或者CEN认证。活动者必须穿戴头盔与保护鞋等。

（3）组织者资格。它规定了飞行员必须接受的培训内容以及签发证书所必须的条件，如：学员必须在印度航空俱乐部（the Aero Club of India）认可的俱乐部下进行有效注册；双人飞行的飞行员必须持有由权威机构签发的双人飞行证书；活动中的教师应该是经验丰富的现任飞行员等。

2. 帆伞运动管理

（1）经营者分级。所有经营者必须在合适的机构对他们在陆地与水上开展活动的能力进行鉴定，经营多人飞行需要特殊认可。

（2）设备管理。对设备的规定涉及飞行设备、船只、拖车、拖绳等。如当游客参与水上帆伞运动时，在飞行过程中他们必须穿着经过认证的合适的救生衣；所有强制性日常检查以及对船只的维修都应保留书面的记录；每天都需要检查整条拖绳的损害及磨损情况，如需更换便要立即更换等。

（3）风险假设与责任豁免。在开展活动前，达到法定年龄的，运营商应让其阅读并签署一份风险假设与责任豁免协议，未达法定年龄的，应由其父母或者监护人代为签署。

（4）游客安全须知。所有乘坐帆伞的游客都需要看一段帆伞运动安全须知视频，或者帆伞运动安全须知手册。此外，员工在任何一次帆伞运动开始前都要给参与者简要介绍安全须知，应该包括如下内容：对活动的描述；起飞与飞行中的安全防范；安全救生装置的位置；突发事件的警示与应对方法，如水上降落、设备故障、拖绳分离等；在船上发生紧急情况时的应急程序；如何正确使用信号；问答过程；在活动开始前必须确保参加者没有畏惧心理或者是被迫参加的。

（5）游客规定。包括了体重、年龄、多人飞行等。如游客只有在其体重符合设备制造商建议和要求的体重时才能被允许参加帆伞运动；12 岁以下的儿童不得参加；绝不允许有超过 2 个人同时在飞行伞中；在多人飞行中，船只的绞盘必须配备一个相应等级的绞车等。

（6）飞行影响因素的规定。规定了天气、障碍物、风速等。如经营者有义务在开展活动前判断天气情况是否适合进行帆伞运动；应该配备风速仪，在风速超过每小时 18 公里时不得开展活动等。

3. 蹦极旅游管理

（1）基本要求。蹦极绳索的每一部分都必须有备用件，包括从连接蹦极者的一端到连接设备的另一端之内所有的设备。通常蹦极者应该有一个附着在脚上的带子，另一个附着在身上或者座椅上。

（2）设备规定。包括设备状况、不同绳索、绳索使用日志等。如设备应该状态良好并适合蹦极使用；应使用著名登山设备供应商的设备；对于编织绳索，至少应该使用 2 条并且能承受蹦极者的体重；要对绳索的最大负重、蹦极使用次数以及进行的负重下落测验进行记录；活动地点必须存有蹦极绳所需备用件，以便于及时更换可能损害的部件；每天活动前必须对整条蹦极绳索进行负重下落试验来保证绳索的完好性。

（3）书面操作程序。必须有书面的操作程序。内容应至少包括病史询问；年龄确认，未满 18 岁的要经过父母同意才能参加；未满 14 岁的不得参加。体重测量与绳索选择：必须对蹦极者的体重进行测量与记录。

（4）其他重要基础。如培训、明确工作流程，如由谁负责关键安全活动，谁负责检查。每个员工必须明确自己被允许的工作以及哪些是他们无权采取的行为。迄今为止，全球所有生命事故都是由于工作人员失误造成的。

（5）总负责人要严密控制活动地点。必须安排如何避免观众在活动地点围观，以免对其造成危险。同时必须避免经营者在活动中分心；蹦极筐中的蹦极者必须被安全的固定在里面。应极力劝阻观众尤其是儿童乘坐蹦极筐。

第六章
探险旅游的引导与管理

第一节　探险旅游发展的引导
第二节　探险旅游安全保障机制

第一节 探险旅游发展的引导

一、建立"十带三组团、胜地缀其间"中国探险旅游目的地体系

根据中国探险旅游资源的分布和探险旅游项目发展情况，结合区域经济、社会、文化特点，我们将中国的探险旅游目的地体系初步构建为"十带三组团、胜地缀其间"的空间布局（见图6-1）。

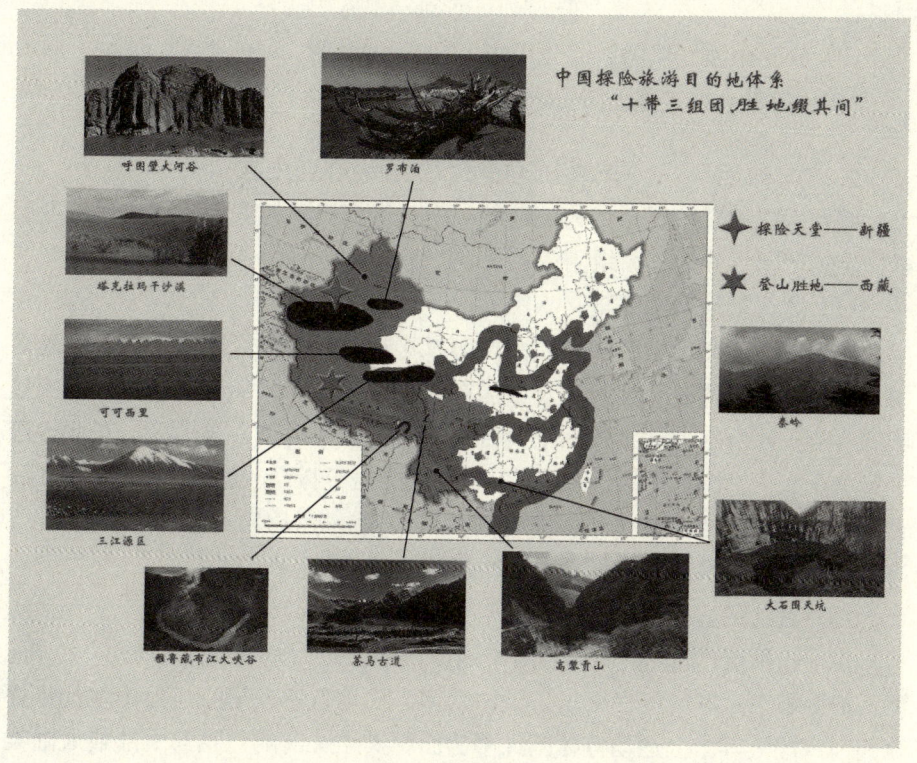

图6-1 中国探险旅游目的地体系格局

原始地图来源：国家测绘局网站，审图号：GS（2008）1354号

1. "十带"——十大探险旅游目的地地带

根据自然资源恶劣状况、探险旅游者推介、冒险性和国内外的知名度，初步确定中国的十大探险旅游目的地地带。

(1) 探险人类最后密境——雅鲁藏布江大峡谷；
(2) 楼兰古国、"死亡之海"——罗布泊；
(3) 穿越死海——塔克拉玛干沙漠；
(4) 藏羚羊的天堂、"神秘国土"和"科考空白地区"——可可西里；
(5) 在黑暗中舞动、世界第二天坑——大石围洞穴；
(6) 生态"处女地"——三江源区；
(7) 探险旅游胜地、"丝绸之路"——滇藏茶马古道；
(8) "精灵出没的地方"、野生动物的乐园、冒险家的天堂——呼图壁大河谷；
(9) 穿越中国气候的南北分界线、"中国的龙脉"——秦岭；
(10) 走进人类文化公园——高黎贡山怒江。

2. "三组团"——三大组合型探险旅游目的地区域

综合考虑地理位置、目的地地貌类型、适宜开展的探险活动类型等各因素，全国范围划分为三大组团。

(1) 冰天雪地组团区域

主要是西部高山地区和东北高山，以喜马拉雅山地区和大小兴安岭地区为代表，包括青藏高原地区以及中国东北部与俄罗斯、朝鲜、蒙古等国家接壤的3省1区所在地区，即辽宁、吉林、黑龙江和内蒙古自治区。东北地区是集关东文化、林海资源、冰雪雪原、火山熔岩等探险旅游于一体的旅游区。青藏地区是集藏传佛教、高原雪域、草原风光、登山运动为一体的探险旅游区。主要开展登山、攀岩、徒步、滑雪等探险旅游活动。

(2) 翻江倒海组团区域

主要指河流、湖泊、岛屿与海岸地区，包括川、渝、鄂、湘、赣、皖、苏、浙、沪等省市，本区河网密布，湖泊众多，山地低矮，适宜进行山地徒步探险和河流漂流等水上运动等休闲探险旅游。其中，岛屿包括与大陆或大陆架的地质构造有关联的基岩岛、河流口岸的冲积岛、珊瑚礁岛，海岸分为平原海岸和山地丘陵海岸。主要探险旅游活动是航海、观鱼、冲浪、潜水等。

(3) 穿沙入洞组团区域

主要是西部内陆干旱沙漠戈壁地区和岩溶地貌地区，指甘肃、宁夏、新疆与云南、贵州、广西三省区及川东、鄂西、湘西一带。甘、新、宁地区由于风力作用形成风成地貌，以雅丹地貌为代表，主要开展徒步穿越、自行车穿越和自驾车穿越等探险旅游活动。西南喀斯特地貌是水通过对可溶性的岩石（碳酸岩盐、石膏、岩盐等）进行化学溶蚀性作用而形成的地貌，相应的地形为天坑和溶洞，主要开展洞穴探险旅游活动。

3. "胜地"——中国探险旅游胜地

遴选全国探险旅游目的地——中国探险旅游胜地，并确定"世界探险旅游胜地"。遴选标准主要考虑以下几个方面：探险旅游资源禀赋、基础设施状况、探险旅游专用设施数量、安全救援设施数量、探险旅游企业数量、探险旅游项目数量、国内外旅游者数量、政府引导与管理、政府重视程度、政策法规建设状况。

在全国主要的探险旅游目的地中，中国西部（西北和西南）边远地区、边疆地区具有相对完好的原始自然生态、地理地貌奇特险峻、古代文明遗存丰富且独特、少数民族生活方式独特等构成了探险旅游产品开发的优良资源基础。西部地区的旅游企业采取多种策略，开发包括常规旅游和探险旅游在内的多层次的旅游产品，注重开发国际国内两个探险旅游市场，注重相关政策法规的建设，关注民族宗教问题，注重区域间的合作问题等。因此，西部地区开始成为我国探险旅游发展的热点区域，而新疆、西藏是中国探险旅游胜地。

(1) 中国探险旅游胜地之"探险天堂"——新疆

新疆发展探险旅游地理条件优越、探险旅游资源丰富、类型多样，居全国之首；新疆探险旅游发展历史悠久；新疆旅游交通便利，探险旅游项目多，成功开发探险旅游线路数量居全国之首；专业经营探险旅游的旅游企业数量具全国之首；新疆政府制定政策法规，引导探险旅游发展。

新疆政府确定了特种旅游促进旅游业发展的战略：坚持以旅游业为支柱产业，以发展探险等特种旅游来带动经济发展，依托新疆丰富多样的特种旅游资源，全面提高特种旅游产品的质量与服务质量，健全特种旅游的保障体系，积极运用各种旅游营销、促销手段，抓住西部大开发和我国加入 WTO

的机遇，将新疆建设成为以登山探险、沙漠探险、丝绸之路、自驾车探险旅游为主打品牌的、包括多种极具新疆特色的专项旅游及特殊体育竞技旅游，力争将特种旅游培育成为新疆旅游业发展的先导性旅游产品，充分利用其强大的带动性作用，促进新疆旅游业的整体发展。

(2) 中国探险旅游胜地之"登山胜地"——西藏

西藏的探险旅游主要有登山、漂流、穿越无人区三种，应该承认，西藏的探险旅游资源是世所罕见的。西藏已经成为世界登山探险活动的最主要的热点之一。西藏众多的峡谷是漂流的理想场所。西藏地形高峻雄奇，有大片无人区，是徒步探险旅游的热点地区。青藏高原独特的地理景观和人文社会结构，自19世纪以来便引起许多国家的学者与探险家广泛关注。

政府对西藏旅游产业的大力扶持。西藏实施大开发的远期战略目标提出要将西藏建成国际性的特种精品旅游胜地，建成世界上最大的一块生态环境保护与建设一流的净土。在国家计委宏观经济课题组的《西部旅游产业发展研究》为西部规划的二十大特色旅游区，前四个是藏南雅鲁藏布江文化旅游和景观观光旅游区、阿里宗教朝圣及古迹考察和荒漠探险旅游区、藏东横断山脉风光和山地藏族文化旅游区、藏北羌塘高原风光和高原藏族文化考察区。

西藏的旅行社都经营进藏旅游业务和探险旅游业务，出现了专业探险旅游企业。专营西藏探险旅游业务的喜雅旅行社股份有限公司，是西藏探险旅游市场的补缺者和领先者。

中国西藏的旅游业及西藏的探险旅游业发展很快，西藏的旅游资源、探险旅游资源得天独厚，政府大力支持，宏观市场环境良好，有较好的盈利预期。西藏旅游交通瓶颈制约得到改善，虽然整体发展水平较为落后，但探险旅游已经成为一个比较成熟的产品。经营探险旅游的旅行社等企业有先进的管理手段和领先的探险旅游线路精品，竞争力初步形成。

二、建立探险旅游经营市场准入制度，培养合格市场主体

(一) 规范引导专业探险旅游企业

1. 建立探险旅游企业经营许可制度

建立一套严格的探险旅游企业准入审批制度，对探险旅游企业进行严格

的资质认定和经营许可,是探险旅游顺利开展的保证。针对我国现存情况,经营许可制度可分两步实施:

对于拟开展探险旅游经营活动的企业:由旅游局、工商局、体育总局等共同商议、制定出一套管理办法,统一管理、分块协调;推行市场准入申报审批制度;设立探险旅游官方的质量认证标志;建立探险旅游企业旅游服务与安全质量等级评定制度和年审公示制度;设立企业服务质量指数评比制。

对于已开展探险旅游活动的现有企业:应在规定时限内到认证部门补办所有市场准入许可手续,在得到认证许可后方能继续组织开展探险旅游活动,否则视为非法经营。

2. 建立探险旅游公司行为准则

建立探险旅游活动申报、审批和备案制;订立企业最低行为标准规范;建立企业工作标准流程;专人专项安全监督检查制;建立标准化旅游合同申明制度;责任认定制度;事故登记汇报制度。

3. 推广优秀探险旅游安全保障行为

建立探险旅游线路风险与安全等级制度;建立探险旅游领队分类分级管理与考核制度;推广优秀探险自助游安全保障机制;寻求商业保险,与保险公司合作开发与探险旅游相关的保险项目。

(二) 发展探险旅游设备产业

探险旅游装备的高科技含量、高质量水平是保证探险旅游者获得高质量探险体验、安全探险旅游的必要保证。

1. 建立探险旅游设备标准

建立国内探险旅游装备设备国家标准,对设备实行"标准分类、质量分级、价格分层次"管理机制,规范引导探险旅游装备设备市场健康发展;同时选取试点企业推广国家标准。引进国外探险旅游装备标准,如引进吸收的欧盟认证(CE)体系及 UIAA 认证等。鼓励实施国际化战略,实行"引进来、走出去"战略,加强国际合作,引进国际知名户外装备品牌,推动国内企业积极"走出去"。

2. 实施探险旅游设备特许经营制度

加强个人户外装备的特许经营管理。从资金、管理、信用、模式等方面，加强对装备设备销售的特许经营管理。根据我国《商业特许经营管理办法》，规范特许经营市场秩序。此外，对特许经营所涉及的商标专用权和专利专用权予以保护，将商业秘密列为知识产权的一种加以保护。定期对市场进行抽检，对大型的景区辅助设备设施在购买时都要求经由正规渠道购置，并在相关部门进行备案登记，并接受年检考核，对于老化及不符合规定的设备设施，督促予以报废；对于验收合格的设施设备，予以公示及发放合格证明。

（三）评估探险旅游线路设计的合理性与可行性

1. 确定探险旅游线路设计原则

探险旅游线路设计要特别突出：刺激性、特色性和体验性；安全性；环保性等。

2. 分析探险旅游线路设计的合理性与可行性

确定进行探险旅游线路合理性与可行性评估的参考要素：线路要素、景观要素、费用要素、安全要素、社会意义等。

3. 建立探险旅游线路合理性与可行性评估体系

体系包括：交通的可进入性与通达性；安全管理和风险管理的完善程度；员工及游客的教育与培训状况；当地社区的参与程度；目标市场定位与营销策略；对当地自然和文化资源的利用程度；对当地环境的负面影响评估；评价旅游目的地的救援设施、通信设施、交通设施、引导标志等的完备性。

4. 线路合理性与可行性的评估

在上述评估体系下，首先确定每个指标的衡量标准，如交通的可进入性与通达性，可以给出便利、较便利、有些困难、较困难、非常困难五个等级；其次通过邀请探险旅游专家和业内人士8到10名，在充分考虑了线路设计是否符合设计原则的基础上，共同对以上线路进行研究评估打分；最后通过综合汇总各个指标的得分，进行加权平均，该均值如果过低同样说明该线路仍需改进。

邀请行业专家、实践专业人士参与。主动地邀请主要市场国家的探险旅游界人士参与国内探险旅游项目规划和线路设计与评估，拓展市场，扩大探险旅游项目的影响和知名度。

5. 高科技设备评估

高科技设备评估如 GPS 定位导航系统、野外自动报警系统、卫星电话的应用程度、信息化网站运用于宣传与管理的力度。

(1) 高科技通信设施的作用。探险旅游设备设施的科技含量和普及度直接影响探险旅游安全通信、后勤保障的质量。

(2) 国内高科技通信设施的应用情况。目前国内的正规的探险旅游企业在组织探险旅游活动中均配备有卫星电话、GPS 定位仪等高科技设备，而探险自助游则几乎没有。根据探险旅游活动类型，来确定高科技，如 GPS 定位导航系统、卫星电话等在探险旅游活动的利用度。

(3) 信息化网站的宣传管理力度。信息化网站对于探险旅游的作用：降低宣传成本、实现个性化营销和全球营销。目前国内针对探险旅游的专业网站有着一定的宣传探险旅游、普及户外知识的功能，但管理相对混乱，对探险旅游的很多方面都没有明确统一的认识。

(四) 加强探险旅游网站的管理

引导、规范探险旅游网站，发挥探险旅游网站的信息导航作用。

1. 评定探险旅游网站信誉度

确定信用评估要素；建立信用评估二级指标体系；设立信用评估的权重；信用评估的规范化，为保证信用评估的可靠性与权威性，信用评级应通过政府授权或相关机构确认的专业评估机构进行，并可以采用定量分析与定性分析相结合的方法。

在评估前首先要建立网站信誉度评价数据库，将现有探险旅游网站进行分类备案，依据建立好的指标体系对各个网站进行统一定期评估，并对评估结果进行网上公示。

建立评估结果统计数据库，对我国探险旅游网站信誉度变化情况做长期监督。

2. 界定探险旅游网站的业务范围

规范企业俱乐部网站的经营范围，加强对探险旅游网站的监督监管。建立网站经营范围申报制度；加强对网站整顿管理；鼓励、规范探险旅游目的地网站建设，引导探险旅游者进行探险旅游，降低探险旅游者的出游盲目性。

出台探险旅游目的地网站的建设章程，建立探险旅游目的地专门的营销网；网站内容需涵盖目的地情况、适宜出游时间、安全注意事项、必需物品准备、环境保护提示、提供预约和咨询服务等内容。

三、设立探险旅游培训与认证机构，培养合格探险旅游导游与旅游者

（一）建立全国范围的培训与认证机构

1. 国内开展探险旅游教育培训的途径——分类分级多渠道教育

（1）鼓励我国高校积极开办探险旅游专业，借鉴新西兰、澳大利亚等国的学分制模块课程设置，通过课堂教学与实践教学相结合的方式，为探险旅游的发展提供后备力量。

（2）将探险和野外生存训练纳入学校体育课或选修课程，提高国民科普知识、风险意识和生存技能。

（3）开设公开免费的探险旅游常识、安全自救宣传讲座，利用报刊、网络等媒体进行渗透教育，普及全民探险旅游知识。

2. 国内探险旅游认证机构的建立

建立"正规院校专业教育、国家有关部门教育培训、企业专业技能培训、理论与实践考试制度、国家有关部门发证"的探险旅游培训与认证制度。

（1）建立培训中心。培训中心应由国家相关部门统一挂牌，统一管理，保证认证机构具有权威性、标准化以及可执行性的优势；职业资格认证机构邀请业内专家参与，提高认证机构的权威性；与国际化接轨，学习借鉴国际认证制度。

（2）依托正规院校开展专业教育。可以在体育院校或者正规职业院校设立培训认证机构，凭借院校的知名度以及分布广的优势扩大认证知名度。

(3) 依托企业开展专业技能培训。每个企业往往都有数名专业户外领队，通过企业开展技能培训，可以使培训内容更贴近实际。

(4) 理论与实践相结合的考核制度。设立考试数据库，学员通过抽题的方式决定考核内容，扩大考试覆盖面，真正达到确保学员技能合格的目的。同时可采用灵活的培训和交互方式。由于学员来自不同的地点，因此可针对学员当地的探险旅游资源特点采取不同的技能培训方案，进行有计划的训练，同时承认学员之前在正规注册培训机构的学习过程。

(5) 国家统一发证。对正规开展探险旅游培训的机构采取统一颁发培训资格证书的模式，学员的资格证书由国家统一备案，统一管理，对证书编号进行上网管理，以供企业在招聘人员时进行审核。

(二) 探险旅游领队、导游和教练培训与资格认证

建立我国探险旅游领队、向导的教育培训机制、资格认证机制和考核考试发证机制。鼓励旅行社、俱乐部、协会等与高等学校、体育专业机构合作，建立探险旅游专业知识培训机制；定期组织各种户外探险培训，定期组织参加国家的各种探险特种技能考试；鼓励引进国外先进的探险旅游技能培训体系，鼓励加强国际间的合作。

实行特种技能证书上岗证制度。建立分类分级化的培训与认证体系，规范和统一国内现有的探险旅游资格认证机构；建立专项性的资格认证。

(三) 探险旅游者教育与培训

1. 我国探险旅游者的特点

我国探险旅游者有以下特点：风险危机意识不足；团队精神薄弱；野外生存知识和技能缺乏；装备配置不专业；自发性强，偏好自主出游，不借助正规旅游企业及俱乐部的帮助等。

2. 探险旅游者个人情况审核及项目匹配

旅游者必须如实向活动主办方提交其带有照片的文档经验说明以及病历卡，以此来确保活动主办方能对其潜在客户进行细致评价，对不适合参加活动的探险旅游者予以告知和明确拒绝，将年龄、经验、技术难度方面与项目

的要求进行匹配，对于符合基本条件的游客，还要在行前要求其接受风险意识、体能、技能等方面的培训。

3. 对高风险项目的探险旅游者实施培训制，建立行前针对性培训与测试制度

对于某些危险性较大，技术含量较高的项目，要求游客提供参加低一级活动的经验证明，在主要探险旅游客源地或者探险旅游目的地建立探险旅游体能模拟缓冲区训练基地，例如沙漠穿越体验区，对探险旅游者进行体能训练与适应性测试。体能和技能不符合活动标准的，不得批准其参加活动。

4. 确定探险旅游者的培训内容

培训内容包括旅游风险教育；野外生存知识技能培训：如掌握基本的地理学知识，会看地形图，能在地图上正确读出所处的精确位置等；基本的野外生存训练，如在野外如何正确寻找水源等；身体素质考核：包括年龄、疾病、体能测试；器械的使用；心理素质训练：一旦发生意外，应如何调控自我情绪；团队合作精神；行前模拟训练；环保教育。

5. 逐步引导自助探险游客朝规范化、专业化、组织化方向发展

旅游管理部门可成立自助游咨询机构，对"驴友"提供咨询和指导，通过各种媒介渠道对自助游游客提高安全意识进行宣传和教育。

（1）出行前做好充分准备。探险旅游者在参加活动前，要了解自己参与项目的情况。通过收集目的地资料，阅读游记、攻略，了解天气信息，到具有正规资质的户外俱乐部和旅行社进行咨询。加强身体锻炼，确保自己的身体情况能够应对户外活动所需的运动强度。

（2）选择发展成熟的探险景点。除专业人士以外，尽量避免去未开发的地区进行探险式的旅行，以免由于救援保障措施、引导标志的缺失造成的意外事故和救援延时。

（3）避免单人出行或盲目组织出游，尽量参加正规企业组织的活动。在团体行动中遵从组织安排，不擅自行动。

（4）以书面形式明确发生意外时的法律责任归属，拒绝签署不具法律效力的"生死协议"。

（5）依照向导指示携带购买品质优良的装备。对急救包、救援绳等救命

设备要予以重视。

（6）加强风险规避意识，提前购买保险，避免从事危险性太大不能投保的探险活动。

（7）加强环境保护意识，在环境影响敏感的边远地区遵循自助游行为道德规范。

我国探险旅游者的整体风险意识、技能水平及经验值与国外成熟的探险旅游者相比仍存在较大差距，因此培训教育引导新一代成熟游客将对降低探险旅游事故率起到重要的作用。

四、探险旅游市场促进策略

（一）网络营销——探险旅游网站、探险旅游目的地营销系统的构建

建立探险旅游网站和探险旅游目的地营销系统，可以实行探险旅游的跨时空全球营销、互动式营销和一对一定制化营销。

1. 推动探险旅游网站的建设与管理

探险旅游网站可以使小旅游企业以较小的经营成本去推广探险旅游产品，更加专业化。

目前国内探险旅游的网站主要有五类：一是经营探险旅游业务的经营组织者建立的网站；二是探险旅游目的地的政府、景区、企业等建立的旅游网站；三是探险旅游装备企业网站；四是探险旅游"驴友"俱乐部网站；五是野外拓展训练网站。

国家有关部门要加强对探险旅游网站的监督、审批和管理。

2. 建立探险旅游旅游目的地营销系统平台

探险旅游目的地营销系统（Adventure Tourism Destination Marketing System，简称 ATDMS）是由政府牵头、企业参与，充分整合各旅游企业的信息资源及资金优势，借助电子网络手段，以树立旅游目的地整体形象为目的的网络营销系统。

构建一个完善的探险旅游目的地网络营销系统，可以让旅游经营商、开

发商、旅游景区企业、探险旅游者、探险装备供应商、探险救援机构等同时"指点"江山，共同通过系统了解游客需求，整合探险旅游资源，设计开发出更好的探险旅游产品来吸引游客，保证探险旅游的安全、健康、快速、和谐发展。因此，从探险旅游发展的角度来看，构建一个探险旅游目的地网络营销系统是非常有必要的。

3. 建立探险旅游目的地营销模式

在旅游目的地营销系统的指导下，建立由政府引导、企业参与的探险旅游目的地营销模式，即"政府管理部门＋消防医疗部门＋探险旅游景区＋交通部门＋旅行社＋俱乐部＋酒店＋旅游社区＋保险公司"的联合目的地营销模式。从目的地整体利益出发，整合利用区域内外探险旅游资源和安全保障部门系统，在不断关注旅游者需求的同时，进行旅游产品或服务的总体规划与创新，同时带动相关产业发展。

（二）俱乐部营销——探险俱乐部的组织、拓展与维系

俱乐部营销又称会员制营销，企业通过提供某项利益或服务将人们组成一个俱乐部形式的团体，并开展一系列活动，以达到宣传企业产品，促进销售的目的。按照交易成本理论，俱乐部是一种将市场交易内部化的市场组织化的营销模式。

旅游俱乐部营销不同于常规旅游的团队旅游模式。俱乐部营销可为企业与客户之间的沟通搭建桥梁，拉近企业与客户的距离，满足客户个性化需求，实现一对一的关系营销，最终目的是为企业塑造良好形象和顾客的忠诚。

俱乐部旅游是旅游发展到一定阶段的产物，在国内外的探险旅游的发展中起着重要的作用。探险旅游发展、探险旅游对探险技能装备的高依赖性导致探险游价格高昂，促使一些探险旅游俱乐部建立（如探险旅游俱乐部、户外运动俱乐部、户外探险俱乐部等）开发低价休闲探险旅游活动，经营探险装备设备租售、企业拓展培训等与探险旅游相关的产业市场。

鼓励俱乐部进入探险旅游市场，引导、规范俱乐部的经营与管理，有利于降低我国目前高昂探险旅游价格，促进探险旅游的大众化、规模化、专业化和国际化发展。

（三）旅行社促销——传统的旅游营销模式优势的发挥

1. 旅行社经营探险旅游产品的优势

旅行社是旅游活动组织、策划的专业机构。旅行社掌握了经营旅游业务的丰富经验，其资金实力、背景资源已经有一定积累；同时大部分旅行社都已经占有比较稳定的消费市场，在业界树立了声誉，初步形成了自己的经营品牌。

旅行社依托实力和资源经营探险旅游活动，一是免去了经营资质认证问题；二是游客的利益、旅游质量包括出行安全能够得到保障；三是有可靠的风险控制和后勤保障机制。

旅行社针对实际情况，加强探险旅游配套服务的协调管理，在旅游合同中明确双方的权责和利益关系，业务成形难度不大。探险旅游的技术性、安全性、专业性等要求高，产品不容易复制，可成为旅行社经营的特殊技术壁垒。

因此，相对于常规旅游市场的"抢蛋糕"，旅行社经营探险旅游是在"做蛋糕"，风险大。

2. 鼓励中小旅行社积极转型，走专业化经营道路，积极开发探险游市场

（1）抢占先机，迅速组建探险旅游等特种旅游经营机构。

（2）多渠道宣传、市场推广和会员招募。

（3）多元化、全方位探险旅游产品设计：如装备租售与游客自备；探险旅游、科普知识的宣传教育；"驴友"之家，常规会员网络联谊活动；探险旅游线路设计与大型探险活动策划。

五、探险旅游市场价格规制

探险旅游专业性强、技术要求高，目标顾客市场狭窄，处于供不应求的状况，价格昂贵。但探险旅游属于主导旅游业，需求的收入弹性大，与其他产业关联带动作用强。

(一) 制定价格依据

探险旅游产品的价格制定与常规旅游产品而言，有其特殊性，一般由目的地状况、探险旅游线路类型、团队规模、交通工具、装备设备、后勤保障、滞留时间等因素构成。

1. 探险旅游目的地状况

探险旅游一般在人迹罕至的无人区进行。基础设施、原始自然地理地貌状况在线路行程中的比例大小直接决定了探险旅游费用的多少。

2. 探险线路类型

探险旅游活动的类型不同，所需要的探险装备设施、技术要求、交通工具等后勤保障服务的要求也有很大差别，如徒步穿越沙漠和自驾车穿越沙漠，因交通工具不同，价格相差很大。又如登山探险旅游和徒步穿越探险相比，因设备装备的不同，价格也相差很大。

3. 团队规模

探险旅游的团队规模没有一个确定的标准，但企业组织一次探险旅游的基本组织费用，如线路勘察与设计、向导领队人员安排、后勤组织保障、医疗服务安排、宿营地安置等等基本组织费用，不会因团队规模的大小而改变，但其他花费和企业利润可因团队规模大小而改变。

4. 辅助装备设施科技含量高、价格不菲

探险旅游具有很强的乘数效应。直接与探险旅游关联的产品无疑是那些探险装备，这些装备的科技含量、质量、安全要求都很高，所以价格也很贵。如攀冰的冰钉，普通的1000元左右一个（这种冰钉攀登一次珠峰要用至少20个），攀岩用的头盔也要几千元一个，一根主绳要五六千元，冲锋衣裤便宜的1000元左右，重型冲锋衣则要七八千元，还有背囊、睡袋、帐篷等装备的价格也都不菲。而这些个人探险装备都是必需和必备的。

5. 探险旅游是交通方面的高成本

除了少数的纯徒步探险，大多数的探险旅游都要借助一定的交通工具。由于其旅行方式的特殊性，致使其所借助的交通工具也有一定的特殊性，如远距离、跨区域的探险旅游普遍采用航空运输的方式,中短途的探险旅游普遍采用吉普车。这两者的价格都是比较昂贵的,如在西藏的一些危险地段,每公里的租车费用要100元,即使在云南中甸,一辆帕杰罗吉普的价格也要在每天400元以上。同时,为保证游客安全旅游,一般是一辆车二到三人乘坐。

6. 后勤保障费用高

一次安全的、有意义的探险旅游的成功举办,其高质量的、高要求的后勤保障服务是必须和必要的。对于专业探险旅游旅行社而言,其提供的探险旅游后勤保障服务,如自驾车穿越沙漠,一般包括:向导车提前勘察和熟悉线路、分段设置雷达探测点和探测区域、每辆自驾车配备高科技通信设备(卫星电话、雷达探测联接器、方向定位仪等)、随行医疗救护车(二个医生、三个护士)、随行能源补给车、旅行社收尾车押最后、旅行社提前设置宿营地(安置帐篷、提供食宿等服务)、沿途定点医院等。这和常规旅游相比,后勤保障要求非常高和细,其价格也非常高昂。

7. 滞留时间

探险旅游滞留时间的长短也影响到探险旅游的费用。因为,探险旅游都是在基础设施几乎没有的无人区进行,多滞留一天,旅游相关费用就增加很多。

(二) 价格管理机制

目前,我国探险旅游发展有两大瓶颈:一是规制建设滞后。相关管理和规制几乎还是空白;二是价格高昂。探险旅游定价主要是市场定价,由经营者自主定价,由于技术要求高、探险装备设备价格高、后勤保障专业化等因素,探险旅游总体价格高昂。

为了促进我国旅游业升级、促进我国探险旅游的健康发展,国家相关部门应重视探险旅游发展;加强对探险旅游的价格引导与管理,制定指导价格、参考价格;依法加强对探险旅游市场的监督管理和税收稽核;加强对探险旅游的价格管理,引导探险旅游市场有序竞争,规范探险旅游市场竞争行为,既要保护消费者的合法权益,又要保护经营者的经营权益。

1. 实行探险旅游分类分级旅游价格标准化工程

探险旅游活动类型多样、技术难度、风险难度、装备配备、交通工具等相差很大。因此，国家旅游局会同国家工商局、国家物价局等部门，根据探险旅游活动类型、技术要求、装备类型等，将探险旅游分类、分级，引导制定不同类型的价格和同一类型不同级别的价格标准，促进探险旅游市场价格的规范化和科学化，指导消费者进行旅游消费和预算。同时，实行灵活的探险旅游包价、差价和优惠价。

2. 建立和完善探险旅游价格调控机制

（1）加强供求总量调控。我国探险旅游市场面临的一个主要问题是总量失衡，市场供求矛盾突出，价格偏高。要加强对价格的调控与管理，开拓国际、国内探险旅游市场，促进探险旅游消费规模的有序扩大。

（2）加强价格水平监控与引导。一要建立和完善探险旅游价格统计报价制度；二要规范探险旅游成本核算制度，确定收费水平；三要加强对探险旅游价格总水平的监管，保持探险旅游价格基本稳定。

3. 规范探险旅游市场价格行为

（1）规范经营者定价行为。在建立和完善经营成本核算制度的基础上，规范探险旅游企业的对外报价行为，规范价格构成以及有关服务项目等级标准。

（2）加强探险旅游合同标准化管理，确定探险旅游标准合同内容。

（3）完善探险旅游价格管理办法。加强旅游法规建设，建立和完善旅游价格管理办法；建立和完善探险旅游企业收费备案和公布制度。

（4）加强旅游价格监督检查。在建立和完善旅游价格管理办法的基础上，建立和完善旅游投诉渠道，建立和完善旅游价格监督检查制度，重点查处价格欺诈、不明码标价、牟取暴利等价格违法行为。

4. 加强探险旅游市场的价格引导

（1）正确引导行业协会工作的开展，努力提高旅游行业自我管理、自我约束和抵御市场风险的能力。

（2）建立和完善我国探险旅游企业等级评定制度。

（3）建立探险旅游市场价格的信息的公布制度。引导经营者按照市场情况合理定价，指导消费者进行旅游消费和预期。

（4）引导探险旅游企业正确进行价格预算，强化旅游企业财务管理，加强税收稽核，规范经营者收入分配制度，防止进行不正当价格竞争。

六、建立探险旅游相关政策与法规

（一）建立探险旅游安全法规

1. 我国探险旅游法规现状

在探险旅游相关法规方面，新疆、浙江、湖南三省区均拟定建立探险旅游相关管理办法或条例，其中新疆已进入立法程序。青海、四川、海南、广西、西藏则针对登山、漂流、攀岩等专项运动做出了规定。我国目前尚无系统和明确的法律法规对自助探险旅游做出专门的规范。

2. 确定探险旅游安全法规的内容

内容包括安全培训与教育；质量与安全保证金制度；救援基金制度；保险体系；各个活动的专项安全规章；探险旅游活动审批许可规定；企业、俱乐部安全行为规章；设备认证检验章程；探险旅游者责任与行为规定；安全事故责任界定与处理办法。

3. 建立安全法规体系

探险旅游安全法规探险应是一个包括国家立法、部门规章制度、相关保障制度的综合体系。它应由国家旅游局牵头，在各级管理部门的支持，相关行业部门的参与下共同建立和完善。

国家出台探险旅游管理基本法，对我国探险旅游资源进行调研统计，规定各个活动主体的权利义务关系，以及协调管理办法。为地方性法规提供指导，作为下级法规的原则性文件。同时，进一步完善和统一国内现有探险旅游和户外运动管理办法，形成一个完整的管理体系。

4. 建立风险管理标准

可效仿发达国家建立风险管理标准，如 AS/NZS 4360：1999，它是澳大利亚和新西兰联合开发的风险管理标准，第一版于 1995 年发布，现已更新至 2004 版。目前该标准已广泛应用于新南威尔士洲、澳大利亚政府、英联邦卫生组织等机构。在 AS/NZS 4360：1999 中，风险管理分为建立环境、风险识别、风险分析、风险评价、风险处置、风险监控与回顾、通信和咨询七个步骤，为风险管理全过程提供了系统性框架。

5. 建立事故赔偿体系

建立事故赔偿制度，对事故责任界定、处理办法进行明确规定。

设立政府赔偿基金。基金来源可包括多种形式的政府财政支出、企业和俱乐部经营税收、个人和企业捐助等多种途径。该基金面对所有参加正规企业和俱乐部组织的探险旅游活动的参加者。

设立独立机构管理使用赔偿基金。建立意外事故赔偿机构（ACC），它是一个法定政府赔偿基金管理机构。当探险旅游者在活动中受到伤害时，由企业或俱乐部组织鉴定，来确定受伤者是否可以享用基金的赔偿。该基金可以赔偿伤者支付费用的一部分。如果探险旅游者受到有长期影响的严重伤害，一旦伤害确认，也可以对赔偿的总数作合法的估定，基金管理机构会帮助支付护理费用（如支付疗养费用）。赔偿基金管理部门的主要职责包括确定损伤是否属于赔偿所覆盖的范围，支付赔偿金，购买保健和残疾的支援服务，治疗、护理受伤的人；向政府提供意见等。赔偿基金管理机构会为绝大多数正规探险旅游企业和俱乐部提供了一个风险管理的后援平台。

建立事故赔偿风险转嫁机制。鉴于我国特殊国情，要大规模地实现社会福利对政府财政压力较大，因此对于事故赔偿更应监督探险旅游企业做好事前责任认定工作及鼓励开发专门特种保险来转嫁风险。

（二）建立探险旅游保险制度——户外运动专项保险向个人开放

（1）采取措施，鼓励国内保险企业开发户外运动专项保险、险种。

（2）积极引进国外保险企业的探险旅游个人专向保险险种、保险救援医疗等一体化保险。

（三）建立自助探险旅游安全法规

1. 建立健全规章制度

由政府牵头，各个探险旅游行业协会负责，邀请业内知名人士、专家学者，以及法律专家共同制定探险自助游安全法规制度。

2. 确定法规包含内容

规范自助游组织者。所有自助游组织者必须具有经营资格，领队具备资格认证，并向相关管理部门申报审批备案后方可组织自助游活动。

规范自助游参加者。自助游参加者必须如实说明自己的真实情况。所有参与具有一定危险性的探险旅游活动时必须向组织方证明其具有相应能力。同时参加者需认真参加组织方的行前说明和培训，增强风险防范意识和知识技能水平。

规范自助游合同条款。所有参与自助探险游的游客必须签订国家统一规定的合同。合同内容包括探险自助游的界定、组织者与参与者的权利义务说明、事故责任认定办法。

3. 建立探险旅游目的地准入规定

划分户外探险类自助游准入区域和禁入区域，同时有针对性地对"准入区域"的相关配套设施以及救援设施进行完善。

4. 鼓励旅客通过正规的旅行社企业或者俱乐部参与探险旅游活动

鼓励正规旅行社经营开发探险旅游业务；建立区域性探险旅游企业年度经营活动预报机制；引导旅游者自主选择正规旅行社等企业，参与探险旅游。

（四）建立探险资源管理法规，保障探险旅游资源可持续利用

探险旅游环境资源管理法规的制定，有助于加强旅游环境资源的保护和探险旅游的可持续发展。探险旅游资源管理法规的内容应包括：

1. 探险旅游资源的界定

由国家旅游局与相关部门协作对我国探险旅游资源的类别、分布、特色进行界定，建立探险旅游资源数据库。

2. 探险旅游资源的稀缺性分级

通过考察不同探险资源的数量，可恢复性等因素，将国内现有资源进行稀缺性划分，对于高稀缺性的探险资源要加大保护力度，严格控制探险旅游活动的开发。

3. 探险旅游资源的保护

对探险旅游经营者与参与者的行为进行规范。对经营者来说，在消除探险旅游目的地危险的同时，必须保护原有的生态环境，不能以破坏原生态环境为代价来开发旅游线路和项目；对游客来说，在参与探险旅游活动时，不应破坏当地自然环境，不随意丢弃废弃物，不盗采捕捉目的地稀有物产或物种等。

4. 设立探险资源保护基金

该基金由开展探险游的企业、俱乐部和参加探险游的游客共同承担。

5. 建立旅游环境质量及承载力指数

定期对探险目的地环境质量进行评估。承载力很低的目的地应限制开展探险旅游活动。

6. 建立探险旅游线路的绿色认证

通过考察不同探险旅游线路的环境影响，将探险旅游产品分为三个层次的认证：A级生态旅游线路、AA级生态旅游线路和AAA级生态旅游线路。该认证主要考虑探险旅游地的生态脆弱性、活动破坏性以及活动对环境破坏的弥补措施等。例如，新西兰一些探险旅游公司对其游客在自驾游中碳排放征收一定附加费，以达到树立探险目的地的环保清洁形象、保护自然环境的目的。

7. 实施土地租赁经营许可

对在偏远区域开发探险旅游的公司或者企业，按照目的地的脆弱性及开发项目对环境的破坏性，将其综合评定为A、B、C三等，要求企业报批项目开发时依照登记缴纳租金、保证金和签订开发环保协议，以避免开发性的破坏。

8. 破坏探险旅游资源的处罚

针对探险旅游中可能给环境和资源造成的损害，建立健全一套处罚条例。

（五）制定探险旅游规范、引导、促进政策

对探险旅游的发展可采取"分区分类管理，分阶段推进"的规范、引导、

促进政策。

1. 分区分类管理

我国东部地区经济较发达,但除海洋资源外缺乏西部特有的丰富自然人文资源,主要是市场导向的发展模式;而西部地区具有得天独厚的探险旅游资源优势,但缺乏资金支持,主要是资源导向的发展模式;中部地区在资源和市场方面居中,但具有交通地利上的优势。因此目前西部地区适合发展硬探险(专业)旅游,不鼓励普通旅游者贸然前往西部进行风险系数高的探险旅游活动,而东部地区适合开发软探险(休闲)探险,在大城市周边山地、河流、湖泊区可开展休闲型的登山、漂流等探险旅游;中部地区既可以作为一个沟通东西部的纽带,也可以选择性地发展自身的资源,培育市场。

2. 分阶段推进,按照短期、中期、长期建设进行逐步规范、引导与促进

第一阶段(短期)以规范政策为主。该阶段的主要任务有规范探险旅游企业的经营,规范探险旅游景区的管理,加强探险旅游企业准入管理,加强质量保障体系建设。坚持"谁受益、谁负责"的责任归属原则,由政府各相关部门加强管理,增强企业的社会责任感(如对安全保障、环境保护等方面的规范)。完善基础设施的建设与配备。强化安全与危机管理,完善各类旅游应急预案,进行风险评估与发布,建立覆盖全行业并与相关部门、行业联动的安全预警机制。建立健全旅游保险制度,完善旅行社责任险、旅游意外险等旅游险种,增强旅游保险的理赔效能,提高规避和化解风险的能力。完善旅游投诉处理机制,切实维护旅游者合法权益。

第二阶段以(中期)引导政策为主。地区政企合作推介当地探险旅游。基于地区特点分类调研择取具有代表性的探险旅游资源,开发专项探险旅游产品,作为拳头产品予以扶持和鼓励,并积极通过各旅游推介活动向海内外推介,主动邀请旅游经营商到当地考察。依靠当地政府的搭台进行推广,实现"政府搭台,企业唱戏"的模式,在政策支持下由企业市场化运作,提高探险旅游业发展的活力。

在全国范围内建立信息资源共享网络。启动"探险社区"项目,即建立一站式探险旅游信息网,包括主要探险旅游供应商、探险旅游目的地、探险旅游注意事项提示等。对游客进行宣传教育,引导游客接触了解具有深厚文

化底蕴和特色的探险旅游，由常规的旅游方式逐渐向个性生态的旅游方式过渡，增强其风险意识和应急本领。

第三阶段以（长期）促进政策为主。制定探险旅游战略规划。鼓励探险旅游目的地制定本地探险旅游规划；鼓励探险旅游企业制定企业战略发展规划。循序渐进地开发利用探险旅游资源，建立具有中国特色的点线面的探险旅游网络体系。产品开发注重个性特色，推出精品，推出主题活动，有些探险旅游资源的开发还应注意其外向性和跨国性。

建立探险旅游活动宣传推广制度。各探险旅游目的地每年将本地要举办的大型探险旅游活动上报国家旅游局、国家体育局等相关部门。国家牵头开展年度性大型探险旅游节事活动，如"国际漂流探险节"、"洞穴探险邀请赛"、"自驾车穿越沙漠行"等，通过安全有序的活动，创新规范探险旅游组织运作模式并加以推广，借助政府部门的宣传力在国内外进行宣传推广。

设立探险旅游发展基金。以立项的方式鼓励各地区政府企业集思广益，竞标开发创新型产品，争获资助资金；设立突出贡献奖，对做出贡献的企业与个人予以奖励；对具备发展潜力的探险旅游项目予以土地租赁优惠及税收减免方面的支持和鼓励。

评定探险旅游胜地，探险旅游星级企业。重点分批、推广示范性探险旅游目的地和企业。

召开探险旅游国际研讨会。邀请国外专家与国内专家共同出谋划策，借鉴国外先进经验。

七、政府立体管理合作机制构建

在我国探险旅游的发展中，当地政府应该担负起主要责任，加强宏观调控；按照"谁管辖、谁负责、谁受益"的原则，政府各个部门应该担负起各自的责任和义务。

加强政府的宏观调控，把探险旅游热点区域的探险旅游发展纳入行业主管部门的监管范围之内，提高各地政府对探险旅游发展的重视程度，引导和建立"以体育、旅游和工商管理为主，公安、武警、边防、消防、通信、交通、卫生、气象、保险等多部门共同参与的立体合作机制"（见图6-2）。

第六章 探险旅游的引导与管理

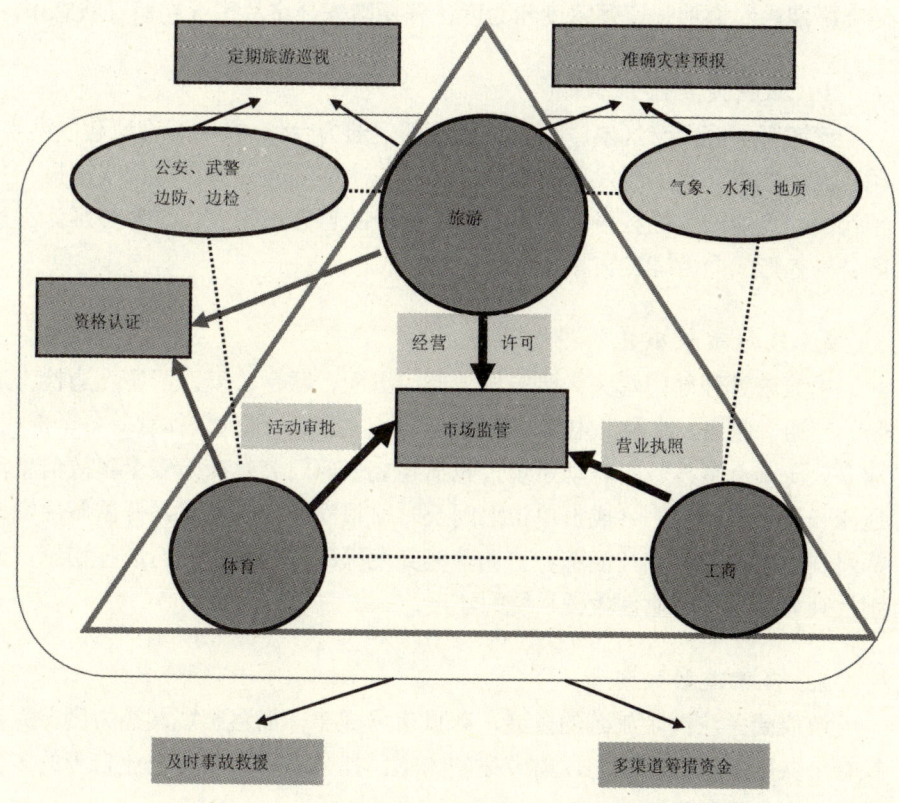

图 6-2 探险旅游管理政府多部门立体合作机制

1. 加强市场监管

由旅游、工商、体育等部门共同商议、制定出一套管理办法，统一管理、分块协调。可在旅游局设立探险旅游经营许可机构，在体育局设立探险活动审批审查机构，工商局审查颁发营业执照。由旅游局和体育局共同对探险旅游领队、向导进行教育培训，联合颁发资格认证和上岗认证。

2. 定期旅游巡视

由旅游、公安、武警、边防、边检等共同设立联防大队，或者鼓励社会力量建立商业性联防救援机构等，在探险旅游事故频发地和未开发的探险旅游地周边进行巡逻，及时劝阻、制止、纠正游客的一切危险探险行为。在旅游高峰期内大力加强巡逻密度和力度,将探险安全事故消灭在萌芽状态中。

3. 准确灾害预报

旅游管理部门与气象、水利、地质等部门通力合作,及时准确地获取洪水、泥石流、地震、火山爆发以及大风、暴雨、冰冻等各种灾害性天气预报,并预料由此可能引发的各种严重危及探险安全的自然灾害,通过各种媒体、景区公告等形式向游客发布相关信息。

4. 及时事故救援

由旅游管理部门牵头,政府相关部门出面,联合公安、武警、边检、边防、交通、通信、水利、电力、消防、工商、卫生、保险、体育等各个部门,建立旅游安全事故救援联动系统,包括建立多部门突发探险安全事故信息沟通和联系会议制度,各成员单位之间及时通报安全事故信息;开展解决突发探险安全事故的培训和演练;协调落实突发探险安全事故联合防控措施;鼓励社会力量参与商业性救援系统的建设。

5. 多渠道筹措资金

政府要关注探险旅游的发展,尊重市场规律,加强宏观调控力度,完善社会公共服务职能,建立以财政拨款为主、社会力量参与、企业自筹的多渠道筹集资金机制。

可借鉴国外管理经验,根据探险旅游的特殊性,从旅游行政机关以外的其他部门抽调相关管理人员,成立一个由主责部门负责,次责部门协助的探险旅游管理委员会,全权负责探险旅游的引导与管理工作。

八、探险旅游资源的开发与环境保护

目前,中国探险旅游自然资源开发利用程度不够,项目内容单一,缺乏特色。地貌资源开发主要集中在山地,而适合众多山地开展的攀岩、野营、蹦极、滑草、定向越野、溶洞探险等富有特色的新兴休闲型探险旅游项目却严重缺乏。至于高原上的赛马、赛车、骑自行车穿越高原等探险旅游项目基本上没有开发。适合于三大平原上的探险旅游项目,热气球、赛车没有得到开发。四大盆地内,只有四川盆地的山水资源得到了一定程度的开发,其他三大盆地内的沙漠观光、探险、滑沙等探险旅游项目则开发得较少。适合我国许多地区众多水体开发的项目，如垂钓、潜水、冲浪、帆船、帆板、摩托艇、皮划艇、龙舟赛、沙滩排球、沙滩足球等，也基本上没有得到开发。

自助探险游易于发生事故，由于缺乏安全保障，一旦发生事故，事故发生地的政府就要为其"买单"，因而大大增加了政府的管理成本。因此地方政府应充分利用当地的资源，鼓励企业开发正规的探险旅游业务，减少事故发生率，使探险旅游得到稳健发展。

（一）探险旅游资源调查与评估

1. 探险旅游资源的调查

（1）旅游资源形成的条件调查。包括地貌、水文、动植物、气候、气象、环境以及历史沿革等因素。

（2）探险旅游资源的调查。自然景观调查，重点调查可供开发的资源，如特殊的地形、山谷、洞穴资源；湖泊、瀑布、溪流资源以及动植物、气象因素等。人文景观调查，包括各类古建筑、遗址、特色村落等。人造设施调查，如各种人造软探险设施等。

（3）探险旅游外部开发条件调查。包括可进入性、治安条件、通信、医疗救援情况等。

2. 探险旅游资源价值评估

（1）定性评价。利用"三、三、六"评价体系对探险旅游资源进行评价。三大价值评估包括历史文化价值、艺术观赏价值、科学研究价值。三大效益评估包括经济效益、社会效益、环境效益。六大条件评估包括地理位置交通条件、景观的地域组合条件、景区旅游容量条件、客源市场条件、投资能力条件、施工难易条件。

（2）定量评价。包括对当地的气候适应性评价、地形适应性评价、资源要素组合的技术性评价。

（3）综合评价。地方政府要着眼于旅游地的整体价值评估或探险旅游资源的开发价值对探险旅游资源进行综合评估。

在对本地的探险旅游资源进行了评价后，地方政府应鼓励企业和个人投资开发相关探险资源，在开发过程中，应做到将探险旅游资源保护与开发结合起来。

（二）探险旅游资源环境保护

1. 探险旅游资源保护的基本理论

探险旅游开发与保护应遵从可持续发展原则，具体包括以下几个方面：资源计划原则，即对开发所要占用资源的配置符合当地社会目前和将来的最近利益；预警原则，在当对不可再生资源开发后的变化具有不确定性以及决策可能造成不可逆转的恶果的情况下，应首先假定开发和游客的活动会对环境造成破坏；临界点原则，探险旅游地的开发不得超过其所能承受的最大开发规模与游客人数；污染者付费原则，对参与可能会给环境带来破坏的探险旅游活动的游客征收一定费用。

2. 探险旅游资源保护的政策法规

遵守国际旅游资源公约、条例，如《保护世界文化与自然遗产公约》、《生物多样性公约》、《湿地公约》、《濒危野生动植物国际贸易公约》等。

遵守生态环境保护相关政策法规：如《中华人民共和国环境保护法》、《野生动物保护法》、《中华人民共和国自然保护区条例》，以及各类相关的国家以及地方性法规。

3. 制定探险旅游资源环境保护规划

（1）编制探险旅游资源环境保护规划的指导思想，将当地生态系统与社会发展紧密结合起来，使探险旅游发展符合生态规律，从而在确保生态不被破坏的情况下发展经济。

（2）环境现状评估分析，对探险旅游资源区的自然环境现状做出评估，如土壤、植被、水源的检测。

（3）确定长期目标与阶段目标，明确发展探险旅游的目的，依据自身资源情况制定长期目标与阶段目标。

（4）确定为实现目标的具体措施，根据阶段性目标，明确要采取何种保护手段。

（5）探险旅游资源保护的实施，应将资源保护纳入旅游发展战略与规划中,同步实施、同步发展。各级政府在其中要坚持规划指导与监督,做好宣传与动员工作,提高全民的环保意识,保证探险旅游环境保护总目标的实现。

4. 探险旅游环境保护的主要对策

(1) 法制对策

法律措施:利用各种涉及旅游资源与环境保护的相关法律、法规来规范和约束开发商以及游客的行为。

行政措施。各级政府以及有关主管部门根据国家和地方所制定的环境和资源保护政策、法律法规,按照行政方式来管理和保护探险旅游资源。如行政命令、决定、通知;政策、倡议、信息;举办各类利于探险旅游资源保护的活动等。如加拿大达尔豪西大学的生态效益中心(EEC)对一系列探险旅游活动中应该采取的环保行为进行了规定。

(2) 宣传对策

学校教育。在探险旅游开展学校教育的同时,更要开展资源保护的宣传教育。

利用媒体高效的舆论监督与宣传功能,推动探险旅游资源保护,监督行业经营者与游客行为。纠正"旅游业是无烟工业"的错误观点。

活动宣传。由景区或政府组织定期或不定期开展主题活动,如知识竞赛、生态探险游宣传活动。在探险旅游游客心中形成环保意识。如美国Global Adrenaline(http://www.globaladrenaline.com)为保护环境而对其成员的行为进行了一系列规定。

景区网站刊登以及景区内发放环保宣传册与环保行为要求,在景区特殊地区竖立环保宣传提示等。

(3) 环境解说

在探险旅游活动中,由领队或向导与游客开展交流互动,如引导讨论、相助探索以及一些贴近自然的参与性高的游戏活动等。

开展针对性宣传,对不同类型的游客可能存在的或潜在的一些不利于环境的行为进行针对性的交流,从而减少探险旅游对环境的破坏。

建立明确的行为规范,如对活动使用的材料要求、垃圾处理办法、动植物保护等做出明文规定。

在景区的游客中心通过多媒体和讲解员讲解、提供书面问询、电话问询、电传或电子邮件宣传、通过各种各样的正式或非正式的私人交往、室内外的展示、出版物、多媒体等方式来增进公众对探险资源的价值和环境保护的理解与认同。

采用灵活的形式对游客进行教育，除环保展示牌、环境教育等设施之外，针对探险游客的个性，设计解说内容和方式，使游客在活动前和活动中能将环保理念内化，形成深度认识。

(4) 经济对策

对探险旅游征税，如旅游税、环境资源税；

征收生态补偿费、排污费；

采取奖励与罚金制度，对探险旅游经营者与游客行为采取相应奖惩等。

(三) 探险旅游资源开发，加强政府宏观调控力度

1. 政府政策支持与引导，制定探险旅游发展战略规划

政府政策导向与支持将为探险旅游项目开发提供契机。近期国家海洋局下发了《关于为扩大内需促进经济平稳较快发展做好服务保障工作的通知》，其中一条规定，对适宜开发的海岛，选择合理开发利用方式。同时，推进无居民海岛的合理利用，单位和个人可以按照规划开发利用无居民海岛，鼓励外资和社会资金参与无居民海岛的开发利用活动。个人和企业开发这些岛屿，可以开展如冲浪、帆船、潜水等一系列水上探险旅游活动，使国内水上探险旅游资源得到合理有效利用。为此，地方政府应该在尊重市场规律的基础上，充分发挥政府宏观调控的职能，加强对探险旅游发展的引导与管理，如制定当地的探险旅游发展战略规划等，来引导其发展方向。

2. 加快和促进保障体系建设

为保障探险旅游的顺利开展，政府应该引导和加强安全保障和救援体系的建设，在尊重市场规律的基础上，出台有利政策，引导和鼓励社会力量参与安全保障和救援体系的建设，建立社会安全救援长效机制，特别是要建立应急救援基金。

3. 加强对探险旅游资源开发的可行性分析

企业在开发探险旅游资源时，应先对探险旅游资源进行开发可行性分析，

为确定如何开发,开发的项目类型以及形式打好基础。

(1) 资源价值分析:即对探险旅游资源的数量、空间集中度、特色等进行分析和评价。通常采用专家评议法来分析。

(2) 旅游区位分析:包括地理位置、交通状况、自然条件、市场因素、社会因素等。

(3) 区域经济文化背景分析:包括探险旅游资源开发地的宏观经济情况、政府政策、基础设施、人文特征等。

(4) 客源市场分析:调查该探险资源的客源市场特点、市场需求、市场容量,以确定开发的规模和特色。

(5) 环境影响分析:依据可持续发展理论,充分考虑环保、生态因素以及应当采取的措施,避免造成破坏性开发。

(6) 经济与社会效益分析:追求实现生态、经济、社会三者利益的均衡。

4. 引导完善探险旅游资源开发的内容

企业完成了对资源的评价后,应对探险景区进行建设规划,具体内容包括:

(1) 探险景区建设,如洞穴、山峰、湿地、沙漠、水体等。

(2) 探险景区的交通安排,包括线路设计、交通设施的配备、交通工具的选择等。

(3) 探险旅游景区辅助设施的建设,如危险告示牌、路标、通信设施、医疗机构等。

(4) 探险旅游市场的开拓,依照当地探险资源的特色开展针对性营销。

5. 大型探险旅游活动策划

在景区运营中,企业应与政府联合,针对探险旅游地现有的探险旅游资源,定期策划开展大型主题探险旅游活动。如新疆每年开展环塔汽车拉力赛,泰安每年举行国际登山节等。大型活动可以丰富探险产品的结构,满足不同层次的探险游客需求,提高和完善探险地接待能力,并极大地促进探险地的知名度与经济水平的提高。

6. 政府发挥监督职能

在探险旅游资源开发中,政府管理部门应起到积极的监督职能,确保资源开发不破坏原有生态与环境。同时通过相关监察部门对景区的安全设施等进行严格审查,以最大限度地减少安全事故地发生。

7. 政府要引导建立探险旅游环境保护保障体系

制定探险旅游环境保护的法律、法规;出游前,专业人员对游客进行宣传教育,提高游客的环保意识;确定探险目的地的合理容量,严格控制游客数量;建立环境影响监控体系,对目的地的自然和社会环境进行跟踪调查;设立专门的目的地垃圾处理部门,清除探险游客的生活垃圾;鼓励社区居民对游客进行有效的监督,订立奖惩措施。

第二节 探险旅游安全保障机制

为了保障探险旅游的安全,需要建立安全保障机制(见图6-3)。探险旅游安全保障机制涉及社保、应急、救援以及保险等诸多方面,它是建立在整体社会保障机制不断完善的基础之上,作为整体社会安全保障机制的一部分而存在。因此,其建立需要政府多部门的协同合作,在健全社会安全保障机制的前提下,推动探险旅游安全的保障。

一、安全风险评估与管理系统

(一)建立风险度量模型

通过以下公式,利用相关因子,建立探险旅游风险评估度量模型,对风险进行合理评估。

风险评价的方法基于风险度量的基本公式:

$$R = P \cdot D \tag{1}$$

式中:R——事故的风险;
　　　P——事故发生的概率;
　　　D——事故可能造成的损失。

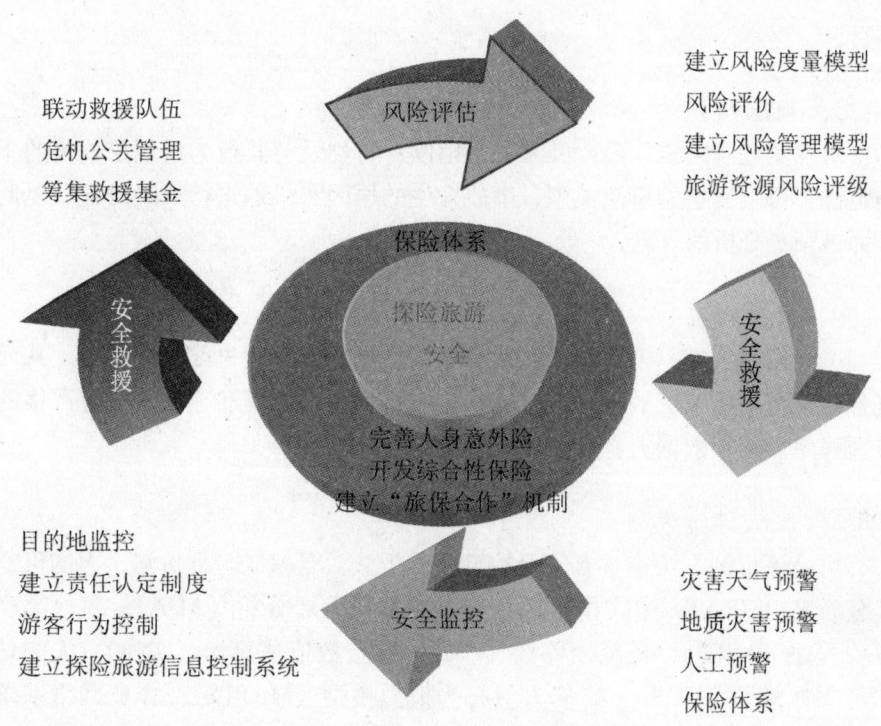

图 6-3 探险旅游安全保障机制模型

在有些情况下,事故可能被认为是连续的作用,它的概率和影响都随时间变化,则这种风险是一种积分形式,可以表示为:

$$R = \int P(t) D(t) dt \qquad (2)$$

式中：t——一定类型的事故；

P(t)——事故发生的概率；

D(t)——事故造成的损失。

(二) 风险评价过程

1. 风险的回避

风险回避包括两个方面：一是取消某个危险性很大的项目或某种危险物品；二是中途放弃特定的风险项目,特别是危险性大、事故发生率高的某些项目。

2. 风险辨识

对各类危险因素，危险的来源、范围、特性及与其行为或现象相关的不确定性，可能发生的事故类型，事故发生的原因和机理进行风险辨识，以此作为进一步分析的基础。

3. 风险转移

一旦发生灾害，由保险公司负责赔偿造成的经济损失或物质损失，从而将各种灾害可能造成的损失风险转移。灾害发生后，理赔往往有一套严格的审理程序，必须依据灾害具体情况理赔。

4. 风险评价方法

风险评价的方法主要有安全检查表分析法、概率危险评价法、人的可靠性分析法（HRA）、道式指数法、事故引发和发展分析（ADA）、事故顺序评价程序（ASEP）、模糊矩阵法（CM）、直接数值估算法（DNE）、人的认知可靠性模型（HCR）、维修人员行为模拟模型（MAPPS）、作业网络系统分析法（SAIN TZ）、人为失误率预测技术（THERP）、成功可能性指数法（SLIM）等。

5. 风险分级

英国卫生安全执行局将风险分为：完全不能被接受的大的风险；一般可接受的风险；能被容忍的风险。

6. 风险分担

风险分担是指运用法律的、经济的和舆论的各种方法，动员社会各有关方面分担企业的风险，从而充分挖掘企业安全防范的潜力。

（三）探险旅游风险管理模型

探险旅游风险管理模型如图6-4所示。

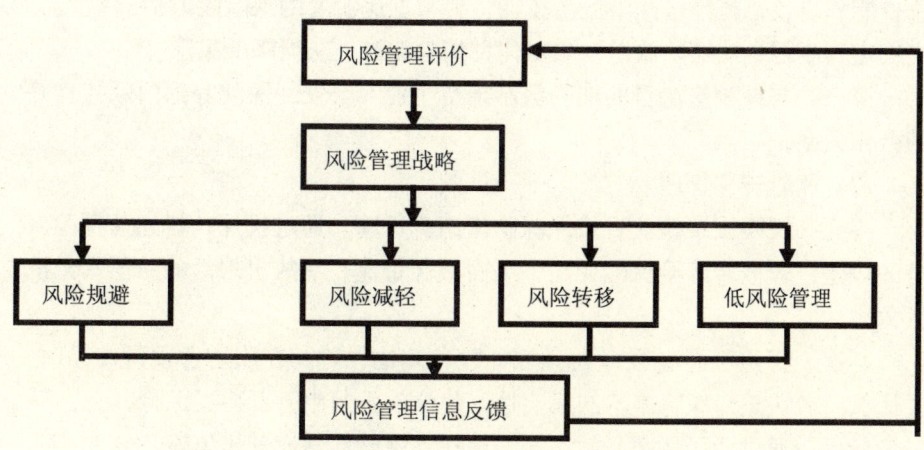

图 6-4 探险旅游风险管理模型

1. 风险评价

该项主要是在探险旅游组织以前,要对探险旅游目的地、探险旅游资源、探险旅游旅游者、探险旅游行程中的所有风险因素进行合理的评估。

2. 风险战略管理

风险战略管理由风险规避、风险减轻、风险转移和低风险管理等四个管理决策模块组成。

(1) 风险规避管理

实施风险规避管理,就是要理性考虑风险因素,考虑到俱乐部的人力、技术装备、线路设计、后部供给、救援能力等资源情况,同时要考虑天气、气候、社会稳定等因素,绝不组织到一些超出企业人力、资源控制的危险地方、地区、国家进行探险旅游。同时,实施风险规避管理,加强对旅游线路的实地考察,增加探险旅游产品方案多种选择性。

(2) 风险减轻管理

首先,加强领队队伍建设,选择有从业资格、受过专业训练、有丰富经验技术的、心理素质过硬的人员作探险旅游领队。

其次,培训和挑选探险旅游者。在旅游者预订探险旅游时,让每位旅游者了解掌握探险旅游的所有要求和情况,掌握必要的探险设备应用、事件应急技能和自救措施等等探险旅游技能。要根据旅游者的探险能力、身体情况，来决定其能否参加探险旅游、参与何种探险旅游，从而降低风险。

第三，与探险旅游目的地的旅游接待企业、公安、医院等部门保持良好的合作关系。

(3) 风险转移管理

首先，探险旅游企业要投保探险旅游责任险。通过投保，将经营探险旅游的风险合理地转嫁给保险公司，从而减轻企业在事故出现后的赔偿等经济压力。

其次，探险旅游者投保人身意外险和其他保险。在旅游者预订产品时，要让旅游者认识到探险旅游的风险性，建议或强制旅游者购买保险。

最后，通过合同特殊条款，与当地探险旅游代理商分担风险。

(4) 低风险管理

在这种情况下，风险成本、风险破坏程度和发生频率也是很低的。例如针对探险旅游的装备设施损坏的风险。对此，一般采取低风险管理策略。

(5) 风险管理信息反馈

要通过多种途径来获得信息反馈，如领队总结报告、问卷调查、网站探险论坛、探险经历出版物等，进行风险信息反馈管理，不断总结经验教训，完善探险旅游管理，提高探险旅游质量。

(四) 建立旅游资源的风险等级评定制度

在加强探险旅游风险管理的同时，加强对探险旅游的引导和管理，建立探险旅游资源风险评级制度。

首先，派遣探险专家组分赴各地调查探险旅游资源的具体情况，进行一定的类别划分。

其次，根据一定的评价指标体系对探险旅游资源进行风险评估，由此划分出各自的风险等级，对外公布，让探险旅游爱好者有所参考，在选择相关活动时，可以视自身条件而定，减少一定的轻率性和盲目性。

此外还应建立相应的资源规划开发法制体系，出台探险旅游资源开发、利用的法规；建立评定探险旅游资源的标准和开发探险旅游资源的审批制度；合理控制探险旅游产品的内容和规模，使探险旅游处于一个稳定有序的发展状态。

二、探险旅游安全预警体系

(一) 探险旅游危险度指标体系

在建立实施危险公示制度的基础上,建立探险旅游企业资质等级评定制度、探险旅游线路的安全等级公示与预告制度。引导探险旅游者选择探险旅游企业和探险旅游线路,安全出游。

1. 探险旅游线路危险度指标体系的建立

整个体系由6个指标构成,每个指标由区间[1,4]的连续评价指数。每项指数越高,最后综合评定的危险指数越高。该评价体系的综合值不仅可以对不同类型的探险旅游活动进行危险度排序;也可对同类型、不同地区的探险旅游项目进行危险度对比。

同时,该指标体系可以作为危险报警指标。

2. 指标体系的内容

危险度指标分为6项:技能依赖性、运动强度、环境依赖性、装备依赖性、可接近性、救援条件。见表6-1。

表6-1 危险度指标体系内容

技能依赖性:	1 无要求	2 适度要求	3 中度要求	4 高度要求
运动强度:	1 休闲级	2 中的强度	3 高强度	4 超高强度
环境依赖性:	1 无要求	2 轻度依赖	3 中度依赖	4 高度依赖
装备依赖性:	1 无要求	2 轻度依赖	3 中度依赖	4 高度依赖
可接近性:	1 很容易接近	2 较容易接近	3 不易接近	4 难于接近
救援条件:	1 完善	2 略有不足	3 欠缺较多	4 缺少

(二) 灾害预警系统

探险旅游活动能否顺利进行受多种因素的影响,其中天气和地质情况是两大不可控外界因素。灾害预警系统的建立是为了减少不可控因素带来的危险。

1. 确定灾害预警系统包含内容

(1) 灾害天气预报

我国灾害天气的报警体系与具体分级如表6-2所示。

表 6-2 天气气象类型与灾害分级

天气类型	台风 (四级)	暴雨 (四级)	暴雪 (四级)	寒潮 (四级)	大风 (四级)	高温 (三级)	干旱 (二级)
等级	蓝	蓝	蓝	蓝	蓝	—	—
	黄	黄	黄	黄	黄	黄	黄
	橙	橙	橙	橙	橙	橙	橙
	红	红	红	红	红	红	红
天气类型	雷电 (三级)	冰雹 (二级)	霾 (二级)	大雾 (三级)	道路结冰 (三级)	沙尘暴 (三级)	霜冻 (三级)
等级	—	—	—	—	—	—	蓝
	黄	—	黄	黄	黄	黄	黄
	橙	橙	橙	橙	橙	橙	橙
	红	红	—	红	红	红	—

数据来源：中国气象局令第 16 号

(2) 地质灾害预警

地质灾害的主要类型有：滑坡、崩塌、泥石流、地面塌陷、地震。大量探险旅游活动发生在高山、河流、山谷附近，这些地区也是地质灾害的主要发生地。

在探险旅游目的地建立地质灾害预警系统，通过多种途径，如目的地探险旅游网站、天气预报等，或者建立专门的探险旅游地质灾害预报系统，对地质灾害及时预警，引导探险旅游活动。

2. 实现系统多功能

(1) 综合分析功能

系统可以进行区域综合和多要素、多时相综合分析，能够为专家的系统分析评估提供必要的历史和实时基础数据，以便从多学科的角度系统地研究灾害发生的时空规律，为规划管理服务。

(2) 动态监测功能

系统能进行多源数据的输入、更新和多种输出，以便动态地进行环境和灾害监测，赢得预测预报的时间。

(3) 多层次的决策规划功能

在对各种数据进行处理分析基础上，通过开发专业模型和专家系统，提高分析工作、预测预报的科学性。

3. 建立灾害预警系统

灾害预警系统如图6-5所示。

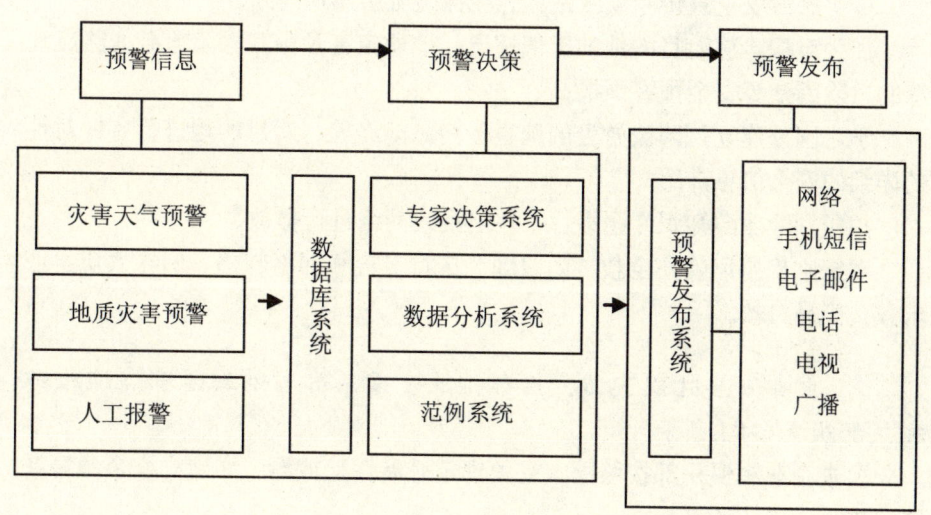

图6-5 灾害预警系统

（1）预警信息系统

该系统应与各地气象与地质部门紧密合作，直接利用我国各地现有的天气地质灾害预警系统发布的信息作为预警系统的输入信息，同时也应该把人工获得的气象与地质信息作为输入信息的补充，以确保信息的完整性和不同探险旅游地的差异性。

（2）预警决策系统

该系统利用预警信息系统输入的信息，运用内部多决策系统来综合分析输入数据，给出一个实时的预警信息分析结果，并对未来的灾害情况进行预测。

（3）预警发布系统

预警结果的发布应及时而且广泛，为此可采用网络、手机短信、电子邮件、电话、电视、广播等多种途径。网络、电视、广播针对大众传播，短信、电话、电子邮件则可以对有信息记录的参与该地探险旅游活动的游客进行点对点预警。

(三) 探险旅游风险宣传劝诫管理

1. 利用媒体，开展风险宣传教育工作

探险旅游安全宣传专项网站；刊登探险旅游知识介绍。

加强对探险旅游目的地的天气情况、地质灾害预报和探险旅游线路应注意的风险因素等安全预警预报。

学习国外建立探险旅游目的地宣传网站的经验，对目的地进行有针对性的详细的安全信息介绍。

拍摄探险旅游知识专题影片，在电视或网络进行播放。

对探险旅游风险安全救援演习训练进行电视和网络转播，引导大众学会求救、简易自救。

2. 重点开展法规宣传，指导企业、俱乐部与游客遵守探险旅游相关的规章条例

要求企业和俱乐部按照国家有关规定开展探险旅游，如建立安全预警系统，进行资质认证等。

鼓励游客通过正规渠道参与探险旅游，减少网络AA制自助探险出游方式。

旅游景区企业按照国家有关规定，建立旅游安全与风险引导标志。

劝诫自助游客遵循旅游企业、旅游景区的安全管理规定。

3. 引进国外风险宣传、劝诫管理模式

借鉴国外风险安全管理经验，降低来自游客、旅游企业的探险旅游风险。

三、安全监控机制的推行

(一) 探险旅游目的地安全控制

1. 利用探险旅游目的地危险度指标体系定期对目的地进行危险度评价、公示评价结果。

2. 强制探险旅游目的地建立灾害预警系统，特别是在存在地质等灾害隐患的旅游景区，必须建立地质等灾害预警预报机制。

3. 建立游客信息数据库、事故记录数据库，以便对我国探险旅游业未来

的发展提供数据支持。在日本和韩国的一些大的旅游山区，要求出入这里的游客登记，以便及时发现迷失或发生意外的情况并开展救援。

4. 完善目的地安全救援设施，建立联动的安全救援系统。法国的救援中心在海拔 4000 米左右设有通信联络和救援站，要求登山者携带或租用通信联络器材。

5. 加强探险旅游景区的治安管理，建立起包括普法宣传、警民结合、打保结合、联防巡逻的多渠道、多层次、长治久安的社会治安联保机制。

（二）建立责任认定制度

1. 对于正规旅行社或专业公司组织的探险旅游活动，要签订书面合同，明确规定责任界定，以及事后处理办法。

2. 对于自助探险游活动，参与者要签订活动中的互助互救责任，以及事故责任处理办法等。

（三）游客行为引导与控制

（1）加强探险旅游知识教育，提高游客的安全意识，以及自救互助能力，从源头上解决目前国内探险旅游活动参加者专业知识不足的现状。

（2）建立目的地安全宣传网站，进行旅游目的地风险安全宣传。警示潜在的危险，使游客在参与某特定活动时，能够防范特定危险的发生；告诫游客遵守探险旅游目的地的法律法规和风俗习惯，按照当地政府、旅游部门、旅游企业的要求，进行探险旅游。

（3）建立探险旅游目的地安全巡视工作机制。一方面可以及时发现可能出现的潜在危险；另一方面可以作为救援系统的一部分，为救援提供支持。法国的救援中心每隔 20 分钟就会派出一班直升飞机巡逻一次，以便及时发现意外事件并施以救助。

（4）加强探险旅游相关法规的宣传普及工作，使法规内容深入人心，引导游客正确参与探险旅游活动。

（四）建立探险旅游目的地探险旅游信息控制系统

目的地政府要在探险旅游目的地信息系统上开发探险旅游安全信息预报平台，包括：

（1）建立基本信息数据平台。记录和发布如探险旅游企业资质等级、向导领队资质等级、探险旅游安全线路推荐等。

（2）建立安全信息数据平台。记录和发布地质地貌特征、定点定时气候气象预报、地质灾害预告、环境质量、历史经验方面的内容。及时向探险旅游利益相关主体反映探险旅游安全状况以及出行建议。

（3）建立游客信息数据库，记录游客特征信息，为研究探险旅游发展趋势提供数据。

（4）建立探险旅游目的地大型探险旅游活动线路、节事活动的宣传申报预报机制，扩大探险旅游宣传力度，推进探险旅游快速发展。

（5）建立民间社区灾难联防救援体系，通过制定各级救灾组织、指挥体系，整合社会上的各种资源，充分利用民间救援力量。

四、安全救援制度的实施

（一）建设各部门联动的安全救助制度，设置救援队伍

1. 联动救援系统构成：

联动救援系统如图6-6所示，由直接救援机构与间接辅助机构组成。

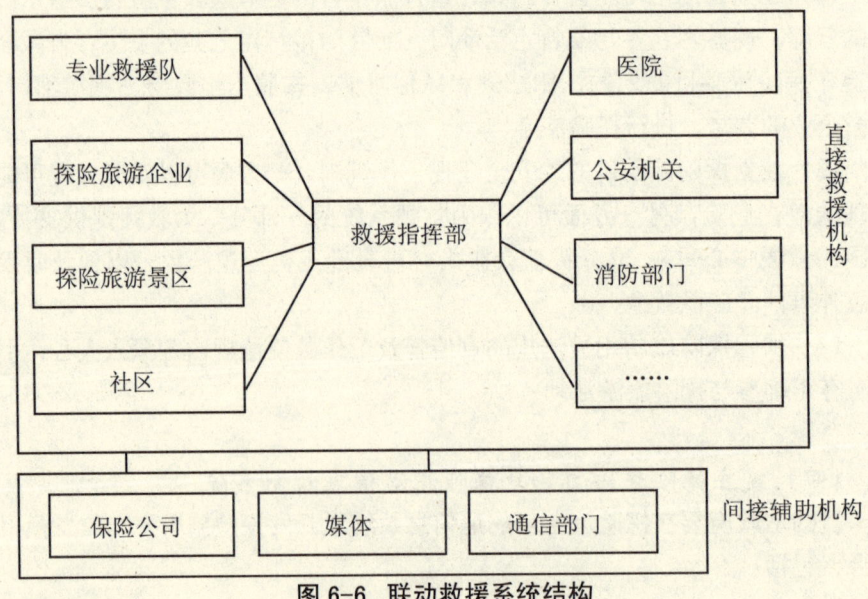

图6-6 联动救援系统结构

在直接救援机构中，救援指挥部在整个救援工作的开展中起着统筹协调作用。核心是救援指挥部，主力军是专业救援队。如在美国各州的救援协会均设有多个救援中心。每个救援中心有数十名志愿者。在业务上救援中心归地方警察局领导。求救的电话号码是911。救援中心一般由两个部门组成，一个是事务部，它的主要任务是寻求社会资金的赞助；另一个部门为技术部，主要负责到事故地点进行救援。

2. 联动救援的思路与途径

(1) 制定联动救援规划。

探险旅游目的地和旅游景区应在各自救援体制与队伍的基础上，加强合作，根据各联防区实际情况，制定具体、协作、可行、实际、实效的联动规划方案。

(2) 建立联动应急救援机制。从各自组织形式、承担责任、应尽义务、指挥机构、衔接联络、应急准备，到各联防区应对探险旅游事故的运行计划、组织行动、后勤服务等方面建立快速反应和应急救援机制。

(3) 培训联动应急救援队伍，建立应急救援演习机制。如山岳救援队，制定救援应急预案。

(4) 互通联动应急救援信息，建立通畅的检测信息互通网络。

(5) 建立政府主管部门统一指挥、社会力量积极参与、旅游企业完善安保的联动救援机制，加强联动应急救援。

(6) 研究联动应急救援政策，建立跨区域的联动合作应急救援协作机制。

(7) 建立志愿者救援机构，并由政府救援部门进行支持和协调。如英国的高山救援协会（Mountain Rescue Association）与澳大利亚的国家紧急救援服务（the State Emergency Services，SES）。

(8) 建立国际救援合作机制，加强国际间联合救援，开展联合救援演习，交换救援经验。例如中国人保财险正在与国际救援组织携手，在旅游保险中实施海外救援（SOS）。在国内，他们也和120、999合作，完善了国内紧急救援体系，并进行过旅游紧急救援演习。

(9) 为救援组织提供政策支持。在美国，救援协会是全社会安全保障体系的一部分并得到政府的"优惠"政策——救援协会、救援中心的办公地点由政府提供；救援协会购置车辆、器材等享受免税；救援志愿者参加培训和救援工作时，所就职的部门无条件支持，不扣薪水；援助工作与军队、警察、保险、医疗等部门密切合作，救援中广泛使用的直升机由军队提供，救援狗由警方提供。因此政府要对救援组织给予大力的支持。

（二）危机公关管理，建立一个畅通有效的信息沟通机制

1. 强化企业危机管理

（1）建立企业危机管理预警机制，建立现代化的预警信息系统，提高危机响应速度。

（2）建立配套危机公关预案，针对不同类型的探险旅游活动可能发生的事故类型及强度来制定。

（3）建立企业危机管理演习预防机制。

2. 提高政府危机处理能力

（1）颁布制定一部统一的紧急状态法，作为应对危机事件的统一法律和指导原则。

（2）从上到下建立具有决策功能的综合体系和综合协调部门，通过立法明确各级政府各部门在应对危机时的责任和义务。

（3）利用先进专业技术和现代信息技术建立危机预警系统，建立危机信息的预警机制和预测机制，制定应对各种危机事件的防范预案并提供相应的人、财、物保障，并将其纳入政府的长远战略规划和日常管理中。

（4）建立应急反应迅速、跨部门协调动员机制顺畅的快速反应机制。

（5）制定宏观危机处理预案，做好对危机处理过程中救援、救护、信息发布等部门的事前协调工作。强化地方政府在危机管理中的责任意识；在制定公共危机预防规划时，加强社会危机应急预案的制定和管理；重视并完善针对探险旅游事故的应急预案和处理机制。

（6）完善社会参与的危机管理体制。以社区组织为基础，成立大量的专项危机管理志愿者组织。如在德国，有120多万的现役志愿消防员，有5个志愿者组织，拥有志愿者50多万人，还有联邦技术救援机构提供的7.6万名志愿工作者，志愿者的义务工作构成了德国救助体系的支柱和基础。

（7）建立危机管理培训专业机构。普及安全风险、危机预防等相关知识；开展应对危机情景训练，开展危机应对教育和危机情势模拟；提高政府、民

众的危机意识和处理危机的能力,提高政府危机管理技术水平,提供危机管理的专业人才。

(8) 在危机管理方面加强国际合作,建立地区和全球的危机预防、预警合作机制,建立一个快捷、通畅的危机预警信息交流渠道,加强预警信息交流与相关协作。

(9) 完善危机协同治理的法规制度;优化危机协同治理的权责体系;加强危机协同治理的资源保障;搭建危机协同治理的信息平台;培育危机协同治理的社会资本;最大可能地调动社会资源,努力拓宽社会参与渠道,形成全民动员、集体参与、共渡难关的局面,群防群治,协调合作应对危机,构建社会整体的危机应对网络,实现危机协同治理。

3. 重视媒体的宣传功能

(1) 建立媒体的危机信息传播畅通机制,正确引导社会议论宣传,协助解决危机事件。

(2) 发挥媒体对探险旅游发展的监督功能,强化媒体的社会监督作用。

4. 发挥非营利组织在危机处理中的作用

(1) 政府对非营利组织进行培育和扶持。

在政策上,尤其是税收上,对非营利组织给予扶持和帮助,应尽快完善非营利组织资金筹集和管理办法,通过政府采购制度为非营利组织提供安全可靠的资金保障。同时对非营利组织成员进行相关培训,使非营利组织能够胜任危机管理的任务。

政府应以立法的形式确立非营利组织的社会地位,界定政府部门与非营利组织在公共危机管理中的权责关系,规范公共危机处理的程序和办法,及时化解两者之间的矛盾,防止政府利用公共权力侵害非营利组织的合法权益,为非营利组织介入公共危机管理提供法律上的保障。

构建危机管理过程中政府与非营利组织的协调机制。

(2) 提高非营利组织自身的公共危机治理水平。

非营利组织要建立多元化筹资渠道,提高自身的筹资能力;广泛吸纳社会捐赠,主动寻求与企业的合作,扩大经营性收入。

非营利组织要吸引优秀人才和专业人员;强化员工培训,提高员工素质;发挥其志愿性优势,做好志愿者的社会保障工作。

非营利组织建立完整的危机应对机制。借鉴国外的经验，开展科学化、规范化的项目运作流程，建立"决策机构、执行机构、监督机构"三位一体的管理体制，加强组织的人力资源管理；提高社会动员能力，在危机发生后能够通过报纸、广播和互联网等多种方式，积极动员各种社会力量参与，有效应对各种突发性事件。

（三）安全救援费用的筹集

1. 建立我国安全救援应急基金，应对我国安全应急救援需要

如攀登，发达国家（法国，瑞士等）任何人只要每年交不到100美元就可以享受一流救援服务（如瑞士空中救护 http://www.rega.ch/english/index.html），这种年费一般是攀登人出。有互惠协议的国家之间这种保险还可以通用或互给折扣。又比如新西兰对所有游客都不收费，救援医疗完全免费。鉴于我国国情，应采取多元化的基金筹集方式。

2. 建立多元化的安全救援基金筹资渠道

（1）财政渠道：包括中央财政每年划拨专项资金、发行国债资金、地方政府项目投入及中央政府项目配套资金、专项基金、贴息贷款等方式。

（2）市场渠道：包括经营渠道以及收费渠道。它可以包含对探险旅游景区自身开展的经营创收活动和有关服务收费、对探险旅游景区或旅行社正式强制的专项资金等途径。如美国登山救援协会的资金一部分来源于户外运动如钓鱼、打猎、滑雪、徒步穿越等许可证中的部分费用。

（3）社会渠道：包括探险旅游者自愿筹资、各种形式的公益捐赠、国内外捐助。如美国科罗拉多州的每个救援中心都有一台指挥车、两台雪地救援助车、三台救援小型卡车，这些车辆都来自社会捐赠。

五、安全保险体系的构建

保险作为社会保障的重要组成部分，对确保探险旅游的健康发展起到了重要作用。目前我国针对探险旅游的商业保险并不丰富，因此，政府应对保险制度的完善做好政策导向，使商业保险更多地进入到探险旅游活动中。

(一) 完善相关的人身意外保险,特别是完善户外探险的保险制度

我国的登山户外运动保险是在中国登山协会专家领导的大力支持之下开发研制的,吸收借鉴了英国、美国、加拿大等地区的保险条款和保险承保经验,结合国内 50 年来的登山户外运动风险统计数据,开发成功的具有中国特色、符合中国国情的登山户外运动保险产品。借鉴其成功经验,完善探险旅游人身意外险可从以下方面入手:

鼓励保险公司针对不同类型的探险旅游活动,开发相应的人身意外险及其他相关险种。同时保险公司适当提高保费来扩大保险范围。

(1) 针对不同的探险旅游活动,开发专项保险。

(2) 依托专业协会支持,获得专业意见指导,也为保险推广提供了渠道。

(3) 多方参与,户外保险在保险公司、专业协会、户外专家以及户外爱好者的参与下共同开发,以保证探险旅游专项保险既符合保险的原理,又体现户外运动的特点。

(4) 对各种探险旅游活动按照风险的等级进行了科学的分类,为保险的投保工作提供较为方便的条件。

(5) 丰富保险责任,加强针对性。

(6) 以正规探险旅游活动组织管理机构为客户对象。

(7) 针对俱乐部的需求提供包括意外险和责任险在内的保险方案。

(8) 费率科学,根据运动的风险等级收取保费,为广大户外探险者提供最实惠的价格。

(9) 承保方式和内容灵活,可根据俱乐部实际情况量身订制保险方案。

(二) 鼓励旅游企业与保险公司建立"旅保合作"的工作机制

(1) 鼓励保险公司加强与行业协会的协作,并发出具有针对性的保险。

(2) 鼓励保险公司与正规企业和俱乐部开展联合营销,对探险旅游线路进行整合包装,推行"一站式"活动。

(3) 与国外保险公司合作开发国内探险旅游保险,学习其已有的经验。

(4) 鼓励保险公司与政府合作,发挥政府推动作用,扩大保险覆盖范围。

(5) 探索保险公司与救援基金的合作,开发救援基金辅助保险,同时为救援基金提供一种市场筹资途径。国内很多保险公司都与国际知名救援组织

签有合作协议，一旦持有全球紧急救援服务卡的客户发生遇险事件，可由专业的救援公司提供全球范围内的救援服务。

（三）鼓励保险公司开发涵盖旅行社风险转嫁需求的综合性产品及系列附加险

（1）开发探险旅游责任险，转嫁企业和俱乐部独立承担的风险。如"特种保险"及针对医疗费和救援费的其他险种。在发达国家旅行社责任风险的转嫁有很多是通过公众责任险或错误与疏漏险来实现，保险公司承担旅行社在经营活动中因疏忽或过失引发的损失。

（2）开发探险旅游意外险，扩大保险保障范围。

（3）开发紧急救援险，将紧急救援纳入保险产品的服务内容之中，使一般的保险事后理赔服务向前延伸到事故发生时的"立即"援助。

（4）加强保险营销，增强游客投保意识。旅游投保不应局限于旅行社代理、上门购买、业务员推销三种渠道，应学习国外保险公司把旅游保险做成卡，放在超市里，跟其他生活消费品一同销售，开展网上投保、手机投保等多种形式。

（5）为鼓励企业开发探险旅游保险，对开发户外专项保险的企业给予一定的税收减免、信贷优惠政策等。

六、探险旅游安全保障机制分阶段建立途径

（一）安全预警分阶段建立

短期来看，对有正规企业管理的探险景区，旅游企业应该做好安全提示与预警，如公布建议的出行时间、出行线路、组织形式，在景区内的危险区域竖立安全提示告示等；对无正规企业管理的地区，政府应做好出行建议的发布，对不适合出行的地区和时间进行公示。

长期来看，企业与政府应做好游客的安全教育工作，提高全民的风险意识，使游客认识到参与探险旅游的潜在风险。同时，应对探险旅游项目及目的地进行风险评估和排序，建立健全安全预警系统，为引导游客安全出行提供有效参考。

(二) 应急措施分阶段建立

短期来看，政府应建立健全危机管理机制，编制应对突发事件的处理办法。加强对医院、110、119、现有探险旅游救援队伍、武警部队的协调，确保在突发事件发生后能够顺利有序地开展救援活动。企业也应建立自身的危机管理机制，在事故发生后，做好救援、公关以及赔付等工作。

长期来看，企业应做好事故统计和上报，依据事故发生的规律提出相应对策，以最大限度减少事故发生的可能。政府应该提高快速响应速度，建立各部门长期稳定协同工作机制。

(三) 救援措施分阶段建立

短期来看，针对有正规企业管理的景区，政府可以规定旅游企业通过合作或独立方式建立自己的应急队伍来保障景区内部事故的及时救助，协助其他救援部门更快更好地完成救援；针对没有景区管理的地区，政府可以在110或119设立临时救援办公室，作为日后完善救援体系的过渡。

长期来看，应在政府扶持下，建立一套统一的救援体系，设立全国联网的救援呼叫中心，在全国各地设立分支救援机构，在事故发生后，由中心统一调配分支机构。在统一指挥、就近救援的方针的指导下，建立健全救援体系，从而使探险旅游从中受益。

(四) 保险措施分阶段建立

短期来看，政府可以利用政策导向，税收优惠等条件引导商业保险涉足探险旅游。保险企业可以与行业协会、俱乐部企业、国外保险企业等组织合作开发探险旅游专项保险。

长期来看，应建立健全社保与商业保险共同覆盖的保险体系。

参考文献

1.AAIB (1994): U.S. Army Black Hawk Helicopters 87-26000 and 88-26060: Volume 1 Executive Summary:UH-60 Black Hawk Helicopter Accident, 14 April1994, USAF Aircraft Accident Investigation Board. [EB/OL]http://schwabhall.bigwindy.org/opc_report.htm

2.Accidents in the USA and Canada (1996-2006). Proceedings of the 15th Safety-Critical Systems Symposium, Bristol, UK, 13-15 February, F. Redmill and T. Anderson (Eds.), The Safety of Systems, 85-94, Springer

3.Aitkin's M. Have snowboard will soar.The *Physician and Sports Medicine*, 1990 (18): 114-120

4.Basic Minimum Standards for Adventure Tourism Activities, [EB/OL] http://www.incredibleindia.org/pdf/Basic_Minimum_Standards_for_Adventure_Tourism_Activities.pdf

5.Beard C, Wilson J P. *The power of Experiential Learning. A hand book for Trainers and Educators,* 2002

6.Bentley T A, and Page S J. Scoping the extent of adventure tourism accidents. *Annals of Tourism Research*, 2001, 8 (3): 705-726

7.Bentley T A, Mayer D, Page S, Chalmers D. Recreational tourism injuries among visitors to New Zealand: an exploratory analysis using hospital discharge data. *Tourism Management*, 2001, 22 (4): 373-381

8.Bentley T A, Page S J, Keith A M. Adventure tourism and adventure sports injury: The New Zealand experience. *Applied Ergonomics*, 2007, 38 (6): 791-796

9.Berrow S D. Developing sustainable whalewatching in the Shannon estuary. Marine Tourism: Issues and Experiences. Channel View, Clevedon, UK, 2003:198-203

10.Booth K L, Cullen R. Managing recreation and tourism in New Zealand Mountains. *Mountain Research and Development,* 2001, 21:331-334

11.Buckley R. Adventure tourism products: Price, duration, size, skill, remoteness.*Tourism Management*, 2007, 28（6）: 1428-1433

12.Buckley R. *Adventure tourism*.CBI International, 2006

13.Burns J, Noonan J, Kichak L, et al. NASA Risk Assessment and Management Roadmap. *Systems Engineering Capstone Conference*, Hampton , VA, 2001 :183-188

14.CAIB: Columbia Accident Investigation BoardReport Volume I. Washington, DC, Government Printing Office, 2003

15.Cater C, Cater E. Marine environment. The Encyclopedia of Ecotourism. Uk.2000: 265-282

16.Cater C. Can I play too? Inclusion and exclusion in adventure tourism. *The North West Geographer*, 2000（3）:49-59

17.Cater C. Playing with risk? Participant perceptions of risk and management implications in adventure tourism. *Tourism Management*, 2006, 27（2）:317-325

18.Chen R J C, Bloomfield P, Fu J S. An evaluation of alternative forecasting methods for recreation visitation. *Journal of Leisure Research*, 2003, 35:441-454

19.Clarkson, J., Hopkins, A. & Taylor, K. Report of the Board of Inquiry into F-111（Fuel Tank）Deseal / Reseal and Spray Seal Programs, 2001（1）. Canberra, ACT, Royal Australian Air Force. [EB/OL]http://www.defence.gov.au/raaf/organisation/info_on/units/f111/ Volume1.htm

20.Clift S, Grabowski P, Sharpley R. British tourists in the Cambia: health precaution and malaria prophylaxis. *Tourism and health: Risks, Research and Responses*, 1997

21.Cloutier R. The business of Adventure Tourism. *Sports and Adventure Tourism*, 2003:241-272

22.Cohen E. A Phenomenology of Tourism Experience. *Sociology,* 1979,13: 179-201

23.Collins J, Hall N & Paul LA. Counterfactuals and Causation: History, Problems, and Prospects, In Collins, J., Hall, N. & Paul, L.A.（Eds.）, *Causation and Counterfactuals*, 2004, Chapter 1, Cambridge, MA, MIT Press

24.COSO Enterprise Risk Management Framework, [EB/OL]http: //www.erm.org

25.Csikszentmihalyi Mihaly. *Optimal Experience.Cambridge*:Cambridge University Press, 1998

26.Csikszentmihalyi Mihaly. Toward a psychology of optimal Experience. *Review of Personality and Social Psychology*. 1982（3）:13-36

27.Curtin S.Whale-watching in Kaikoura: sustainable destination development? .Journal of Ecotourism, 2003, 2:173-195

28.Davis D C, Banks S, Birtles A, Valentine P, Cuthill M. Whale sharks in Ningaloo Marine Park: management tourism in an Australian marine protected area. Tourism management,1997,18：259-271

29.Davison L. The "spirit of the hills": mountaineering in northwest Otago, New Zealand, 1882-1940.Tourism Geographies, 2002, 4:44-61

30.Decker R J. Homeland Security: Key Elements of a Risk Management Approach, [EB/OL] http:// www. gao. gov/new. items/ d02150t

31.Department of Defense, Defense Acquisition University, Defense Systems Management College1 Risk management

32.Ferry TS. *Modern Accident Investigation and Analysis*. Second Edition, Wiley. 1988

33.Firenze B. Labor Safety System Research. *Safety Science Journal*,2001, 45 (2) :31-37

34.Fischhoff B. Managing perceptions. *Issues In Science and Technology*, 1985(2): 83-96.

35.Fluker M R, Turner L M. Needs motivations and expectations of a commercial whitewater rafting experience. *Journal of Travel Research*, 2000, 38 (4) :380-389

36.Fodness D. Measuring Tourist Motivation. *Annals of Tourism Research,* 1994(3): 555-581

37.Fredman P, Heberlein TA. Changes in Skiing and Snowmobiling in Swedish Mountain. *Annals of Tourism Research,*2003,30:485-488

38.GAAG: Glasgow Accident Analysis Group, Dept. of Computer Science, University of Glasgow, Scotland. [EB/OL]http://www.dcs.gla.ac.uk/research/gaag/ (accessed: 21 December 2006)

39.Giard D. The situation regarding nature sport tourism in mountain areas. *Cashiers Escapes,* 1997:48-57

40.Goulet C, Regnier G, Grimard G, Valois P, Villeneueve P. Risk Factors Associated with Alpine Skiing Injuries in Children: A Case-control Study. *American Journal of Sports Medicine,* 1999, 27:644-650

41.Hagel B E, Goulet C, Platt R W, Pless B. Injuries among skiers and snowboarders in Quebec. *Epidemiology,*2004,15:279-286

42.Health and Safety in Adventure Tourism. [EB/OL] http://www.bhudak.com/images/Health%20and%20Safety%20Guide.Pdf

43.Heinrich HW. *Industrial Accident Prevention.* 5thed. McGraw2Hill , 1980

44.Hill B J. A Guide to Adventure Travel. *Parks and Recreation,* 1995（9）: 56-65

45.Hinchey MG & Bowen JP. *Applications of Formal Methods, International Series in Computer Science*, Herts, UK, Prentice Hall, 1995

46.Hitchcock C. Probabilistic Causation, In Edward N. Zalta（Ed.）, The Stanford Encyclopedia of Philosophy（Fall 2002 Edition）, [EB/OL]http://plato.stanford.edu/ archives/fall2002/ entries/causation-probabilistic

47.Höhl M & Ladkin P. Analysing the 1993 Warsaw Accident with a WB-Graph. Report RVS-Occ-97-09, 8 September, Faculty of Technology, Bielefeld University. [EB/OL]http://www.rvs.uni-bielefeld.de, 1997

48.Hollnagel E & Woods DD. Cognitive Systems Engineering: New wine in new bottles. *International journal of human-computer studies,* 1999（2）

49.Hollnagel E & Woods DD. *Joint Cognitive Systems: Foundations of Cognitive Systems Engineering*, Taylor & Francis. 2005

50.Hollnagel E, Woods DD, Leveson N. *Resilience Engineering: Concepts and Precepts.* Aldershot, Ashgate, 2006

51.Hollnagel E. Anticipating Failures: What should Predictions be About? In The Human Factor in System Reliability - Is Human Performance Predictable? RTO Meeting Proceedings 32, RTO-MP-32, January, Cedex, France, RTO, NATO, 2001

52.Hollnagel E. Barriers and Accident Prevention.Hampshire, Ashgate, 2004

53.Hollnagel E. *Cognitive Reliability and Error Analysis Method.* Oxford, Elsevier Science, 1998

54.Hollnagel E. CREAM - Cognitive Reliability and Error Analysis Method, [EB/OL]http://www.ida.liu.se/~eriho/ CREAM_M.htm, 2006

55.Hopkins A. *Lessons from Longford: The Esso Gas Plant Explosion.* Sydney, CCH, 2000

56.Hopkins A. *Safety, Culture and Risk: The Organisational Causes of Disasters.* Sydney, CCH, 2005

57.IEC 61508（1998-2000）: Functional safety of electrical/electronic/programmable electronic safety related

58.Johnson B, Edward T. The commodification on mountaineering. *Annals of*

Tourism Research 1994, 21:459-478

59.Johnson C, Holloway CM. A *Longitudinal Analysis of the Causal Factors in Major Maritime Accidents in the USA and. Canada* (1996-2006), Springer, 2007

60.Johnson C, Holloway CM. A Survey of Logic Formalisms to Support Mishap Analysis. *Reliability Engineering & System Safety*, 2003a, 80 (3):271-291

61.Johnson C, Holloway CM. The ESA/NASA SOHO Mission Interruption: Using the STAMP Accident Analysis Technique for a Software Related 'Mishap'. *Software: Practice and Experience*, 2003b, 33:1177-1198

62.Johnson CW, de Almeida IM. An investigation into the loss of the Brazilian space program's launch vehicle VLS-1 V03. *Safety Science*, In Press, doi:10.1016/j.ssci.2006.05.007, 2007

63.Johnson CW. Failure in Safety-Critical Systems: A Handbook of Accident and Incident Reporting. *Journal of Man-Machine Studies*, 2003, 18:583-600

64.Kroes P, Franssen M, van de Poel Ibo, Ottens M. Treating socio-technical systems asengineering systems: some conceptual problems. *Systems Research and Behavioral Science*, 2006,23 (6):803-814

65.Ladkin PB, Loer K. Why-Because Analysis:Formal reasoning about incidents. Technical Report RVS-Bk-98-01, Faculty of Technology, Bielefeld University. [EB/OL]http://www.rvs.uni-bielefeld.de, 1998

66.Ladkin PB, Stuphorn J. Two Causal Analyses of the Black Hawk Shootdown During Operation Provide Comfort. Proceedings of the 8th Australian Workshop on Safety Critical Software and Systems, Peter Lindsay and Tony Cant (Eds.), Conferences in Research and Practice in Information Technology, Volume 33, Canberra, Australian Computer Society, 2003

67.Ladkin PB. Why-Because Analysis of the Glenbrook, NSW Rail Accident and Comparison with Hopkins's Accimap. Report RVS-RR-05-05, 19 December, Faculty of Technology, Bielefeld University. [EB/OL] http:// www.rvs.uni-bielefeld.de, 2005

68.Lamsweerde AV. *Formal Specification: A Roadmap. Proceedings of the Conference on The Future of Software Engineering*, ACM Press, 2000: 147-159

69.LaRC The CAUSE Project, Research on Accident Analysis, NASA Langley Formal Methods Site. [EB/OL]http://shemesh.larc.nasa.gov/fm/fm-now-cause.html (accessed: 18 December 2006), 2004

70.Leveson N. A New Accident Model for Engineering Safer Systems. *Safety Science*, 2004, 42（4）: 237-270

71.Leveson NG, Allen P, Storey, Margaret-Anne. The Analysis of a Friendly Fire Accident using a Systems Model of Accidents. Proceedings of the 20th International System Safety Conference, Denver,Colorado, August, 2002:5-9

72.Leveson NG, Dulac N. Safety and Risk-Driven Design in Complex Systems-of-Systems. 1st NASA/AIAA Space Exploration Conference, Orlando.Lewis, D.（1973）. *Causation. Journal of Philosophy*, 2005, 70:556-567

73.Leveson NG. *Safeware: System Safety and Computers.* Reading, MA, Addison-Wesley, 1995

74.Leveson NG. System Safety Engineering: Back to the Future. Aeronautics and Astronautics Department.Cambridge,MA, Massachusetts Institute of Technology. [EB/OL]http://sunnyday.mit.edu/book2.pdf, 2002

75.Livet R. From sports diving to underwater tourism. Cashiers Escapes, 1997:62-68

76.Loverseed H. The adventure travel industry in North America. Travel & Tourism Analyst, 1995, 6:87-104

77.Malcolm M. Mountaineering fatalities in Mt Cook National Park. *New Zealand Journal of Medicine*, 2001, 114:78-80

78.Marais K, Dulac N, Leveson N. *Beyond Normal Accidents and High Reliability Organizations:The Need for an Alternative Approach to Safety in Complex Systems*, ESD Symposium, Cambridge, MA,Massachusetts Institute of Technology, 2004

79.Martin P, Priest S. Justifying the risk to others: the real raaor's edge. *Journal of Experiential Education*, 1986, 10（1）:16-22

80.Maslow A H. *The Father Reaches of Human Nature.* Penguin.1976

81.Muller T E, Cleaver M. Targeting CANZUS baby boomer explorer and adventure. *Segments Journal of Vacation Marketing*, 2000 6（2）:154-169

82.Musa G, HALL C M,Higham J E S. Tourism sustainability and health impacts in high altitude adventure, cultural and ecotourism destinations: a case study of Nepal's Sagarmatha National Park [J].Journal of Sustainable Tourism, 2004, 12:306-331

83.Nigel Wace. Antarctica: a new tourist destination.Applied Geography, 1990, 10（4）:327-341

84.Page S J and Laird I S. Accidents in the New Zealand adventure tourism industry.Safety Science, 2001,38（1）, 31-48

85.Page S J, Bentley T, Walker L Scoping the nature and extent of adventure tourism operations in Scotland: how safe are they?.*Tourism Management*, 2005, 26: 381-397

86.Page S J. *The cost of adventure tourism accidents for the New Zealand tourism industry.* Tourism Policy Group, Ministry of Commerce, Wellington, New Zealand, 1997

87.Parasuraman R. Humans and Automation: use, misuse, disuse, abuse, *Human Factors,* 1997, 39（2）:230-253

88.Pattakos A N. Do OPSC and Risk Management Mesh. Security Management,1999

89.Paul B, Simon H. Emergence of mountain-based adventure tourism. *Annals of Tourism Research,* 2003, 30（3）: 625-643

90.Petersen D. *Safety by Objectives*. River Vale,1978

91.Poon A. The "new tourism" revolution. *Tourism Management,* 1994（2）: 91-92

92.Poon A. *Tourism Technology and Competitive Strategies.* CAB International, 1993

93.Prall J, Winston K, Brennan R. Severe snowboarding injuries. *Injuries,*1995,26:539-542

94.Prentice RC, Stephen FW, Claire H. Tourism as Experience. *Annals of Tourism Research,* 1998 25（1）: 1~24

95.Rasmussen J Svedung I. Proactive Risk Management in *a Dynamic Society.* Swedish Rescue Services Agency. 2000

96.Rasmussen J. Risk Management in a Dynamic Society: A Modeling Problem. *Safety Science,* 1997,27（2/3）:183-213

97.Ryan C. Saltwater Crocodiles as Tourist Attractions. *Journal of Sustainable Tourism,* 1998, 6:314-327

98.Sekhar NU. Local People's Attitudes Towards Conservation and Wildlife Tourism Around Sariska Tiger Reserve, India. *Journal of Environmental Management,* 2003,69:339-347

99.Shackley M. Community Impact of the Camel Safari Industry in Jaisalmar, Rajasthan. *Tourism management,* 1996, 17:213-218

100.Smith S. The Tourist Product. *Annals of Tourism Research,* 1994（3）: 582-595

101.Suchman KD. Industrial Accident Research. *Labor Safety Council*,1967

102.Sung H, Morrison A, O'Leary J. Segmenting the Adventure Travel Market by Activities: from the North American Industry Provider's Perspective. *Journal of Travel and Tourism Marketing*,2000（9）:1-20

103.Sung HH, Morrison AM, O'Leary J T. Definition of adventure travel: Conceptual framework for Empirical Application from the Provider's Perspective. *Asia-pacific Journal of Tourism Research*, 1997, 1（2）:47-67

104.Surry J. Industrial Accident Analysis & Prevention Research. *Labor Safety Council,* 1971

105.Swarbrooke J, Beard C, Leckie C, Pomfret G. *Adventure Tourism: the new frontier.* 2003. 56-90

106.System. Parts 1 to 7, Geneva, Switzerland, International Electro-technical Commission

107.Taylor D M, O'Toole ,K S, Ryan C M .Experience scuba divers in Australia and the United States suffer considerable injury and morbidity. *Wilderness and Environmental Medicine*, 2003,14:83-88

108.Trevett A J, Forbes R, Rae C K, Sheehan C, Ross J, Watt S J, Stephenson R. Diving accidents in sports divers in Orkney waters. *Scottish Medical Journal*, 2001,46:176-177

109.Tsaur S H, Walle A H, Tzeng G H, Wang K C. Evaluating tourist risks from fuzzy perspectives. *Annals of Tourism Research*, 1997, 24（4）,796-812

110.Walle A H. Pursuing risk or insight: Marketing adventure. *Annals of Tourism Research*, 1997, 28（2）: 265-282,363-380

111.Weber K. Outdoor adventure tourism: A Review of Research Approaches. *Annals of Tourism Research*, 2001, 28（2）:360-377

112.Wildness Tourism Licensing Act and other applicable laws, [EB/OL]http://www.environmentyukon.gov.yk.ca/pdf/wtact.pdf

113.Wilks J, Davis R J. Risk management for scuba diving operations in Australia's Great Barrier Reef. *Tourism Management*, 2000, 21: 591-599

114.Wilks J, Page S J. *Managing Tourist Health and safety in the New Millennium.* Pergamon, Oxford. 2003

115.William J E. Accidents in North American Mountaineering. *American Alpine Club,* Boulder, Colorado, 1999

116. [EB/OL] http://www.chengshitanxian.cn
117. [EB/OL] http://www.snowcard.co.uk
118. [EB/OL] http://www.ztbx.com/newcp/dshw.asp
119. [EB/OL] http://baike.baidu.com/view/891188.htm
120. [EB/OL] http://special.dbw.cn/system/2005/12/01/050199787.shtml
121. [EB/OL] http://tieba.baidu.com/f?kz=620447951
122. [EB/OL] http://travel.163.com/06/0731/10/2NBRSCNM0006202H_4.html
123. [EB/OL] http://travel.gog.com.cn/system/2006/06/05/000981800.shtml
124. [EB/OL] http://www.8264.com/1441_2.html
125. [EB/OL] http://www.alpineclub.org.pk/mtg_rulesreg.php
126. [EB/OL] http://www.bungy.co.nz/index.php/pi_pageid/2
127. [EB/OL] http://www.chinauer.com
128. [EB/OL] http://www.hjq.gov.cn/zwgk/xxgk/ml/content/2006-07/10/content_92406.htm
129. [EB/OL] http://www.lvyou114.com/zhuti/0_news/47.html
130. Yates, J F & Stone E R. Risk appraisal In J. F. Yates（Eds.）. Risk taking behavior. John Wiley & Sons Ltd., 1992：387-408
131. 布莱克·伍德著，陈喜辉等译．野外旅行完全实用手册，北京：中国戏剧出版社，1999
132. 蔡家成．漂流旅游项目的开发与管理．中国旅游报，2004-5-31
133. 陈华．在我国环境恶劣地区开展探险旅游的前景．新疆大学学报（哲学人文社会科学版），2007（1）
134. 崔连伟．对于发展我国旅游保险业的思考．旅游学刊，2003（1）
135. 邱胜男．略述我国特种旅游的开发．商业经济，2005（4）
136. 丁笃本．世界之发现：人类五千年探险旅游的历史．长沙：湖南师范大学出版社，1997
137. 杜宗阳．探险者蜂拥新疆特种旅游．新疆经济报（汉），2000（7）
138. 范钟庆．青藏高原科考探险旅游开发浅析．甘肃农业，2004（8）
139. 冯麟茜．探险旅游风险控制研究．产业经济，2007（8）
140. 高建磊．现阶段我国野外刺激性体育旅游市场的结构特征分析．广州体育学院学报，2003（2）
141. 龚奕丹．新疆开展特种旅游条件优越．新疆日报，2004-10-19

142. 顾植红. 陕甘宁青藏新共推探险旅游. 中国旅游报, 2004-10-25

143. 广州帕蒂潜水服务有限公司. [EB/OL] http://www.pdstar.com

144. 郭进辉. 我国户外运动旅游产业发展评述. 北京第二外国语学院学报, 2008 (5)

145. 郭零兵. 移动技术在旅游安全救援体系中的应用. 中国市场, 2005 (8)

146. 黑龙江亚布力滑雪场. [EB/OL]http://www.yabuliski.cn/

147. 侯国林. 旅游危机：类型、影响机制与管理模型. 南开管理评论, 2005(1)

148. 胡坤. 日本保险业的危机与启示. 亚太经济, 2000 (6)

149. 黄晨晨. 西部开发旅游先行效益先行——论西部大开发中旅游业的地位和发展模式. 旅游学刊, 2000 (4)

150. 李海东、保继刚. 漂流专项旅游开发研究——以广东乐昌漂流为例. 经济地理, 1995 (2)：109-112

151. 李萌. 探险游心理误区及矫正策略. 中国旅游报, 2006 -2-20

152. 李松梅. 论滑雪产业俱乐部制的建立. 冰雪运动, 2003 (2)

153. 李文中. 发展旅游保险是我国保险业务的新增长点. 保险研究, 2003(4)

154. 李彦芝. 旅游"热"后旅游保险的"冷"思考. 上海保险, 2004 (10)

155. 李仲广, 卢昌崇. 基础休闲学. 北京：社会科学文献出版社, 2004：108-182

156. 廖东凡, 耿军等. 漫游西藏. 西藏人民出版社, 1999

157. 林越英. 旅游环境保护概论. 旅游教育出版社, 1999

158. 刘德谦. 研究旅游安全问题刻不容缓. 中国旅游报, 2006-6-2

159. 刘凤香. 论体育旅游安全体系的构建. 军事体育进修学院学报, 2005(1)

160. 刘丽娜. 探险旅游及其在云南发展的初步研究. 云南师范大学硕士论文, 2001

161. 刘又堂. 论体验经济与旅游个性化服务. 社会科学家, 2005 (1)

162. 刘振业. 区域经济合作与大西南开发. 北京：中国财政经济出版社, 1994.

163. 柳萍. 野外旅游生存自救. 北京：中国旅游出版社, 1999

164. 吕锡生. 郑和与徐霞客——明代两大探险活动之异同. 无锡教育学院学报, 2002 (12)

165. 旅游度假区发展规划. 北京：旅游教育出版社, 1996

166. 骆高远, 蒋敏学. 舟山海底探奇旅游开发初探. 忻州师范学院学报,

2005（1）

167. 马红漫．"探险旅游"不是"冒险游"．广州日报，2007-5-9
168. 马克·洛尔，列夫·博罗多夫斯基，陈斌等译．金融风险管理手册，北京：机械工业出版社，2003
169. 马中和，陈红．强化水上漂流安全管理．中国水运，2000（4）
170. 蒲恩，吉尔摩．体验经济．北京：机械工业出版社，2002
171. 攀志勇．我国旅游保险业务发展现状研究．商业研究，2004（3）
172. 钱亚妍．中国旅游保险业务的现状及对策研究．天津商学院学报，2005（4）
173. 邱云志，陈嘉新．中国旅游资源的分布规律及其可持续发展意义．乐山师范学院学报，2004（2）
174. 任安．探险旅游野外穿越．河北日报，2002-9-17
175. 任明．特种旅游特别保险．中国保险，2004（2）
176. 任明明，徐刚．探险旅游业的经济效益分析．第三产业，2007（3）
177. 沈爱民．远征北极纪实——极地心路．北京：中国文联出版社，1997
178. 沈克尼，陶京天．野外生存．解放军出版社，1999
179. 史占春．中国登山指南．成都：成都地图出版社，1999
180. 税晓洁．雅鲁藏布江漂流历险记．青岛：青岛出版社，2007
181. 四姑娘山景区．[EB/OL]http://www.sgns.gov.cn/index.html
182. 孙旭．试论旅游体验营销．理论与现代化，2005（7）
183. 唐代剑．全球化进程中我国旅游业的风险与对策研究．林业经济问题．2005（6）
184. 王莉，何世权，张慧峰，高侠．对北京市户外运动产业发展状况的调查研究．北京体育大学学报，2005（9）
185. 王仁庆．对东江漂流旅游开发的调查与思考．湘南学院学报，2005．12(6)
186. 王卫平．特种旅游及其发展战略初探．新疆师范大学学报，1996（4）
187. 王小利，张树夫．我国探险旅游安全保障体系的构建．安徽农业科学，2007（7）．
188. 王兴斌．体验经济新论与旅游服务创新．桂林旅游专科学校学报，2003（1）
189. 王洋．专业+规范 让探险游不冒险．中国旅游报，2006-5-24
190. 文传浩，陈厚义，杨勇．马岭河峡谷漂流探险生态旅游开发研究．经

济地理，2002（1）

191. 乌尔里希·贝克等．自由与资本主义．杭州：浙江人民出版社，2001

192. 席建超，刘浩龙，齐晓波，吴普．旅游地安全风险评估模式研究——以国内10条重点探险旅游线路为例．山地学报，2007（3）

193. 夏明，周秋茹，魏新昌．准噶尔盆地东部地质遗迹景观的开发利用与保护．新疆地质，2005（2）

194. 肖爱莲．试析中国探险旅游的发展．湖南涉外经济职业学院学报，2001（3）

195. 效存德．远征北极点探险日记．北京：新蕾出版社，2000

196. 谢婷，杨兆萍．塔克拉玛干沙漠旅游资源开发构思．干旱区研究，2003（3）

197. 谢维扬．中国人需要非凡的进取精神——余纯顺探险的启示．探索与争鸣，1996（9）

198. 新疆亚克西旅行网．[EB/OL] http://www.xjykx.com/xjsl/index.asp

199. 徐广海．我国体育旅游业中保险问题的初探．首都体育学院学报，2006（4）

200. 徐家成．喜雅旅行社探险旅游营销模式研究．西南交通大学硕士论文，2003

201. 杨桂华，钟林生，明庆忠．生态旅游．北京：高等教育出版社，2000

202. 杨洪等．我国旅游安全管理探讨．现代商贸工业．2008（12）

203. 杨敏．特种旅游的种类及特点初探．学术探索．2004（12）

204. 杨文丽．特种旅游及其旅游者体验效果评价研究．北京第二外国语学院2001届毕业论文，2004

205. 杨新军,宋辉．中国西部地区特种旅游开发的可行性．西北大学学报（自然科学版），2005（4）

206. 杨政．20世纪大探险．重庆：重庆出版社，2002

207. 翟向坤．论中国旅游救援体系的构建．北京工商大学学报（社会科学版）．2008（5）

208. 张传统．探险旅游安全风险管理研究．商场现代化，2008（14）

209. 张传统．探险旅游俱乐部管理模式研究．北京第二外国语学院硕士论文，2007

210. 张传统．体验经济——探险旅游俱乐部未来发展模式．山西师大学报（社科版），2007.6（S1）

211. 张广海,张哲. 我国旅游保险面临的问题及对策. 旅游经济,2004
212. 张进福,郑向敏. 旅游安全研究. 华侨大学学报(人文社会科学版),2001（1）
213. 张进福. 建立旅游安全救援系统的构想. 旅游学刊,2006（6）
214. 张秋芬. 旅游安全隐患及其保障体系研究. 华北科技学院学报,2005(6)
215. 张秋奕,杨洋,高艳红. 从户外素质拓展看特种旅游发展. 商业时代,2007（5）
216. 张润晖,朱华彬. 旅游保险何以火起来. 中国保险,2003（5）
217. 张铁梅,冯万荣. 积极发展中国旅游保险. 太原大学学报,2004（4）
218. 张一凯,浦美玲. 领队带你体验特种旅游. 云南日报,2006-9-8
219. 张朱. "生命地图"创新探险游安全机制. 江西日报,2006-5-17
220. 赵怀琼,王明贤. 旅游安全风险系统研究. 中国安全科学学报,2006（1）
221. 赵西萍. 旅游市场营销学. 北京：高等教育出版社,1998
222. 郑晋鸣. 谁为自主探险的公共救援"买单". 光明日报,2006.6.5
223. 郑向敏. 论我国旅游安全保障体系的构建. 东北财经大学学报,2003(6)
224. 中国登山圣经编辑部. 中国登山圣经. 海口：南海出版公司,2004
225. 中国潜水运动协会. [EB/OL]diving.sport.org.cn.
226. 中国探险圣经编辑部. 中国探险圣经. 海口：南海出版公司,2004
227. 中国徒步穿越编辑部. 中国徒步穿越. 海口：南海出版公司,2004
228. 中国西藏登山协会. [EB/OL]www.tibetinfor.com.cn
229. 钟家雨,戴美琪. 浅论漂流旅游项目的开发要略. 湖南经济管理干部学院学报,2005（4）
230. 周大庆. 我国旅游保险业发展现状的研究探索. 保险职业学院学报,2005（3）
231. 周冠生. 人性的探索个性心理学原理. 上海：上海教育出版社,1989
232. 邹统钎,丛日芳. 探险旅游的安全管理研究. 桂林旅游高等专科学校学报,2008（6）
233. 邹统钎,陈芸,胡晓晨. 探险旅游安全管理研究进展. 旅游学刊,2009(1)
234. 邹统钎,丁杰. 中外探险旅游比较研究. 中外旅游目的地比较研究. 北京：旅游教育出版社,2006
235. 邹统钎. 旅游景区开发与经营典型案例. 北京：旅游教育出版社,2003
236. 邹统钎. 中国旅游景区管理模式研究. 天津：南开大学出版社,2006